市场调查与预测

（第三版）

刘利兰 著

经济科学出版社

图书在版编目（CIP）数据

市场调查与预测／刘利兰著. —3 版 . —北京：经济科学出版社，2012.8（2019.7 重印）
ISBN 978 – 7 – 5141 – 2291 – 6

Ⅰ.①市… Ⅱ.①刘… Ⅲ.①市场调查②市场预测
Ⅳ.①F713.5

中国版本图书馆 CIP 数据核字（2012）第 190297 号

责任编辑：柳　敏　于海汛
责任校对：徐领弟　杨晓莹
版式设计：代小卫
责任印制：李　鹏

市场调查与预测　（第三版）

刘利兰　著

经济科学出版社出版、发行　新华书店经销
社址：北京市海淀区阜成路甲 28 号　邮编：100142
总编部电话：88191217　发行部电话：88191537
网址：www. esp. com. cn
电子邮件：esp@ esp. com. cn
北京季蜂印刷有限公司印装
850 × 1168　32 开　14 印张　350000 字
2012 年 8 月第 1 版　2019 年 7 月第 6 次印刷
ISBN 978 – 7 – 5141 – 2291 – 6　定价：25. 00 元
（图书出现印装问题，本社负责调换。电话：88191502）
（版权所有　翻印必究）

前　言

中国加入 WTO 后，市场开放程度会进一步加大；融入国际市场的程度会不断深化；参与国际市场竞争的能力会不断增强；市场运行的机制会更加遵循国际惯例。加入 WTO 对中国来说确实是机遇和挑战并存，而能够紧紧抓住机遇的中国必然能够应对国际市场的挑战。21 世纪是人类寻求发展、世界追求和平的新世纪，中国作为一个发展中国家、一个大国，必定能以其快速发展而日趋强盛；在 21 世纪前 10 年、20 年、直至 21 世纪中叶，自立于世界民族之林的中国，必将发生巨大的、翻天覆地的变化。

在新世纪里，中国政府和人民已对社会主义市场经济体制的建立、发展和完善进行了总体规划，目标明确、前途光明。在这一过程中，宏观经济和微观经济的各级决策者、管理者，比以往任何时候都更想系统地了解市场状况、科学地预知市场未来；中国社会主义市场经济的发展在客观上要求各级管理者和经营者，对市场的认知能力不断提高、认知水平能够不断深化。为了帮助更多的市场调查和市场预测学的需求者做到这些，作者特将此书奉献给广大读者。

《市场调查与预测》一书中的大量内容，是作者积近 20 年的教学实践经验，并进行了反复的科学论证和修订、补充而形成的一部著作。本书中的大量案例，是作者根据中国市场实际搜集、整理的资料，并配合以最优的数学模型，在多年连续观察和分析中充分证明，这些模型符合中国市场发展的实际，由此使本

书在理论联系实际方面占据了本学科的一席之地。在本书第三版
面世读者之前，作者以极为认真的态度对一些地方进行了修订，
以此更好地满足读者学习和应用的需要。

《市场调查与预测》一书，系统地阐述了认知市场状况、研
究市场发展变化规律、预知市场未来表现的理论和方法。作者在
许多场合看到的此类图书，大多是将市场调查、市场预测分别作
为一个学科、一本书。作者则认为，市场调查和市场预测不论在
理论上、方法体系上，还是在实际工作应用中都是紧密联系的。
若将其割裂开来看，不但破坏了理论和方法上的科学体系，也不
符合理论联系实际的原则。因为在实践中从事市场调查与预测的
机构、人员都是交织在一起的；对市场调查和预测结果的应用也
是相互联系着的，只有这样才能使对市场所进行综合分析达到一
定的深度。作者将市场调查与市场预测视为对市场进行综合分析
的连贯过程。在本书第一章中，作者专门分析了市场、市场调
查、市场预测的关系；第二章至第七章系统地说明了组织市场调
查的各种方式、搜集市场资料的各种方法；这些方式方法在理论
上可以分别说明各自的概念、阐述其特点、分析其适用条件，但
在市场综合分析实际应用中则必须结合使用。第八章至第十二章
阐述了各种定量预测方法和定性预测方法，在这些方法中，作者
所做的不少案例是根据实际统计数据计算出来的，以此更深入地
说明预测模型建立时应考虑的诸多因素，增强市场预测模型的实
用性。在本书中对各种方法的阐述、说明和应用中，体现了作者
以下几种设想和观点：

一、明确市场调查与预测的科学体系

在市场调查与预测方法的阐述中，作者力求形成一个科学体
系。作者以各种科学性、实用性强的具体方法为主线索，说明各

种方法的科学依据；同时分析各种方法的优势和不足。这样能够帮助读者在深入认识各种方法自身特点的基础上，理解市场调查与市场预测学整体的科学体系。

二、发扬理论联系实际的学风

在阐述各种市场调查和市场预测方法时，作者遵循和发扬理论联系实际的学风，一方面做了大量联系实际的案例；另一方面深入具体地分析了各种市场调查和市场预测方法，在市场综合分析中的应用条件及其适用的研究对象；以此帮助读者增强应用各种方法的主动性和自觉性，减少盲目性。如果只是学习方法而不去熟知其用途和适用条件，就完全脱离了本学科的初衷。

三、文字表述力求深入浅出

在本书对各种方法的阐述、分析中，作者十分注意避免使用生涩的语言、避免将某种实际应用性的方法表述得抽象生硬；特别是在对市场预测各种定量分析方法的阐述中，作者避免了各种繁杂公式的罗列，突出了实用性强的结论性公式、数学模型的位置，使本来很繁杂的公式推倒过程显得简明、清楚，将读者的注意力引导到方法的应用上来。这是因为，市场调查和预测毕竟是应用性科学，不是数学；而且在计算机被广泛应用的今天，很多公式的推倒、数学模型建立过程中的量化计算可以由计算机辅助完成，市场调查和市场预测方法应用者的主要精力应花在分析和研究市场问题上，而只将对市场定量分析的结果作为综合分析市场时必须依据的资料。

在主观上，作者以极为认真负责的态度对待读者，力求将一部文字上流畅、体系上科学的著作呈现给读者。然而由于作者个人水平所限，书中恐有疏漏以至错误之处，作者在此诚恳地敬请同行专家和读者不吝赐教。

作　者

2006 年 12 月于北京

目　　录

第一章　市场调查和预测及其作用

第一节　市场调查和市场预测

市场调查和市场预测都是人们了解、认识市场，分析研究市场发展变化规律的方法或工具。市场调查也称市场调研，它是应用各种科学的调查方式方法，搜集、整理、分析市场资料，对市场的状况进行反映或描述，以认识市场发展变化规律的过程。从时间的角度看，市场调查各种方法适合分析市场过去和现在的表现，并在长期的研究中认识市场规律。市场预测则是根据市场过去和现在的表现，应用科学的预测方法对市场未来的发展变化进行预计或估计，为科学决策提供依据。因此，市场预测各种方法适合分析市场未来的表现。

市场调查和市场预测既可以分别作为一门学科或一项实际工作，同时两者之间有着非常密切的联系，被认为是一个连贯分析市场过程的两个阶段。本书是在分别介绍市场调查和市场预测的各种常用方法的基础上，将市场调查与市场预测联系起来认识。市场预测与市场调查的联系，突出地表现在两点上：一是从时间的连续性来看，只有将市场调查与预测作为一项连贯的工作，对市场的分析研究才能更系统更全面，才能为科学的决策提供更有利的依据。二是从方法论的角度看，市场预测有赖于市场调查。

市场预测必须根据市场调查的资料，市场调查资料的水平和质量在很大程度上决定着市场预测的水平和质量。

由此我们可以说，市场调查是市场预测的基础，市场预测又是市场调查的延伸和深化。市场调查方法的完善，市场调查内容的系统化，为市场预测开辟了广阔的前景。

现代市场调查在方法上，突出表现出以下几个特点：

1. 抽样调查方式在市场调查中的广泛应用

在现代市场调查中，相对于其他调查方式，抽样调查方法作为一种非全面组织调查的方式，被广泛地应用于各种内容的市场调查。抽样调查方法，具有节省费用，应用面广等优点，它尤其适用于市场现象数量方面的调查研究。抽样调查在研究市场现象数量时，能够以样本指标推断总体指标，并能够计算出样本指标与总体指标之间的抽样误差，还能将抽样误差控制在一定允许误差范围内，在一定可靠程度下对总体的数量做出推断。市场抽样调查方式的广泛应用，使得在现有人力、财力、物力条件下可以取得的市场资料的数量大大增加、质量显著提高，为市场预测的发展创造了有利条件。

2. 问卷法和访问法中应用的问卷精密化

相对于其他搜集资料的方法，问卷调查法和访问调查法是市场调查中搜集资料的最常用方法，问卷法是一种典型的间接调查方法，访问法是一种典型的直接调查法。在市场调查和其他各种社会经济调查中，问卷法和访问法经过长期的使用，其方法本身在不断发展完善，日趋精密化，使市场调查所取得的直接资料，在准确性、全面性、系统性方面都有很大提高。这就为市场预测精确度的提高提供了基本保证，促进了市场预测的发展。

3. 计算机在资料整理和分析中的广泛应用

随着市场调查内容的扩展，需要处理的、计算的市场信息量迅速增加。对大量的数据和各种信息，靠手工整理、汇总或计算已无法完成。在市场调查数据和各种信息的处理中，广泛应用计算机，大大提高了信息处理能力，也提高了信息处理标准化和准确性。计算机在市场调查中的广泛应用，使市场调查取得的市场资料在数量上和质量上都得到较大提高，增强了市场调查的时效性。

市场调查在各方面的发展和完善，为市场预测的发展创造了条件，必然会促进市场预测水平的进一步提高。

市场调查对市场预测的促进作用是明显的，为了充分发挥市场调查的作用，必须在市场调查人员机构的设置、必要工具的配备等方面给予充分保证。现在我国不但在宏观上具备了相应的人员和机构，而且商品生产和营销的许多部门或企业在这方面做了很大努力，建立专门的调查机构，配备专门的调查人员和设备工具，从事用于市场调查与市场预测。这无疑会使市场预测水平不断发展提高，使市场预测在促进社会生产，满足和引导人民消费，科学地制定计划和规划，提高经济管理水平和经济效益等方面发挥更大作用。

第二节　市场调查和预测中的市场含义

在我国市场经济体制建立、发展和完善的过程中，对于市场的研究应该是多角度、多侧面、多学科的，最终都是为达到掌握市场发展变化规律的目的。

在市场调查和预测中，我们会经常地使用"市场"这个概念。

显然，由于市场调查和市场预测学科的特点与有关经济理论学科的不同，在研究问题时会从学科自身的角度理解市场的含义。

一、市场的一般含义

进行市场调查和预测，必须从本质上理解市场的含义。从本质上讲，市场是以商品交换为内容的经济联系形式，它是社会分工和商品生产的产物。市场反映着在社会分工基础上，不同商品生产者之间，商品生产者与商品消费者之间进行商品交换的经济关系。可见，市场是与商品生产和社会分工密不可分的，只要社会分工和商品生产存在，市场就必然会存在；只要社会分工在不断趋于精细，商品生产在不断发展，市场也必然会不断扩大和发展。社会产品存在着不同的所有者，社会生产的不同分工使社会产品成为商品，形成了商品供应与需求。市场上的基本活动是商品交换，市场的基本关系是商品供求关系，它反映着不同社会分工的商品所有者之间的经济联系。这种对市场本质的认识，对于分析研究市场的性质；对于分析市场的产生、存在和发展；对于正确认识市场的作用；对于市场调研和预测具体工作的开展，都是十分必要的。

在我国社会主义市场经济体制的建立、发展、完善过程中，商品生产迅速发展，社会分工的精细程度越来越高。这就决定了我国的市场必然会继续扩大和发展，满足社会经济发展的需要。由此决定了研究市场问题各学科，必须根据我国社会主义市场经济所处的发展阶段，理论联系实际，深入研究我国的市场特点。

二、市场的具体含义

进行市场调查和市场预测，还往往会从不同角度或某个侧面对市场的含义做出具体的理解。经常使用的市场含义有以下几种：

1. 市场是商品交换的场所

将市场作为商品交换的场所实际上是从空间范围对市场的理解。商品交换活动必须在一定场所进行，商品的买卖双方在那里发生作用。在市场预测和市场调查中，分析研究者必须要明确自己所研究的商品交换活动，是在什么空间范围发生的，因此对市场的这种理解也就很自然地存在。

2. 市场是某种商品或某类商品的需求量

将市场作为商品需求量，实际上是从商品买卖双方中买方一面来理解市场，认为市场就是某种商品或某类商品现实的或潜在的购买量。如果人们说"北京的蔬菜市场很大"，这显然不是说蔬菜交易场所很大，而是指北京对蔬菜的需求量很大，现实的或潜在发展中的购买量很大。将市场作为某种或某类商品的需求量，虽然是从商品买卖双方的买方一面来看问题，但它却是商品的卖方（或说销售者）极为重视的。作为生产企业或营销企业都特别要明确自己的市场有多大，即消费需求量有多大。在市场调查和市场预测中，将对市场的这种理解应用在具体工作中是非常普遍的，它是市场调查和预测内容的重点或核心。

3. 市场是卖方与买方的结合，是供求双方相互作用的总和

对市场的这种理解，是从市场的基本关系商品供求关系角度提出的。商品供求双方的力量，在不同的条件下表现有所不同。如人们在分析市场供求状况时经常使用的"买方市场"和"卖方市场"的说法，就是反映商品供求双方交易力量的不同状况。所谓买方市场，是商品供应量大于需求量，商品的需求方占有利

地位，在商品购销活动中，买方的交易力量强，支配着市场的供求关系；所谓卖方市场，是商品的需求量大于供应量，商品的供给方占有利地位，在商品购销活动中，卖方的交易力量强，支配着市场的供求关系。在市场调查和市场预测中，研究者必须要对市场的供求关系进行分析研究，对市场中买方和卖方交易能力的强弱做出判断。生产企业和营销企业，都必须要根据市场中供求关系状况及其发展变化趋势，做出相应的决策。

4. 市场是商品流通领域反映商品交换关系的总和

这种对市场的理解，是从商品流通的全局出发，将市场作为一个社会整体市场来观察。商品流通是以货币为媒介的商品交换过程，是商品交换活动连续进行的整体。在商品流通中，商品形态的变化表现为：商品—货币的形态变化；货币—商品的形态变化；前种商品形态变化即商品卖出的过程，后种商品形态变化即商品买入的过程。在市场上，一切商品都经历由两种相对形态变化而形成的循环，即经历商品——货币——商品的循环。市场上每一种商品的形态变化，都是与其他商品的形态变化交织在一起的，而不是孤立的；一种商品由商品转化为货币，也是另一种商品由货币转化为商品的过程。市场上商品的形态变化的循环，即表现为互相联系的不可分割的商品买卖活动，许多种商品同时发生的紧密联系的商品买卖过程，就形成了社会整体市场。市场调查与市场预测需要对社会整体市场进行分析研究。商品生产和商品营销企业或部门，也必须将本企业或本部门置于整体市场中，从本企业或部门与其他企业或部门的相互联系出发，进行生产或营销活动。

市场的各种不同含义，既可以满足微观市场调查预测的需要，也可以满足宏观市场调查预测的需要。在市场调查和预测中，从不同角度理解市场的含义，能够促使对市场问题的研究更具体、深入、细致。

三、市场体系

市场体系是指在某一国家或地区由各子市场组成的开放的市场整体。

中国经济体制实行改革开放后，市场已经国际化，与国际市场存在着多方面联系。在社会主义市场经济的建立和发展过程中，逐步形成了自身的市场体系。在市场调查和预测中我们应避免孤立地分析一个子市场，而是要在它们的相互联系中考虑问题。我国社会主义市场体系是由若干子市场组成的市场有机整体，包括：消费者市场和产业市场、物质产品与服务市场、金融市场、人力资源市场、房地产市场、网络市场、技术市场、证券市场、期货市场等。在市场调查预测过程中，应根据研究的需要有不同的侧重。

四、消费者市场和产业市场

市场调查和市场预测者，除了必须清楚市场的性质和最常用几种市场一词的含义之外，还应该从市场上不同的购买者购买目的不同出发，进行市场调查与预测，将市场调查与预测最终落实到具体商品的类别和品种上。根据不同的购买者以不同的购买目的对市场进行分类，市场可分为消费者市场和产业市场。消费者市场与产业市场的购买者不同；购买目的不同；其购买过程也各有特点；购买商品的使用价值即用途也不尽相同。在市场调查与预测中应特别注意。

消费者市场和产业市场不论在任何时候，都是国家、企业、个人利益的体现，是基本市场，也是很受各方面关注的市场。以此说明针对不同市场开始市场调查预测的要点是很好的。

1. 消费者市场

消费者市场也称生活资料市场。消费者市场是由为满足个人生活需要而购买商品的所有个人和家庭组成。它是社会再生产消费环节的具体表现，是经济活动的最终市场。生产企业或营销企业为消费者市场服务的过程，也就是企业最终实现商品的价值和使用价值的过程。对消费者市场的调查研究与预测，是市场分析最基础也是最主要的内容。市场调查与预测在研究消费者市场时，主要是以消费者的购买行为所决定的需求量、需求结构及其发展变化为核心内容。由于消费者的需求量与需求结构的发展变化受多种因素的影响，所以市场调查与预测还必须对各种影响因素进行分析。

消费者市场具有一些与产业市场不同的特点，主要表现在以下三个方面。（1）消费者市场具有突出的多样性。消费者市场的消费者，人数多差异大，由于消费者的年龄、性别、职业、收入水平、文化程度、生活地域、民族等方面的不同，他们会有各种各样的需求。对不同商品或同种商品不同品种、规格、质量、式样、价格等会产生多种多样的需求。（2）消费者购买行为具有较明显的可引导性。消费者的购买决策一般是由自发的、分散的个人或家庭成员做出的；市场上的商品花色、品种繁多，质量、性能不同，消费者购买商品时往往需要卖方的宣传、介绍和帮助；市场上的商品有许多是具有较强的可替代性；基于这些原因，消费者购买行为的可引导性很明显。（3）消费者市场的购买具有少量多次的特点。消费者市场以个人或家庭为购买和消费的基本单位，受其需要量、购买能力、存储条件等因素的限制，消费者购买的批量较少，而次数较多。在进行市场调查与预测时，应充分考虑消费者市场的这些特点。

2. 产业市场

产业市场是在产业用品（非最终消费品）的买卖双方作用下形成的，是产业用品买方需求的总和。产业市场的买方是产业用户，是组织团体而不是个人消费者。从社会再生产的角度看，产业市场的购买和消费是社会再生产的中间环节，其目的是为了向社会提供其他产品和服务或是为转卖商品。

与消费者市场相比，产业市场具有以下明显特点。（1）产业市场的购买量大。在一次购买数量上，产业市场的购买数量远远超过消费者的购买数量，因为其购买并不是满足个人消费，而是以生产、转卖等为目的。（2）产业市场的购买者数量相对比较少。与消费者市场相比，产业市场购买者数量相对较少，但其规格却比较大；每个消费者的购买量也比消费者市场大得多。（3）产业市场用户的规格和集中程度差异很大。产业市场的购买者之间的规模存在较大差异，企业有大有小，其购买量也有很大差异，这种差异远远超过不同消费者之间的差异。产业市场的集中程度差异也很大，从地域上看，沿海与内地、城市与农村，产业市场的集中程度不同。在产业市场的调查与预测中，应充分考虑到它的主要特点。

第三节　市场调查和预测的作用

就市场调查和市场预测作为一项独立的工作来说，其具体作用是可以从多方面列举的。这里，我们从市场调查和市场预测联系的角度，综合地归纳其在整个国民经济中的作用。

市场调查和市场预测是随着社会生产力水平的提高，伴随商品生产的发展而建立的学科，也是对市场调查和市场预测实践活动的总结和指导。当社会生产仅仅能够满足人们的最低生活需要时，当社会生产处于无计划状态时，市场调查和市场预测的作用并不明显。而当社会生产得到很快发展，社会生产的组织管理日趋现代化，社会生产的计划日趋科学化之时，市场调查和市场预测的必要性和重要作用就充分显示出来了。市场调查和市场预测不论就自身的理论体系和方法手段，还是就其研究问题的内容，都已经发展完善起来，成为分析研究市场的必不可少的手段。

在我国，随着社会主义市场经济体制的建立、发展和完善，随着我国国民经济和社会发展"十五"计划和 2010 年规划目标的落实，以及"十一五"计划的制定，市场调查与市场预测越来越受到更多管理者的重视，其方法论也越来越广泛地被应用于各种市场问题的分析研究之中。市场调查与市场预测的作用主要综合体现为以下几个方面。

一、为制定科学的规划、计划与政策提供依据

在我国建立社会主义市场经济体制和社会主义市场经济发展过程中，规划、计划仍然是重要的经济与社会发展内容。社会主义生产中的各种计划，能够使社会生产中的各部门、各企业的生产活动，使全国各地区的生产活动，按一定的比例结构发展，使整个国民经济成为一个协调发展的整体。市场调查和市场预测可以为制定科学的规划、计划提供依据。

我国的各项国民经济和社会发展计划和规划，在其制定过程中要依据各方面的资料，其中市场统计资料和调查与预测资料是很重要的内容。

一方面，国民经济和社会发展计划与规划必须依据统计资料，即必须根据我国过去和现在的各种国民经济与社会发展的统计指标，结合实际来制定计划和规划，否则计划和规划就会脱离

实际，缺少科学性和可行性。市场调查资料是其中重要的资料，在社会主义市场经济条件下，市场的统计和调查资料最集中地反映出商品生产的数量、结构，商品的供求关系等。另一方面，国民经济和社会发展计划与规划还必须依据经济预测结果，即根据对未来一定时期经济情况的预计和估计，来制定各项计划与规划，否则也会使计划脱离实际，缺少科学性和可行性。因为预测是根据事物过去和现在的发展状况和发展变化规律，根据事物之间的相关关系，根据对事物的充分了解、分析和研究而做出的，是具有科学性的。

在国民经济和社会发展计划与规划所依据的预测资料中，市场预测的资料是非常重要的。市场综合地反映着国民经济中各种经济联系和各种社会关系，市场供求状况是对国民经济最直接、最敏感的反映。市场预测资料对制定国民经济和社会发展计划与规划有很重要的作用，因为制定计划和规划的目的，就是为了使国民经济各部门及社会发展各项内容有计划按比例地发展。而衡量各种比例关系是否合理的最直接标准，就是社会商品总供给和总需求之间的平衡关系如何，它也正是市场最基本的关系。通过市场预测，可以对商品供给与需求做出估计，它是国民经济和社会发展计划与规划制定中必不可少的依据之一。

社会主义国民经济和社会发展计划和规划，必须提高其科学性，这是社会主义经济和社会发展过程中所提出的客观要求，也是使社会主义市场经济顺利发展的重要保证。市场调查和预测为各项计划与规划提供了具体的数量依据，使各项计划与规划提高了科学性。

在社会主义市场经济建立、发展和完善的过程中，党和政府要根据社会主义市场经济发展的实际，制定各种政策，促进社会经济的发展，规范社会经济行为。科学的政策，适应社会经济可持续发展大趋势的政策，都必须以具有充分的、翔实的资料为基础。在社会主义市场经济条件下，市场调查与预测的资料对于政策制定者来说，是最直接、最综合地反映市场的，是制定各项政策所不可缺少的依据。科学系统的市场调查与预测资料无疑为决策和政策的科学性提供了保证。

二、管理决策和提高经济效益的必要条件

在宏观和微观经济管理中，都要做出各种管理决策。决策是各项经济活动的依据。正确的管理决策能够使经济活动取得成功；不适当的或错误的决策，则使经济活动造成损失或失败。而正确决策的前提之一，就是对经济做出科学的调查和预测。在社会主义市场经济中，经济调查和预测的具体内容之一就是对市场做出科学的调查和预测。没有科学的市场调查和预测结果为依据，可能会导致盲目的、主观的不合理决策；有了科学的市场调查预测，才能使科学的决策有基础、有依据，使决策取得预期的效果。

市场调查和预测在提高经济效益方面起着重要作用。从市场调查与预测对生产和消费的重要作用可以断定，市场预测对提高生产部门或企业的经济效益是显而易见的。而商品从生产者手中到达消费者手中必须要经过市场，大多数要经过专门从事商品买卖的商品营销部门或企业。这样，商品的生产与需求是否相适应，就不仅取决于生产部门或企业的生产，它还取决于各种商品营销部门或企业的营销活动，是否能为商品的顺利流通提供保证。市场调查和预测对各种商品营销部门或企业的活动也有重要作用，它可以提供在一定时间、一定空间、一定商品需求数量及其他有关信息，是商品营销部门或企业组织营销活动的重要依据；根据市场调查和预测结果所进行的商品营销活动，大大减少了盲目性，增强了自觉性，可以给商品营销部门或企业带来较高

的经济效益，也促进了商品流通，满足了消费者的需求。

三、对社会生产的合理化起促进作用

我国的生产是在社会主义市场经济条件下进行的，它必须遵循商品生产的基本规律，社会产品必须要通过市场进行交换，才能使商品从生产领域到达消费领域，市场是社会主义商品生产不可少的。同时，社会主义生产又必须遵循社会主义的基本规律，社会主义的生产不是盲目地进行和发展的，它必须根据社会需要进行生产。生产什么产品，生产多少产品都必须根据消费的需要来进行。在现实中，市场上存在的产业结构和产品结构不合理的情况；造成某些产品大量积压的现象，困扰着一些生产和营销企业，也严重影响着整个国民经济的发展，其关键就是产销不对路，是生产和消费脱节在市场上的具体表现。

随着我国经济体制改革和对外开放的继续发展，随着人民群众收入水平的提高，我国的社会需求会不断发展变化。需求总量的增长，需求的多样化、多层次将越来越突出，这就要求我国的生产也要不断增长，各种商品的生产朝着多样化、多层次化方向发展。这当中市场调查和预测必然起到重要的作用。市场调查和预测不但要对需求总量进行调查和预测，而且要调查和预测各类商品以致具体规格、牌号、花色商品的需求量；同时还必须从多层次上进行市场调查和预测。为社会生产提供准确的、全面的、系统的调查和预测数据，大大减少了生产的盲目性，增强了自觉性或有序性。

市场调查和预测对社会生产的重要作用，表现在社会生产的各个部门。首先，根据城乡居民的收入水平，可以调查预测消费品的需求总量；同时根据居民消费调查资料，还可以调查预测各类消费品需求量及各种主要消费品的需求量。通过这些市场调查和预测工作，为生产城乡居民消费品的各生产行业，为生产各类各种消费品的生产企业提供信息，减少生产数量、结构、品种中的盲目性，提高生产的自觉性，生产出更多的人民生活需要的消费品，使消费品的生产与消费紧密结合起来。其次，市场调查和预测在生产资料的各生产部门中，在基础工业各部门的生产中，也同样起着非常重要的作用。这种作用尤其突出地体现在各生产资料生产部门的联系上，生产资料与生活资料生产部门之间的联系上。如增加钢铁产量需相应地增加多少采矿量；增加煤炭产量需要相应地扩大多少运输能力；增加工业品产量需要增加多少电力、燃料和材料等做保证；增加农产品产量同时，需要增加多少化肥、农膜、种子、农机、电力等。所有这些部门的市场调查和预测都为生产部门提供了重要信息，它不但是决定各生产部门生产总量的重要依据，而且是搞好各生产部门间生产联系的重要依据。这对于促进商品总量的供求平衡，商品类别和主要商品的供求平衡，合理地调整产业结构等方面都起着非常重要作用。各生产部门为了满足生产和生活消费需求，就必须努力提高生产能力，提高产品质量，调整产业结构，促使社会主义市场经济运行越来越合理。

四、对促进和满足消费需求的显著作用

社会生产与消费是紧密联系的，我国社会主义生产的目的就是满足人民不断增长的物质和文化生活的需要。市场调查和预测在满足需求和促进消费方面也起着重要作用。

消费者的需求体现在各方面，在社会主义市场经济条件下，消费需求最集中地体现在市场上。通过市场调查和市场预测，可以全面系统地了解需求状况，包括需求数量、需求结构和需求发展变化的规律等。市场预测通过对需求数量、结构及其发展变化

规律等方面的预测，向生产部门或生产企业提供可靠的信息；生产部门的生产在数量、结构、品种各方面都以消费需求为前提，这样才能使消费者各种需求得到满足，使生产和消费结合得更紧密。同时，通过市场所反映出的消费需求，并不单纯是对已有商品的需求，还可以反映出消费者对新产品某种新功能、新样式的需求。市场预测可以根据市场调查资料，对这些方面的需求做出预测，向生产企业提供信息，促进新产品的开发与生产；在新产品投放市场过程中，会更加受到消费者的喜爱，这也正是市场调查和预测对消费所起到的引导、满足和促进作用。

综上所述，市场调查和预测对社会生产；对于满足和促进消费需求；对于提高国民经济和社会发展计划与规划及各项政策的科学性；对于提高管理决策水平和商品生产与营销的经济效益都具有非常重要的作用。但市场调查和预测的这些作用并非自然产生的，要真正使其得到充分发挥，还必须从各方面做出努力，最关键的就是要提高市场调查和预测的精确度，即提高市场调查和预测的准确性。提高市场预测精确度的具体措施很多，归根到底不外乎两点：一是市场预测所依据的资料要准确、全面、系统；二是市场预测方法的使用要适当。市场调查和预测只有不断提高其精确度，才能进一步引起各级管理者的重视，才能真正成为各项经济工作的不可缺少的工具，也才能发挥市场调查和预测的重要作用。

第四节　市场预测的资料来源

市场预测必须依据充分、可靠的资料，才能对市场未来的表现做出正确的估计或预计。市场预测可以依据的资料有哪些，这些资料各有什么特点等问题是我们必须明确的。

一、市场资料的来源

市场资料是对市场信息搜集、整理、分析的结果，是市场预测的依据。市场资料可以从多种角度进行分类，若将市场资料按其来源不同，可分为直接市场资料和间接市场资料两类。

1. 直接市场资料

直接市场资料，是由市场预测者自己采用各种市场调查方式方法，对市场信息进行搜集、整理、分析的结果，即通过市场调查取得的市场资料。

在搜集、整理、分析直接市场资料的市场调查中，通常是采取各种专门调查方式组织调查，如典型调查、重点调查、抽样调查等方式；搜集市场资料的方法也有多种多样，常用的有问卷调查法、观察法、访问法等。直接市场资料的直接性主要表现在两方面：一方面是指资料是通过市场调查直接取得的，而不是对第二手资料的搜集；另一方面是指通过市场调查所取得的市场资料，在内容上是直接反映市场现象的资料，而不是间接反映市场和与市场有联系的某些社会经济现象的资料。

2. 间接市场资料

间接市场资料，是指从由别人所组织的各种调查搜集和积累起来的材料中，摘取出的市场或与市场有紧密联系的社会经济现象的有关资料。

间接市场资料的出处很多，如常见的定期发布的经济公报、情况简报、报刊杂志、经济年鉴、统计年鉴等，都是间接市场资料的重要来源。间接市场资料的间接性，一般也表现在两方面：一方面指资料是间接取得的材料，而不是通过市场调查直接取得的；另一方面指资料的内容主要是与市场紧密联系的各种影响因素的材料，而不一定是直接反映市场现象的资料。

二、直接市场资料和间接市场资料的特点

直接市场资料和间接市场资料对于市场预测者来说都是很重要的。同时，市场预测者必须要了解这两类资料的特点。

1. 直接市场资料的主要特点

直接市场资料的主要特点是：直接市场资料是由预测者自己组织市场调查取得的，因此直接市场资料的适用性强、可信程度高。但取得直接市场资料需要较多的费用；有些资料又是企业无法组织调查取得的；直接市场资料在反映市场及其影响因素的广度上带有一定局限性。

2. 间接市场资料的主要特点

间接市场资料的主要特点是：节省费用，对有些企业无法组织的调查，可依靠国家或社会有关调查机构组织的调查取得资料。但间接市场资料的适用性没有直接市场资料强，往往需要对资料进行再整理；对间接市场资料的可信程度也一定要进行考查。

三、应用间接市场资料应注意的几个问题

间接市场资料是市场预测所必须依据资料的重要组成部分，在市场预测中有重要的用途。因为在进行市场预测时，由于客观条件的限制，不可能也不必要对所有的资料都通过市场调查直接取得。如由于时间和空间的限制，对于过去的和彼地的市场现象不能直接调查取得资料；对于其他部门已经调查取得的与市场紧

密联系的社会经济现象的资料，也不必再重复调查。将间接市场资料作为市场预测资料的重要来源，可以超越市场调查所受到的时间、空间限制，同时也可大大降低市场预测的费用。在利用间接市场资料进行市场预测时，必须注意以下几方面的问题：

1. 对资料做认真的分析

间接市场资料可以来自很多渠道，如来自统计部门、财政部门、金融部门、财贸部门等的经济信息资料；来自政治、社会、社区、文化等方面的有关资料等。对于这些资料，需要做认真的分析，摘取其中与市场预测有直接或紧密关系的有用内容。在摘取了有关资料后，有些资料可以直接用于市场预测；有些则必须加以重新整理才能使用。通过对资料的认真分析，可以扩展资料内容的广度和深度，利用一切可用的材料为市场预测服务。反之，如果对资料缺乏认真的分析，则会给市场预测结果造成不利影响。

认真分析资料既涉及理论问题，也涉及技术问题。必须从理论上对作为预测对象的各种指标的特定含义加以确定。如市场供应量、市场需求量、城乡居民收入、居民消费品支出等指标，经常作为预测对象出现。还有许多指标则经常作为影响市场的因素出现，对于各项指标的特定含义应十分清楚。此外，还应对预测对象与各种影响因素指标之间的关系做出明确分析，在市场预测中才能根据各种指标之间的关系，采用相应的预测方法。对资料进行分析时还会涉及一些技术问题，如根据市场预测的需要对原有资料的指标口径进行调整，对资料重新分类，对间断的资料加以补充等，都必须采用相应的技术方法。对资料做认真分析的目的，就是为了使资料对市场预测更加适用，使市场预测的结果更加符合客观实际，提高市场预测的质量。

2. 提高对资料的综合利用能力

间接市场资料的取得，就其资料的数量和质量来说，在很大程度上取决于对各种资料的综合使用能力。间接市场资料来源于各部门各方面的材料，而这些材料在最初调查时的目的并非是为了市场预测。要将这些材料作为市场预测的资料，就存在一个能用不能用、适用不适用、能够用多少、能够用到什么程度等问题。这里所说的提高对资料的综合使用能力，就是指通过对来自各种渠道各方面资料的综合，把表面上看对市场预测不能用或不适用的资料，变成能用或适用的资料，把能够少量使用的资料转变成能够更多使用的资料，把能够一般使用的资料变成能够较深度使用的资料。

提高对资料的综合使用能力，从本质上说就是提高各种资料的利用率，即通过合理应用资料创造出更多的成果来。间接市场资料包括各部门各方面的材料，这些材料在进行调查时都具有直接目的。随着这些资料原有任务的完成和目标的达到，这些材料不等于再没有其他用途，也并没有像物质产品生产那样将原材料消耗掉。这些材料仍然存在，并可以用于多方面问题的分析研究，可以继续多次使用，包括用于市场预测。当然，某一部门或某一方面的资料，对于市场预测来说可用的内容或多或少；而各部门各方面的资料放在一起并加以科学的综合，可用的内容就必然会很多，可用的程度也一定会较深。如果没有对资料的分析综合过程，资料仅仅用一次就算完成了任务和目的，那实在是一种极大的信息浪费。在进行市场预测时，应想方设法充分利用间接市场资料，提高资料的利用率，这既是一种非常节省的办法，又是市场预测所必需的。

市场预测中应用间接市场资料，并不单纯是为了可以节省预测费用，有些间接市场资料应用是市场预测必需的。这是因为通过市场调查获得全部市场预测所需资料，并非在任何时候都能做得到。市场调查有时会受到现象发生时间和空间的限制，不易做直接调查；有些现象的调查受到管理部门的限制，在本部门本系统进行调查的较容易，跨部门、跨系统的调查则很困难。在许多情况下，必须应用间接市场资料作为市场预测的依据。

3. 重视各种资料的积累

间接市场资料的取得，不是一朝一夕的事，而是一件日积月累的工作。只有重视对各种资料的积累，才能取得全面、系统的间接市场资料，资料的积累是对不同时间、不同内容资料积累的过程，与之配合必须有相应的人员、机构和设备。

市场预测必需的间接市场资料，不是一时一地的资料，它是对市场现象或各种社会经济现象长期进行观察了解，对不同时间的有关资料进行积累的结果。只有对各种现象进行长期观察，积累长期的、多方面的资料，才能对现象的发展变化规律有深刻的认识，进而对市场做出客观的预测。通常，市场环境的各种资料都应通过长期积累而达到满足预测需求的目的。市场预测所需的不同时间的各种间接市场资料，不能待使用时再找，而必须在日常就积累起来。市场预测所必需的间接市场资料，不是单一方面内容的，而是多方面的，包括市场及与市场有密切联系的各种现象各方面的资料。搜集各方面间接市场资料，也有利于市场的发展变化规律的深刻认识。在资料积累中，要特别注意搜集摘取各种不同内容的资料，待市场预测需要时使用，而不能仅仅搜集一些孤立的单一内容的资料，那样是根本满足不了市场预测需要的。为了使资料积累工作做得系统、全面、及时，必须在商品生产和营销部门或企业，配备专门的人员和设备工具来从事此项工作，不能将其视为一种可有可无的工作。忽视资料积累，会影响决策的科学性和可行性。

第二章 市场调查的方式和步骤

市场调查是取得直接市场资料的基本方法。通过市场调查，宏观管理者和微观管理者都可得到所需的资料。企业管理者可以了解市场行情，做到心中有数。这不但可以提高经济管理的水平，改善企业的服务质量和提高企业经济效益；而且还是市场预测必不可少的前提和基础，市场调查为市场预测提供可靠的资料。

第一节 市场调查的类型和方式

市场调查是应用科学的方法，系统、全面、准确及时地搜集、整理和分析市场现象的各种资料的过程，是有组织、有计划地对市场现象的调查研究活动。通过市场调查所取得的市场资料，客观地描述了市场状况，并且可以分析研究市场发展变化的规律。同时，通过市场调查所取得的市场资料又是进行市场预测的重要依据。由于市场现象的复杂性和市场经营多方面的需要，决定着市场调查不能只用单一的方法，从某单一的角度进行，而是必须应用各种方法对市场进行全面系统的调查。因此，市场调查可以从不同角度分为多种类型。

一、市场调查的类型

从不同角度，将市场调查分为不同的类型，有利于对市场调查全面系统的理解，也有利于市场调查实践中明确调查目的和确定内容。

不同类型的市场，既与市场整体存在不可分割的联系，又具有自身的特点。市场调研与预测必须注意观察各种市场的特点，在其工作步骤、内容、方法等方面贴近不同市场的特点，才能较好地完成工作任务。

中国经济体制实行改革开放后，中国市场成为国际市场的重要组成部分，与国际市场存在着不可分割的关系。因此，进行市场调查与预测就不能只局限于国内市场，而是要在国际市场的广度上来考虑市场调查和预测课题。

中国在社会主义市场经济的建立和发展过程中，逐步形成了自身的市场体系。在市场调查和预测中我们应避免孤立地分析一个市场，而是要在它们的相互联系中考虑问题。同时还要注意，市场体系中的各个子市场有着不同特点，在市场调查和预测中应根据各个子市场的特点，有针对性地开展工作。

作为由若干子市场组成的市场有机整体，大致可列举的子市场有：消费者市场和产业市场、物质产品与服务市场、金融市场、人力资源市场、房地产市场、网络市场、技术市场、证券市场、期货市场等。在市场调查预测过程中，需根据研究的需要有不同的侧重。

1. 根据购买商品目的不同，市场调查可分为消费者市场调查和产业市场调查

消费者市场，其购买目的是为了满足个人或家庭生活需要。

消费者市场是最终产品的消费市场，是社会再生产中消费环节的实现。消费者市场调查的目的，主要是了解消费者需求数量和结构及其变化。而消费者的需求数量和结构的变化，受到多方面因素的影响，如人口、经济、社会文化、购买心理和购买行为等。对消费者市场进行调查，除直接了解需求数量及其结构外，还必须对诸多的影响因素进行调查。

产业市场又称生产者市场，其购买目的是为了生产出新的产品或进行商品转卖。产业市场是初级产品和中间产品的消费市场，涉及生产领域和流通领域。产业市场调查主要是对市场商品供应量、产品的经济寿命周期、商品流通的渠道等方面内容进行调查。

消费者市场和产业市场一直是国家和消费者最关注的市场，也是市场调查开展最多的市场领域。

2. 根据商品流通环节不同，市场调查可分为批发市场调查和零售市场调查

商品批发是供给生产加工或进一步转卖而出售商品的交易行为。批发市场调查主要是从批发商品交易的参加者，批发商品流转环节的不同层次，批发商品购销形式，批发市场的数量和规模等方面进行；着重掌握我国批发市场的商品交易状况，分析商品批发市场的流通数量、流通渠道与社会生产的关系和零售市场的关系等。

商品零售是为了满足个人或社会集团生活消费的商品交易。零售市场调查主要是调查不同经济形式零售商业的数量及其在社会零售商品流转中的比重，并分析研究其发展变化规律；调查零售市场的商品产销服务形式；调查零售商业网点分布状况及其发展变化；调查消费者在零售市场上的购买心理和购买行为；调查零售商品的数量和结构等。

3. 根据产品层次、空间层次、时间层次不同，市场调查可区分为各种不同类型的市场调查

市场调查按产品层次不同，市场首先可划分为物质产品市场与服务市场。这种划分是在广义商品含义上考察市场的需要。物质产品市场的买卖对象为实物商品的市场；特点是一般具有健全的质量认定标准。服务市场的买卖对象是服务产品，且有广义服务与狭义服务业之分；特点是质量认定标准比较复杂。对于产品市场，又可区分为很多不同商品类别或商品品种的市场调查。如按市场商品大类可分为食品类、衣着类、家庭设备用品及服务类、医疗保健类、交通和通信类、娱乐教育文化服务类、居住类、杂项商品等的市场调查。按商品大类进行的市场调查，其资料可以用来研究居民的消费结构及其变化，从总体上研究市场。各种商品大类的市场调查，还可进一步区分为不同的小类或具体商品的市场调查。如食品大类商品又可区分为粮食类、肉禽蛋水产品类、蔬菜类、干鲜果类等小类商品的市场调查。分商品小类和具体商品进行市场调查，所取得的资料对于研究不同商品的供求平衡，组织商品的生产与营销，提高企业的经济效益是必需的，对于从宏观上研究市场也有重要作用。

市场调查按空间层次不同，可以区分为国际市场调查和国内市场调查。我国市场是国际市场的重要组成部分，国际市场同时也影响着我国市场。因此，进行国际市场调查，对于正确认识我国在国际市场中的地位，更好地参与国际市场的竞争，进一步完善我国的市场体系，都有直接作用。国内市场调查又可分为全国性、地区性市场调查；国内市场调查还可区分为城市、农村市场调查。不同空间或地域的市场，具有商品需求数量和结构的不同特点。按不同空间层次所组织的市场调查资料，对于研究不同空间市场的特点，对于合理地组织各地区商品生产与营销，对进行

地区间合理的商品流通，是十分重要的依据。

市场调查按时间层次不同，可区分为经常性、一次性、定期性市场调查。经常性市场调查是对市场现象的发展变化过程进行连续的观察；一次性市场调查则是为了解决某种市场问题而专门组织的调查；定期性市场调查是对市场现象每隔一段时间就进行一次的调查。它们分别研究不同的市场现象，满足市场宏观、微观管理的需要。

市场调查按产品、空间、时间层次不同所做的划分，不是孤立的，而是相互联系的。某一次具体的市场调查，必然归属于某种产品、空间、时间层次，而且同时归属于这三种分类中的某一类。在市场调研的实践中，这种相互结合的归类，主要是由调查目的和市场现象本身的特点所决定的。

4. 根据市场体系中对子体系的划分，市场调查可分为各子市场的调查

金融市场调查。金融市场的商品内容有特殊性，有自身的运作规律，在宏观和微观经济活动中起越来越重要的作用。

证券市场调查。中国证券市场已发展为较成熟的市场，该市场参与者的增加使其地位更重要。

期货市场调查。期货交易方式有特殊性，由于其价格预测和转移价格风险的功能，在经济中的作用日渐凸现。

人力资源市场调查。人力资源是社会生产中最重要的资源，近年我国人力资源市场逐步建立，对人力资源的绩效管理方法日渐成熟，薪酬管理制度日趋朝着社会公平方向努力，人力资源的调查与预测开展，可为宏观和微观管理提供重要的该方面资源数量依据。

房地产市场调查。我国住房制度改革使房地产市场与消费者联系日趋紧密，在市场发展和成熟的过程需要研究的问题很多，市场调查就成为了解新兴市场的好方法。

网络市场调查。电子商务、网络营销都是网络市场的内容。网络市场是销售渠道、手段的一场革命，网络市场与传统市场又有紧密联系。对其发展特点和规律的研究，要通过大量的市场调查来完成。

技术市场调查。科学技术是第一生产力，科技市场的发展促进社会生产，调查分析科技的发展很重要。

5. 根据市场调查目的和深度不同，市场调查可区分为探索性调查、描述性调查、因果关系调查和预测性市场调查几种类型

（1）探索性市场调查，也称非正式市场调查。其目的主要是对市场进行初步探索，为后面三种正式市场调查的开展做好准备。探索性市场调查还常常用于在制定市场调查方案之前了解市场的基本情况；用于市场调查方案的可行性研究；或用于市场调查中搜集资料工具的试用，如试用调查问卷初稿，试用观察记录卡片或表格等。总之，探索性市场调查的目的是初步了解市场基本情况，或是为了证实市场调查方案和工具的可行性。这种调查一般是在较小的范围，应用较简化的方法进行。

（2）描述性市场调查。它是指对所研究的市场现象的客观实际情况，搜集、整理、分析其资料，反映现象的表现。这种市场调查的目的就是客观地反映市场的表现，其深度虽然是正式调查中比较简单的一种，但它却是认识市场的起点，也是进一步深入细致地分析研究市场的必经之路。在市场调查实践中，大量的市场调查都属于描述性市场调查。描述性市场调查作为正式市场调查的一种，所获得的资料必须要真实、详尽、系统，在调查中必须按市场调查的步骤进行，要有完整的市场调查方案和精密的搜集资料的工具，使调查在周密的计划中进行。描述性市场调查所取得的市场资料是了解和分析研究市场的基础。

（3）因果关系市场调查。它是为了研究市场现象与影响因素之间客观存在的联系而进行的市场调查。通常是在描述性市场调查的基础上，对影响市场现象的各种影响因素搜集资料，研究现象间的相互联系的趋势和程度，进而研究这种联系的规律性。因果关系市场调查就其深度来看，比描述性调查要深入，它是在说明市场现象是怎样的基础上，进一步调查市场现象如何发展变化成某种状况，具体说明其原因。因果性市场调查的资料，对于研究市场现象之间的相互关系，研究市场现象受各影响因素变动而发展变化的规律，是十分宝贵的资料。

（4）预测性市场调查。它是对市场未来情况所做的调查研究。这类市场调查事实上是调查研究方法在市场预测中的应用，它将市场调查与市场预测有机地结合起来。预测性市场调查是有较大深度的，它必须在说明市场现象现在是怎样的基础上，充分考虑影响市场的各种因素的影响程度，进一步说明市场现象将来是怎样。预测性市场调研的资料具有较高的实用价值，是进行商品生产和组织商品营销的重要依据。

6. 根据市场调查对象范围不同，市场调查可以区分为全面调查和非全面调查

市场调查的组织方式，是指市场调查如何处理被调查对象总体，而不是指具体的搜集市场资料的方法。当然，市场调查的方式方法又是紧密联系的。在市场调查实践中必须科学地结合使用。

市场调查按照调查对象范围不同，可以分为全面调查和非全面调查。所谓全面调查是对市场调查对象总体的全部单位都进行调查；而非全面调查则是对市场调查对象总体中的一部分单位进行调查。市场全面调查的具体方式是市场普查；市场非全面调查的常用方式有：市场抽样调查、市场典型调查、市场重点调查等。市场调查各种方式的区别，不但表现在调研对象范围不同和选取调查单位的方法不同；而且也决定着市场调查过程中搜集、整理、分析资料方法的不同。不同的市场调查的组织方式必须配合适当的搜集资料的具体方法。才能很好地完成市场调查的任务。

以上对市场调查所划分的类型，是为了对市场进行全面、系统、深入的研究，根据市场调查不同类型的特点，依据市场调查的目的，选择适当的调查方法和技术，取得满意的调查结果。上述分类是相互联系的，调查组织者必须综合考虑，在市场调查实践中科学地运用。

二、市场调查的基本方式

市场调查的组织方式，是进行市场调查必须要明确的问题。通过决定所采取的组织调查的方式来解决对市场现象总体如何处理，如何选择调查单位的问题。各种市场调查方式都具有一定的特点，也各有适用的条件。常用的几种市场调查方式如下。

1. 市场普查

市场普查也称市场全面调查或市场整体调查，它是对市场调查对象总体的全部单位无一例外地逐个进行调查。

市场普查的目的是了解市场的一些至关重要的基本指标的情况，对市场状况做出全面、准确的描述，从而为制定市场有关政策、计划提供可靠的依据。如普查商业机构和人员数，对某种类商品的库存量进行普查等。很多市场环境调查的内容，是采用普查形式，如人口普查、经济普查、农业普查等。

普查在实际应用中有宏观、中观和微观之分。也就是说并不一定所有的普查都是在全国范围做，也可以在地区或部门范围做，甚至可以在企业中做。只要是对调查对象全部单位逐个进行调查，都可称为普查。

市场普查可以有两种方式：一种方式是由上级制定普查表，由下级根据具体情况填报，如对某种类商品的库存量进行普查，就是各基层单位根据日常业务记录的库存数据，填报到上级统一制定的普查表中；另一种方式是组织专门的市场普查机构，派出专门的调查人员，对调查对象进行直接登记。

普查的特点主要有以下几个方面：

（1）普查资料的准确性和标准化程度比较高，作为制定政策、计划的依据，作为市场预测的资料，其可靠程度比较高。

市场普查资料的准确性是通过普查过程对各种规定的遵守实现的。普查中的各种规定包括：①普查项目必须简明。普查中，调查对象广，参加人员多，组织工作复杂，因此项目不宜太多，必须尽可能简明。才能保证调查资料的准确性。②普查的时间必须统一。普查必须搜集同一时间的市场现象资料，避免搜集资料时出现重复或遗漏，造成调查误差。③迅速完成普查任务。进行普查，必须在尽可能短的时间内，迅速完成调查任务。

（2）普查最适合于了解宏观、中观、微观市场的一些至关重要的基本情况，了解调查总体的特征。

普查是了解国情、省情、地情的最重要的方法，它对于了解总体的某些基本特征是非常适用的。如与市场需求量有直接关系的人口因素，其一些基本情况都可以在人口普查的数据中找到，可以利用这些数据分析人口因素对市场的影响。如人口总量及其变动对市场需求总量的影响；人口的年龄、性别、职业等构成对市场各类商品需求量的影响等。如果再把人口普查资料与商业网点及人员数资料对比分析，还可以计算商业网点密度等重要指标。

中国与市场调查内容有关的普查实践有：①人口普查。中国的人口普查每十年组织一次，在逢 0 的年份进行。前五次人口普查：1953 年、1964 年、1982 年、1990 年、2000 年。②经济普查。中国的经济普查每十年组织两次，在逢 3、8 的年份进行。它是在原第三产业普查（1993 年进行过一次）和工业普查（1985 年、1995 年进行过两次）的基础上合并而成的，2004 年中国进行了第一次经济普查。③农业普查。中国的农业普查每十年组织一次，在逢 6 的年份进行。第一次农业普查在 1997 年举行。从中国各种普查来看，充分显示了普查应用领域、进行的时间周期等方面的特点。

（3）普查的费用比较高。普查对人力、财力、物力和时间的花费都比较大。

普查作为一种全面调查方法，由于涉及面广，调查工作量大，所以费用较高。考虑到这一点，普查只有在非常需要的时候才进行，不宜过多采用，它属一次性调查，而不是经常性调查。普查往往是按一定时间间隔进行。

普查费用比较高的特点，还决定了普查只对总体的基本特征进行研究，对组成总体的每个单位则不做更多的具体分析。它以取得总体基本特征资料为目的，不以研究总体单位特征为目的。

总之，在非常必要的情况下，必须进行市场普查来了解一些市场至关重要的基本情况。在准确、全面反映市场总体的某些特征方面，普查的作用是明显的，是其他调查方式无法完全替代的。

2. 市场典型调查

市场典型调查是在对市场现象总体进行分析的基础上，从市场调查对象中选择具有代表性的部分单位作为典型，进行深入、系统的调查，并通过对典型单位的调查结果来认识同类市场现象的本质及其规律性。

显然，典型调查是一种非全面调查，它只对总体中的部分单位进行调查。但是，它不是随便选一部分单位进行调查，而是要选对市场总体有代表性的部分单位进行调查。典型调查的目的，不仅仅是停留在对典型单位的认识上，而是通过对典型单位调查来认识同类市场现象总体的规律性及其本质。从认识论的基本理论可知，人类对于客观事物的认识是一个由特殊到一般，又由一般到特殊的循环往复进行的过程。典型调查方式就是一种从特殊到一般的认识过程，它是符合人类认识的一般规律的，是一种具有科学性的调查方法。追溯调查活动的实践，我们可以看到毛泽东等老一代革命家和中国共产党的领导人，都很好地应用典型调查解决过中国革命和建设中的实际问题。

在市场典型调查中，必须着重解决好以下几个问题。

（1）必须正确选择典型单位。正确选择典型单位，是保证市场典型调查科学性的关键。所谓典型单位，亦即对总体具有代表性的单位，也就是说典型单位必须具有市场现象的一般性，而绝不是指某些特殊的现象。

要做到正确选择典型单位，不能凭调查者的主观意志，必须根据客观实际情况，采取实事求是的态度，保证典型单位的客观性。要保证典型单位的代表性，就必须在选择典型之前，对市场现象的总体情况进行必要的分析，若对总体情况没有一般了解，当然就无从判定哪些单位具有对总体的代表性。一般选择典型单位时大致有两种做法：一种是从市场调查总体中直接选择代表性单位；另一种是在对市场调查总体分类后，从各类中选择典型单位。前者适用于市场现象的发展比较平衡，总体各单位之间无明显差异，在这种条件下，从总体中直接选择典型单位即可保证对总体的代表性。后者适用于市场现象总体的发展不平衡，总体各单位之间具有明显差异，且这种差异可以将总体划分为若干类别，在这种条件下，应从各类中选择典型单位。这种情况在市场现象中是常见的，如居民的收入水平有高、中、低之分，从而决定居民的消费水平也有高、中、低之分，消费结构也不尽相同；经营单位有大、中、小之分，从而决定了企业经营规模、经营种类、经营方式等会有所不同；消费者有城镇、乡村之分，从而决定了消费者的商品需求结构不同，等等。

（2）典型调查必须把调查与研究结合起来。典型调查不满足于对市场典型单位的简单了解，它必须在调查过程中伴以深入、细致的研究，不但要说明现象目前的情形，还要研究现象是如何发展变化的，有时还必须研究现象未来的发展变化趋势。典型调查只有在调查过程中认真研究市场现象，才能从特殊事物中认识到它的一般性，才能得到对市场现象本质和规律性的认识。由于典型调查是非全面调查，所选择的典型单位数量不多，所以在调查的同时，对典型单位进行深入、细致的研究是完全可以做到的。这一点在全面调查中是不可能的。

（3）正确应用典型调查的结论。典型调查的目的是通过对典型单位的调查，认识同类市场现象的本质和规律性。通过典型调查能否正确认识总体，这不仅取决于所选择的典型单位是否对总体具有代表性，还取决于能否正确应用典型调查的结论。正确应用典型调查的结论，关键在于严格区分典型单位所具有的代表同类事物的普遍性一面和典型单位本身由一定条件、环境和因素所决定的特殊性一面。必须对这两方面的内容加以科学的区分和说明，而且要特别说明其普遍性所适用的范围。切不可不加区分地把典型调查的一切内容都作为普遍性的结论，也不可不分时间、地点、条件地将普遍性结论生搬硬套。

典型调查作为一种非全面调查的重要方法，其优点是非常突出的。调查少量典型单位，可以节省人力、物力、财力；调查内容可以做到深入、全面、细致地研究市场现象的本质和规律性；典型调查在时间上也比较节省，可以迅速地取得调查结果，反映市场情况变动比较灵敏，典型调查是一种适用面很广泛的组织调查方式。典型调查方法的不足是，在选择典型单位时是根据调查者的主观判断，难以完全避免主观随意性；对于调查结论的适用范围，只能根据调查者的经验判断，无法用科学的手段做出准确测定；利用典型调查往往难以对市场现象总体进行定量研究。在应用典型调查方法时，应扬长避短，在其适用范围内充分发挥其应有的作用。

3. 市场重点调查

市场重点调查是从市场调查对象总体中选择少数重点单位进行调查，并用对重点单位的调查结果反映市场总体的基本情况。这里所说的重点单位是指，其单位数在总体中占的比重不大，而其某一数量标志值在总体标志总量中占的比重却比较大，通过对这些重点单位的调查，就可以了解总体某一数量的基本情况。

在市场现象中，适合用重点调查方法进行调查的有一些，如从全国众多的钢铁企业中，选择首都钢铁公司、包头钢铁公司、鞍山钢铁公司、武汉钢铁公司、宝山钢铁公司、攀枝花钢铁公司等几个重点企业进行调查，就能大致了解全国钢铁生产的状况，因为这些重点钢铁企业的产量占全国钢铁产量的50%以上。又如通过对山东、江苏、湖北、河南、河北五省重点产棉区棉花产量的调查，就能掌握全国棉花生产的基本情况。再如通过对全国各大城市中的大型商业企业商品零售额的调查，就可了解到全国商品零售额的基本情况。还有通过对全国几大粮食批发市场的调查，就可以了解粮食流通的基本情况。对于许多消费品，其消费者表现为重点消费群的情况，也可利用重点调查的方法对其需求量进行调查。

重点调查是一种非全面调查的方法，在仅仅对总体中的部分单位进行调查这一点上，它与典型调查具有相似之处。但重点调查与典型调查的区别是明显的。两者在选择调查单位的标准上具有明显不同，典型调查必须选择对总体具有代表性的单位；而重点调查选择的是总体中的重点单位。两者所能达到的目的不同，典型调查通过对典型单位的研究，可以认识同类现象的本质和规律性，借以达到由特殊到一般的认识目的；重点调查则是通过对重点单位的调查，认识总体的基本情况。

重点调查的主要特点为：（1）调查的目的是为了掌握和了解总体的基本数量状况，其调查数据结果虽不是对全部单位的调查结果，但由于重点单位的数量标志在标志总量中占比重很大，且这个比重是相对稳定的，可以将重点调查结果看做总体的基本情况。（2）重点调查在人力、财力、物力和时间上都比较节省。（3）重点调查适用的对象，是总体中确有重点单位存在的市场现象，若总体各单位发展得比较平衡，就无从说哪些单位是重点单位，也就不能采用重点调查法。因此，重点调查有其特定的适用对象。

4. 市场个案调查

个案调查也称个别调查，它是从总体中选取一个或几个单位对其进行深入研究。其主要作用在于深入细致地反映某一个或几个单位的具体情况，而并不是想通过个案调查来推断总体。因此，个案调查在选择调查单位时并不注重它对总体是否具有代表性。在对市场进行调查时，个案调查在某些时候还具有重要作用的，如新产品上市初期，可以对少数购买者进行个案调查，以便了解产品的使用情况；对于一些特殊购买行为也可采用个案调查，对其购买心理等进行深入研究。

个案调查是市场调查初期经常采用的方式，它实际上是对市场现象某一"点"的研究。随着人类认识水平和能力的提高，尤其是抽样调查这种研究"面"的调查方式被广泛应用，人们对市场调查的设想，大多是以认识其总体规律为出发点，而不仅仅停留在对"点"的认识上。虽然人们对市场的认识能力已经达到从面上铺开的高度，但却不能说个案调查方式完全失去了作用。个案调查往往可以与抽样调查、普查等方式结合应用，相互取长补短，发挥其应有的作用。

5. 市场抽样调查

抽样调查是从调查对象总体中，按随机原则抽取一部分单位作为样本进行调查；并用对样本调查的结果推断总体的相应指标。

由于抽样调查有其相对独立的理论依据和方法，后面将对抽样调查这种最常用的方式单独设一章加以介绍。

以上各种市场调查方式是市场调查中不可缺少的，它们各有特点和适用对象，又都必须与适合的搜集资料的方法相配合，达到全面、系统、准确认识市场之目的。

第二节　市场调查的步骤

市场调查的目的，是为了掌握市场过去和现在的资料，认识市场的发展变动规律。根据市场调查的资料，才能够对市场未来的发展趋势做出预测。市场调查的整个过程，必须遵循各项原则和科学的程序。

一、市场调查的一般原则

一项成功的市场调查，必须坚持下述几条原则。

1. 真实性和准确性原则

市场调查所提供的资料，必须坚持真实性和准确性的原则，这是市场调查最基本也是最重要的原则。市场现象是客观存在的，又是复杂多变的。在市场调查中必须对市场现象做真实的描述，必须排除人的主观倾向和偏见的影响，不能主观臆想，隐瞒事实或夸大其词，保证市场调查资料客观地反映市场的真实情况。市场调查还必须做到准确性，由于市场现象是复杂多变的，要做到准确地反映市场情况，就必须采用适当的调查组织方式和搜集资料的方法，对所搜集的资料还必须认真检查审核，在市场调查的全过程都要做到精益求精。

2. 全面性和系统性原则

市场调查的资料还必须具有全面性和系统性。这一原则体现在市场调查对市场现象的持续观察和分析中，而不是在一次市场调查中。市场现象不是孤立、静止存在的。市场现象之间，市场现象与政治、经济、文化、风俗、法律等社会现象之间，有着千丝万缕的联系；市场现象随着时间、地点、条件的变化而不断发生着变化。在进行市场调查时，必须对相互联系的市场现象及各种影响因素做全面性的调查，而不能片面地观察市场；必须对市场现象的发展变化全过程进行系统性的调查，不能将其一时一地的表现看做是市场现象的普遍规律。全面性和系统性原则，既是正确认识市场的条件，又是进行市场预测的需要。

3. 经济性原则

市场调查工作必须要考虑到经济效果，要以尽可能少的费用取得相对满意的市场调查资料。通常，在市场调查内容一定的条件下，采取不同的市场调查方式方法，会形成不同的市场调查费用；在市场调查费用一定的条件下，采用不同的市场调查方式方法，又会取得不同的调查效果。所以，关键是选择适当的调查方式方法。在市场调查中，必须根据明确的调查目的，确定市场调查的内容项目，选择适合的调查方式方法。在满足市场调查目的的前提下，尽量简化调查的内容与项目；采用比较节省的调查方式方法。不能随意增加调查内容项目，也不要加大调查的范围和规模，造成人力、物力、财力和时间的不必要的浪费。市场调查工作和各项工作一样，都要提高经济效益，做到少花钱多办事。

4. 时效性原则

市场调查必须具有较高的时效性，这是由市场调查的作用决定的。市场调查必须做到及时搜集资料，及时整理和分析资料，及时反映市场情况。时效性高的市场资料，能够为宏观和微观的管理决策提供有价值的依据；不及时的资料则往往失去了价值。提高时效性是各种调查都应遵守的原则，而在市场调查中，这项原则显得尤为重要。市场现象是不断变化的，市场调查正是在这种不断的变动中对市场现象进行研究的。市场调查及时地了解到市场的变动，为商品生产和组织商品营销提供可靠的信息，就能大大地提高企业的经济效益。谁先了解到市场的变动谁就完全抓住了一次机会；而仅仅是迟一步的调查结果，则完全失去了机会。这种先例在市场调查及企业决策中是屡见不鲜的。

市场调查的各项原则，是相互联系的。在市场调查中要将各项原则综合应用，将其贯穿于市场调查的自始至终。

二、市场调查的步骤

市场调查是一种有目的、有计划进行的调查研究活动，是正确认识市场现象本质和规律性的过程。科学的市场调查必须按照一定的步骤进行，保证市场调查的顺利进行和达到预期的目的。市场调查的步骤可分为四个阶段。

1. 市场调查的准备阶段

市场调查的准备阶段是市场调查的决策、设计、筹划阶段。这个阶段的具体工作有三项：即确定市场调查任务、设计市场调查方案，组建市场调查队伍。合理确定调查任务是搞好市场调查的首要前提；科学设计调查方案是保证市场调查取得成功的关键；认真组建调查队伍是顺利完成调查任务的基本保证。准备阶段对市场调查具有重要意义，它是整个调查的起点。市场调查的领导和组织者，必须花相当大力量做好这一阶段的各项工作。

（1）确定市场调查的任务。

确定市场调查的任务包括选择调查课题，进行初步探索等具体工作。调查课题是市场调查所要说明或解决的市场问题。选择调查课题是确定调查任务的首要工作，因为正确地提出问题是正确认识问题和解决问题的前提。在实践中，市场调查的课题有很多，它们大多是围绕宏观和微观的管理，围绕对某些市场现象的认识需要而产生的。市场调查的组织者必须根据一定的目的和市场现象的特点，确定每一次市场调查的课题。选择调查课题，对于整个市场调查工作具有重要的意义。它决定着市场调查的总方向和总水平；决定着市场调查方案设计，不同的调查课题，其调查内容、方法、对象和范围就不相同，调查人员的选择、调查队伍的组建等也不相同；它还决定着市场调查的成败和调查成果的价值。选择调查课题应该将需要性和可能性有机地结合起来。既要从管理的需要性出发，也要考虑到实际取得资料的可能性。选择调查课题还应具有科学性和创造性；在科学理论指导下选择调查课题，按照新颖、独特和先进的要求选择调查课题。

在选择调查课题之后，设计调查方案之前，必须围绕选定的课题进行初步探索性调查研究。初步探索的主要目的，不是直接回答调查课题所要解决的问题，而是为正确解决调查课题探寻可供选择的方向和道路，为设计调查方案提供可靠的客观依据。通过初步探索，要正确地确定市场调查的起点和重点。起点过高或过低，会造成调查脱离实际或简单重复；重点不突出，就难以设计出高质量的调查方案，也不可能取得具有较大价值的调查结果。通过初步探索还必须形成研究假设，研究市场调查的指标、方法和实施的具体步骤。市场调查的指标、方法、具体步骤是设计调查方案的重要内容，必须在初步探索中了解和发现新情况新问题，充分考虑到市场现象的发展变化，才能使所设计的调查方案符合市场现象的客观状况。总之，初步探索是直接为设计调查方案做准备的，是市场调查准备阶段不可缺少的一步重要工作。

（2）设计市场调查方案。

市场调查是一项有计划的调查研究工作，其计划性是通过市场调查方案具体表现出来的。市场调查方案是整个市场调查工作的行动纲领，它起到保证市场调查工作顺利进行的重要作用。设计市场调查方案，就是对市场调查的计划。市场调查的总体方案，必须包括以下主要内容：

①明确市场调查目的。明确调查目的是进行市场调查首先应解决的问题。它必须说明为什么要做此项调查；通过市场调查要解决哪些问题；通过调查要达到什么目标，即调查的经济价值和社会价值是什么。对于市场调查的目的，要明确地提出，决不可用过于笼统的提法；因为调查目的直接决定着方案中的其他内容，如果目的不具体、不明确，就无法设计其调查方案的其他内容。

②设计市场调查的项目和工具。市场调查的项目和工具，是市场调查方案的核心部分，也是设计调查方案时应着重考虑的。市场调查的内容是通过调查项目反映出来的。调查项目，是调查过程中用来反映市场现象的类别、状态、规模、水平、速度等特

征的名称。调查数据按照其特性的不同，一般表现为定类数据、定序数据、定距数据、定比数据四大类。在现代市场调查中十分重视对市场现象的定量分析，所以，定序、定距、定比数据的使用越来越多。但并不是说定类数据不重要，相反，定类数据是应用其他数据的基础，是进行定量分析的前提。在设计调查项目时，要注意各种项目的结合应用，用相互联系的体系来反映和研究复杂的市场现象。在调查项目设计中，必须坚持科学性、完整性、准确性、简明性；同时要将调查项目的抽象定义与操作定义都设计出来。总之，科学地设计市场调查体系，是取得有价值的市场资料的前提和基础。

市场调查工具是指调查指标的物质载体。如调查提纲、调查表、调查卡片、调查问卷等。设计出的调查项目最后都必须通过调查工具表现出来。在设计调查项目之后，必须进一步具体设计反映这些项目的调查工具。设计调查工具时，必须考虑到调查项目的多少，调查者和被调查者的方便，对资料进行整理分析时的需要等。科学的调查项目还必须以科学的形式加以表现，才能使调查过程顺利，调查结果满意。

③规定市场调查的空间与时间。调查空间是指市场调查在什么地区进行，在多大的范围内进行。调查空间的选择要有利于达到调查目的，有利于搜集资料工作的进行，有利于节省人力、财力和物力。

调查时间是指市场调查在什么时间进行，需用多少时间完成，调查市场现象在什么时间的表现。调查时间的选择，要有利于对市场实际情况的了解，找到调查的最佳时间。调查时间的长短与调查的方法和规模有关，必须根据具体的调查内容和方法，合理计算市场调查的起止时间。

④规定市场调查对象和调查单位。市场调查对象是指市场调查的总体，市场调查对象的确定决定着市场调查的范围大小，它

由调查目的、调查空间、调查方式、调查时间等共同决定。调查单位是指组成总体的个体，每一个调查单位都是调查项目的承担者。确定调查对象和调查单位，必须对总体单位数量，调查单位的选择方法和数量，做出具体的设计和安排。不论在全面调查还是非全面调查中，调查对象和调查单位的确定都显得十分重要。它决定着调查的工作量大小，调查结论的推广范围，调查费用的高低，调查方法的选择等具体问题。尤其是在定量分析中，对调查对象和调查单位的确定更是必不可少的。

⑤确定市场的调查的方法。确定市场调查的方法，包括选择适当的组织调查方式和搜集资料的方法，也包括整理和分析研究市场资料的方法。调查方法的选择要根据市场调查的目的、内容，也要根据一定时间、地点、条件下市场的客观实际状况。由于同一市场调查课题可以采用的方法不仅一种，同一调查方法又能够用不同的调查课题。因此，调查者必须认真地比较，选择最适合、最有效的方法，作为某项市场调查最终采用的方法，做到既节省调查费用又能满足调查目的。

⑥落实调查人员、经费和工作量安排。市场调查方案中，要最终计算调查人员、经费的数量，并落实其出处。这是市场调查顺利进行的基础和条件，也是设计调查方案时不容忽视的内容。此外，还应对市场调查人员的工作量进行合理安排，使市场调查工作有条不紊地顺利进行。在计划这些内容时，必须从节省的角度出发，还应注意留有一定的余地。

对于设计好的市场调查方案，必须要进行充分的可行性研究，要通过小样本试用或专家评定等方法，发现问题，反复修改，使之具有高度的科学性。

（3）组建市场调查队伍。

正确地实施市场调查方案，必须具有一支良好的调查队伍。做好市场调查人员的选择、培训和组织，建立能够顺利完成任务的调查队伍，也是市场调查准备阶段的一项重要工作。

调查人员的选择，要从政治素质、知识文化程度、工作经验和技能等方面综合考察，不能仅仅注重其工作技能。合格的调查人员是保证市场调查结果可靠的重要条件。由于市场调查一般是由若干人组成的调查队伍来完成，所以在考虑每个调查人员个人素质的同时，还特别要注意调查队伍的整体结构。对调查队伍要从职能结构、知识结构、能力结构及年龄、性别结构等，进行合理安排，使之成为一支精干的、顺利完成调查各阶段工作的队伍。

组建一支良好的调查队伍，不仅要正确选择调查人员，而且要对调查人员进行必要的培训。对调查人员的培训内容，有思想教育、知识准备、方法训练等，思想教育是先导，知识准备是基础，方法训练是重点。培训的方法有集中讲授、阅读和讨论、示范和模拟、现场实习等。

在调查人员的使用上，要注意扬人之长、避人之短；要合理搭配、优化组合；要明确职责和权力、落实任务；要分层管理、逐段安排；要严格要求、深入检查。

2. 市场调查搜集资料阶段

在确定了调查课题，设计好了市场调查方案，组建起调查队伍之后，就进入市场搜集资料阶段。搜集资料阶段的主要任务是，采取各种调查方法，按照调查方案的要求，搜集市场资料。对于搜集资料可用到的各种具体方法，将在其后各章加以介绍。

搜集资料阶段是市场调查者与被调查者进行接触的阶段。在这个阶段调查者搜集资料的工作，会受到多种外部因素的制约或影响，而这些因素的影响在其他工作阶段则不那么突出。为了能够较好地控制和掌握调查阶段的工作进程，顺利地完成调查任务，调查者必须做好有关各方面的协调工作。要依靠被调查单位或地区的有关部门和各级组织，争取他们的积极支持和帮助；要密切结合被调查者的特点，争取他们的良好理解和合作。

在市场调查搜集资料阶段，调查者分散搜集市场资料。要使每个调查人员按照统一的要求，顺利完成搜集资料的任务，必须加强调查队伍内部的指导工作。这种内部指导要落实在调查的各具体环节上。

在整个市场调查工作中，调查搜集资料阶段是惟一的现场实施阶段，是取得市场第一手资料的关键阶段。在此阶段，调查人员的接触面很广，工作量很大，所遇到的情况比较复杂，出现的问题也较多。市场调查的组织者必须集中精力做好外部协调工作和内部指导工作，力求以最少的人力、最短的时间、最好的质量完成搜集资料的任务。市场调查的资料是分析研究市场的依据，就像生产产品必须要有原材料一样。市场调查搜集的资料，必须要做到真实准确、全面系统，否则准备阶段的工作和研究阶段的工作都会失去意义。

3. 市场调查研究阶段

市场调查研究阶段，主要任务是对市场搜集资料阶段取得的资料进行鉴别与整理，并对整理后的市场资料做统计分析和开展理论研究。

鉴别资料就是对市场搜集资料阶段取得市场资料，包括全部文字资料和数据资料做全面的审核。审核的目的，是消除资料中虚假、错误、短缺等情况，以保证原始资料的真实、准确和全面性。

整理资料是对鉴别后的市场资料，进行初步加工，使调查得到的反映市场现象个体特征的资料系统化、条理化，以简明的方式反映市场现象总体的特征。对资料的整理主要是应用分组分类方法，对调查资料按研究问题的需要和市场现象的本质特征做不同的分类。

对资料进行统计分析，就是运用统计学的有关原理和方法，研究市场现象总体的数量特征和数量关系。通过统计分析能够揭示市场现象的发展规模、水平，总体的结构和比例，市场现象的发展趋势和速度等。经统计整理统计分析得到的市场现象数量，不但是对市场现象准确而系统的反映，而且是对市场现象进行定量分析，定量预测的宝贵资料。也为进一步开展对市场问题的定性研究提供了准确系统的数据资料。

对市场现象开展定性研究，是运用逻辑分析方法，运用与市场调查课题有关的各种科学理论，对经过鉴别和整理的市场资料，对统计分析后的市场现象数据，进行思维加工；揭示市场现象的本质和规律性，说明现象之间的关系，预计市场现象的发展趋势，对市场现象做出理论说明；并在此基础上进一步对实际工作提出具体建议。

市场调查的研究阶段，是出成果的阶段、是深化和提高的阶段、是从感性认识向理性认识飞跃的阶段。这个阶段虽然不再与被调查对象接触，但却特别注重研究市场问题的深度。在此阶段，调查队伍中的研究人员，工作特别复杂繁重。市场调查成果水平的高低，根本上取决于调查阶段的资料是否准确、真实、全面、系统，在很大程度上则取决于研究阶段工作的水平、质量和科学性。

4. 市场调查总结阶段

总结阶段是市场调查的最后阶段，它的主要任务是撰写市场调查报告、总结调查工作、评估调查结果。

调查报告是市场调查研究成果的集中体现，是对市场调查工作最集中的总结。撰写调查报告是市场调查的重要环节，必须使调查报告在理论研究或实际工作中发挥重要作用。此外，还应对调查工作的经验教训加以总结，为今后的市场预测工作打下基础。评估调查结果，主要是学术成果和应用成果两方面，对市场调查加以评估，目的是总结市场调查所取得成果价值。认真做好总结工作，对于提高市场调查研究的能力和水平，有很重要的使用。

在市场调查的实际工作中，市场调查的各阶段是相互联系地、有机地构成市场调查的完整过程。

第三节　市场调查的主要内容

市场调查所涉及的内容很广泛，各种调查者出于不同的调查目的和要求，其市场调查内容各有不同的侧重点。各种企业为了解市场情况，从开展市场预测和经营管理决策的需要来看，市场调查的主要内容有市场商品需求调查，市场商品资源调查，市场营销组合调查，影响市场各种因素的调查等。通过各种内容的市场调查，来综合了解、分析、研究千变万化、错综复杂的市场。同时，这些内容的市场调查，也是宏观经济管理的需要。

在此我们所说明的市场调查内容，只是一种总体思路，是以消费者市场为主来分析问题的一般性阐述。

一、市场环境调查

市场活动受到多种因素的影响，政治、经济、社会、科技、文化等，都对市场发生着很直接的影响，形成一定历史条件下的市场环境。对市场环境调查的内容大致有以下几个方面。

1. 市场政治环境调查

市场政治环境主要是指国家各项政策、方针、法规等，对市场活动的影响。市场政治环境调查，主要是了解国家有关政策、方针和法规的具体内容，如国家在一定历史时期的工农业生产发展的方针政策、工资政策、物价政策、税收和信贷政策、对外贸易政策等；又如企业法、经济合同法、环境保护法、商标法、消费者权益法等。这些具体的方针政策和法规，对市场有着直接影响，是进行市场调查时必须认真分析和了解的内容。

一个国家安定团结的政治局面，是市场经济发展的基本保障，是市场分析中不可忽视的内容。

2. 市场经济环境调查

市场的经济环境主要是指市场所处的人口、收入水平、消费水平及结构、国民经济比例关系等方面的环境。经济环境中的各具体因素，对市场的影响更直接。

人口是影响市场的重要因素。全国或地区的人口总数表明消费者的规模大小。它与人均收入水平和人均消费水平相结合，形成国内市场需求。我国 1990 年人口普查表明，我国人口已达到 113 368 万人。2000 年第五次人口普查，大陆人口总数达到 126 583 万人；2006 年 3 月中国人口达到 13 亿；据预测，2010 年中国人口将达 13.7 亿。这些人口按不同的人口密度分布于全国各地，形成各地消费品市场，是进行市场调查时必须考虑的因素。

我国的国内生产总值呈现逐年稳定上升的趋势。由此决定了我国居民的收入水平逐年提高，消费水平也逐年有所提高。调查居民的收入水平，从总量上可以从社会分配着手，了解居民购买力的高低。居民购买力是一定时期内，城乡居民用于购买生活消费品的货币支付能力。其总量的计算公式为：

居民购买力 = 居民货币收入总额 – 居民非商品支出 ± 居民储蓄增减额
 ± 居民手存现金增减额

我国近年人口、居民收入、居民储蓄数据见表 2 – 1。

表 2 – 1　　　　我国近年人口、居民收入、居民储蓄

年份	年末总人口 （万人）	农村居民家庭 人均纯收入（元）	城镇居民家庭人均 可支配收入（元）	城乡居民储蓄存款 年末余额（亿元）
1978	96 259	133. 6	343. 4	210. 6
1985	105 851	397. 6	739. 1	1 622. 6
1990	114 333	686. 3	1 510. 2	7 119. 8
1995	121 121	1 577. 7	4 283. 0	29 662. 3
2000	126 743	2 253. 4	6 280. 0	64 332. 4
2001	127 627	2 366. 4	6 859. 6	73 762. 4
2002	128 453	2 475. 6	7 702. 8	86 910. 0
2003	129 227	2 622. 2	8 472. 2	103 617. 3
2004	129 988	2 936. 4	9 421. 6	119 555. 4
2005	130 756	3 254. 9	10 493. 0	141 051. 0

注：资料摘自 2006 年《中国统计摘要》。

除了从总收入水平了解居民收入外，还应按不同地区、不同居民，如城、乡居民、不同职业或文化程度的居民等分别了解其收入水平。以便在分析研究收入水平一般性的基础上，研究其差异水平及其特点。

消费结构是指居民消费支出中，用于不同类别商品形成的消费支出比重。我国居民消费支出的分类主要为：食品、衣着、家庭设备用品及服务、医疗保健、交通和通信、娱乐教育文化服务、居住、杂项商品及服务。居民的消费结构，一方面可以根据城市或农村住户抽样调查资料计算；另一方面可以从社会商品零售总额的比重来观察。取得全国的、地区的、不同收入水平、不同性别、年龄、职业居民的消费结构资料，是研究居民消费状况和消费发展规律的重要条件。其中，食品类消费在总消费中的比

重，是研究居民消费结构的重要指标。世界上很多国家都把对这个指标的调查，看做是研究一个国家或地区居民消费及经济发展的关系所必需的。消费经济学中著名的恩格尔系数和定律，就是以食品类支出比重为基础建立的。市场调查为此提供了必需的资料。目前，我国居民的收入水平和消费水平的绝对数虽然有较大幅度的提高，但食品类消费在总消费中所占比重，仍在较高水平，与发达国家相比，这个比重值高出不少。

表 2 - 2　　　　中国居民恩格尔系数（1978~2005 年）

年份	系数（%）		年份	系数（%）	
	农村	城镇		农村	城镇
1978	67.7	57.5	1992	57.6	53.0
1979	64.0	57.2	1993	58.1	50.3
1980	61.8	56.9	1994	58.9	50.0
1981	59.9	56.7	1995	58.6	50.1
1982	60.7	58.7	1996	56.3	48.8
1983	59.4	59.2	1997	55.1	46.6
1984	59.2	58.0	1998	53.4	44.7
1985	57.8	53.3	1999	52.6	42.1
1986	56.4	52.4	2000	49.1	39.4
1987	55.8	53.5	2001	47.7	38.2
1988	54.0	51.4	2002	46.2	37.7
1989	54.8	54.4	2003	45.6	37.1
1990	58.8	54.2	2004	47.2	37.7
1991	57.6	53.8	2005	45.5	36.7

　　国民经济比例关系，是指各项基本经济结构，包括国民经济第一、二、三产业的比例关系，生产部门内部的比例关系，消费和积累的比例关系，国家交通运输、能源、通讯的发展、金融、税务的政策等。国民经济基本经济结构的健全、合理，为市场活动及其发展创立了良好条件，反之也会对市场造成一些制约。市

场所处经济环境是进行市场调查时，需要花较大力量了解的重要内容。

3. 市场社会文化环境调查

市场社会文化环境，主要是指消费者的文化水平、社会教育水平、民族与宗教状况、社会价值观念及社会物质文化水平等。

消费者的文化水平和社会教育水平，是影响消费水平和消费结构的重要因素。一般来说，不同社会教育水平下不同文化程度的消费者，具有不同的消费观念和消费结构，随着社会教育水平和消费者文化水平的健康发展，消费者对市场商品的鉴别能力会有所提高，理性购买程度会越来越高，消费结构也会日趋合理化。这种区别，在我国的不同市场上是比较明显的。如农村消费品市场和城市消费品市场，在商品规格、质量，消费结构等方面就有着明显的区别。消费者的文化水平和受教育程度的差异反映在市场上，主要是消费结构、层次的区别。

民族与宗教状况也是对市场发生重要影响的社会文化因素。我国的少数民族虽然只占总人口的 8% ~ 9%，但由于各民族有着自己的传统民俗，也具有相对集中的生活地域，因而形成了独特的消费需求。宗教信仰对消费的影响也是如此。在进行市场调查时，切不可忽视了这些特点。

社会物质文化水平，一般是指一个国家或地区科学技术和经济发展的总体综合水平。一个国家或地区科学技术先进，经济繁荣发展，形成较高的社会物质文化水平，其消费者对商品的质量、性能以至装潢的要求就比较高，对商品消费的选择性就比较强，消费也向着多样化发展。

市场环境的内容还有很多，而以上主要内容是市场调查必须注重了解的。

二、市场商品需求调查

商场商品需求调查，是市场调查的核心内容。市场需求调查的主要内容是：市场需求总量及其构成；各种商品的需求数量、质量、品种、规格、包装装潢；各种商品的需求地点和时间；对商品需求的满足程度等。企业还经常做商品占有率调查。

市场商品需求总量及其构成，表明全国或地区市场的需求总量和构成，是从宏观上对市场需求的调查研究。它由居民购买力的实现和不同投向来反映。市场商品需求总量及其构成的调查，由国家统计局和各地区统计局组织，有关经济管理部门也组织此项市场调查。所取得的资料可供宏观管理和中观管理用，也可作为企业生产与营销的间接市场资料。

各种商品需求数量、质量、品种、规格、包装装潢，其需求的时间、地点，是企业组织市场调查的重要内容，也是企业组织生产与营销的重要依据。上述内容的市场调查，都可以直接命名为市场调查课题，进行资料搜集。

同时，也可以从市场需求量的影响因素着手，进行调查研究，分析其变化规律。其主要内容有以下几方面。

1. 人口构成

从商品需求的角度了解人口的构成，主要是对人口的年龄、性别、民族、职业、文化程度、地区构成进行调查，以便分析和研究由此引起的商品需求的状况和变动规律。

人口的性别、年龄是人口的自然构成，对市场商品需求的影响很大。由性别不同而划分的妇女市场，由年龄不同而划分的老年人市场、成年人市场、青年市场、少年儿童市场，各有不同的商品需求。它们都是商品生产和营销企业应努力调查了解的内容。

人口的民族、职业、文化程度、地区等构成，是人口的社会构成。它们也对市场需求产生重要影响。如人口的地区分布，形成不同的地区市场；人口的城乡分布形成不同的城乡市场；不同的民族、文化程度、职业，也会形成一些不同商品的市场。

总之，在一定人口总量下，人口结构的变化将会引起市场需求的变化，市场需求多样化成为市场发展的必然趋势。对这些内容的调查，有利于生产和营销企业开辟新市场，巩固和发展老市场，提高企业的经济效益。

2. 家庭

家庭是由消费者组成的消费品的基本购买单位。全国或地区的家庭户数及其构成是影响商品需求的重要因素。人口一定的情况下，家庭规模的大小决定着一个国家或地区家庭户数的多少见表 2 - 3。

表 2 - 3　　　　　　　　中国居民家庭户资料

普查年份	家庭户总数（万）	家庭户人口数（万）	户均人口数（人）
1982	22 008	97 109	4. 43
1990	27 691	109 778	3. 96
2000	34 837	119 839	3. 44

在消费品中，有许多商品的需求量与人口数成正比，如粮、菜、油、副食品等；也有许多商品的需求量与家庭数成反比，如电冰箱、洗衣机、炊具等。家庭划小无疑会增加许多以家庭为单位消费商品的需求数量，也会改变需求的品种。当然，家庭成员的构成不同，也会使商品需求结构有所差异。市场调查必须对家庭的数量、构成及对不同商品需求的影响进行调查。

3. 消费心理和购买行为

消费心理是消费者在满足需求过程中产生的意愿或认识。消费心理对消费行为起着支配使用。每个消费者都具有一定的消费心理，主要由其生活方式、性格、追求目标等决定。消费心理有各种各样，归纳起来可以有求实、求名、求美、求异等几种消费心理特征。在每次购买行为中，并不一定仅受一种消费心理的支配，许多商品又并不仅仅具有单一的功能，因此消费心理就是比较复杂的现象。对消费者心理的调查，要特别注意消费者市场的可引导性，提高企业的市场占有率。

消费者购买行为，是受消费心理支配而产生的购买商品活动。消费者的购买行为由购买商品的种类、购买商品的具体样式牌号、购买的数量、购买的时间、购买的地点几项内容组成。购买行为的种类主要有习惯购买、挑选购买、信誉购买、随机购买、执行购买和触发购买等，每一消费行为都会经历购买酝酿、购买决定、购买评价三个阶段。购买酝酿阶段，是在做出购买决定之前，已经产生了购买要求；购买决定阶段，是消费者对购买做出决定并进行交易；购买评价是消费者购买商品后对购买及商品的评价。购买行为的三个阶段是相互联系的，消费者的本次购买行为和下次购买行为也是有联系的。通过市场调查掌握消费者的消费心理和购买行为，可以促使生产企业或营销企业有力地开展新产品开发，实施促销、广告等市场营销策略，提高企业的市场占有率。

4. 市场占有率调查

市场占有率是指生产或营销企业的商品数量在市场同类商品总数量中占的比重，也称为市场份额。市场占有率是用相对指标研究市场需求量。提高市场占有率是每个生产和营销企业的愿望。企业商品市场占有率是由一定时期内本企业某种商品销售量（额）与市场上同类商品总销售量（额）的统计资料，加以测算得到该商品的市场占有率指标。为此企业不但要做好本企业的商品销售统计，而且要搜集市场商品销售的资料，及时核算市场占有率，了解企业在市场中的地位，以便采取措施，提高企业经济效益。

三、市场商品资源调查

市场商品资源是指一定时期市场所拥有的商品供应量，它是满足市场商品需求的物质基础，也是市场调查的重要内容。

我国物质产品市场商品资源可以分为国产商品和接收进口商品，其中国产商品占绝大部分。随着我国社会主义市场经济的发展，随着我国加入世界贸易组织，我国市场的国际化程度将会越来越高。不过在针对企业所做的市场商品资源调查，主要是对国产商品资源的调查。从根本上看，国产商品主要是来自我国的工农业生产部门，调查市场商品资源就是对生产部门可提供的商品数量及构成的调查。

工业商品资源调查，主要是了解某种或某类商品生产企业数量；企业的地理分布情况；企业的生产能力、生产设备状况；企业生产产品的数量、品种、规格、质量、成本、利润、原材料供应等状况；企业的设备挖潜、更新、改造、技术引进和新产品开发等措施。

农副产品资源调查，主要是对农业生产的情况，农产品的生产地域，农业生产技术的变化，农产品产量，农产品商品率等内容进行调查，还应特别注意农产品生产和收购的季节性。

工农业商品资源的总量，一般可以由国家统计部门的有关资料中得到，它可以为企业提供宏观信息。作为生产或营销企业，组织市场商品资源调查，必须根据本企业生产或营销的特点进行。生产企业主要是与同行比商品质量、功能，降低成本，提高利润，重视新产品开发等。营销企业主要是组织货源，对供大于求的商品，要选择质量最好的货源，组织商品营销；对供不应求的商品，要努力取得较多货源。

四、市场流通渠道调查

市场商品流通渠道，是指商品从生产者手中转移到消费者手中的途径和过程。我国商品流通有多种渠道，具体形式主要有：

生产者——代理商——批发企业——零售企业——消费者；

生产者——批发企业——零售企业——消费者；

生产者——零售企业——消费者；

生产者——消费者。

市场商品流通渠道畅通，是保证商品从生产者手中顺利到达消费者手中的必要条件。市场商品流通渠道的调查，从宏观上，主要是调查各种不同所有制的企业或个人，农、工、商经济实体，以及他们之间的各种联营形式，在流通渠道中的地位、作用、比例等，并通过长期调查，研究其发展变化特点和规律。从微观上，主要是弄清企业的购、销渠道，商品流转状况，其他企业对本企业营销活动的影响，特别是竞争对手对企业的影响等，达到选择适当的流通渠道，有效地组织商品购、销、存，降低企业的流通费用，提高企业经济效益的目的。

上述市场调查的内容，仅仅是从消费者市场出发，以物质商品为主综合地归纳了市场调查的主要内容。不同的企业，不同层次的管理者根据不同的目的，会具体确定市场调查的重点，也会通过市场调查使宏观管理和企业的经济效益得到提高。

第三章　市场抽样调查

第一节　市场抽样调查及其特点

市场是由千差万别的个体所组成的复杂总体，对市场总体情况进行调查，若能够做全面的、普遍的调查，所得的资料当然是最能反映市场总体特征的。但是在许多情况下对市场实施普查是非常困难的，甚至是根本不可能的。例如，在总体非常大，总体单位数非常多的情况下，不可能进行全面调查。市场调查中这种现象不少，如居民家庭收支是市场购买力及构成、居民消费及其结构的直接表现，但居民户很多，普查的工作量太大，费用也过高，无法进行普查；再如，对商品进行质量检测，在检验或测量过程中会对商品产生破坏性，根本不能用普查方法，只能对一部分商品进行质量调查。

随着市场调查工作的深入开展，市场抽样调查已经成为一种最重要的组织调查方式，得到极其广泛的应用。

一、市场抽样调查的含义

市场抽样调查有广义和狭义之分。广义的抽样调查包括随机抽样和非随机抽样；狭义的抽样调查只包括随机抽样。下面市场抽样调查的含义是狭义的。

抽样调查是从研究对象的总体中，按照随机原则抽取一部分单位作为样本进行调查，并用对样本调查的结果来推断总体。

显然，抽样调查的目的不是仅仅了解样本情况，而是通过对样本的了解来推断总体，抽样调查虽然是一种非全面调查，但其目的是得到总体的有关资料。另外，在抽样过程中按随机的原则抽取样本，是指狭义抽样调查的原则，随机原则是指调查总体的每个单位都有同等被抽中或不被抽中的概率，即样本的抽取完全是客观的，而不能主观地、有意识地选择样本。而在市场抽样调查中，人们所采用的往往是广义抽样调查，即把根据研究任务的要求和对市场调查对象的分析，主观地、有意识地从研究对象的总体中选择样本也包括在内。这样，根据抽样调查抽取样本的方法不同，就形成了随机抽样和非随机抽样两大类抽样方法。

二、抽样调查的特点

抽样调查是市场调查中应用最多的调查组织方式，它具有以下明显的特点，这些特点更多是针对随机抽样而言。

1. 抽取样本的客观性

这个特点主要表现在随机抽样当中，随机抽样按照随机原则抽取样本，从根本上排除了主观因素的干扰，保证了样本推断总体的客观性，是抽样调查科学性的根本所在，是市场调查结果的真实性和可靠性的基础。

2. 抽样调查可以比较准确地推断总体

抽样调查的最终目的，是用对样本调查所计算的指标推断总体的相应指标。抽样推断时表现样本指标与总体指标之间的抽样误差不但可以准确计算，还可以根据研究市场问题目的的需要，对误差的大小加以控制。由于在抽样推断过程中以数学中的概率论为基础，所以保证了统计推断的准确性和可靠性。

3. 抽样调查是一种比较节省的调查方法

抽样调查仅对总体中少数样本单位进行调查，因此对人力、财力、物力都比较节省，从而降低了市场调查的费用，这当然是市场调查者所希望的。更值得注意的是，抽样调查还很省时。由于抽样调查的单位少，所需搜集、整理和分析的数据也相应减少许多，因而能够在较短时间内完成市场调查工作，大大节省了调查时间。这对于时效性要求较高的市场调查来说，更是一种至关重要的优点，它可以使决策者迅速掌握市场信息。

4. 抽样调查的应用范围广泛，特别适用于研究市场现象的数量表现

在市场调查中，调查的内容很多。抽样调查所适用的范围是广泛的，它可用于不同所有制商品营销单位的调查，尤其适合对个体商业有关情况的调查。它可用于不同地区市场调查；既可以在城市开展，也可以在农村开展。它可用于不同商品的市场调查，既可对全部商品进行调查，也可对某一类或某一种商品进行调查。此外，对于不同的商品消费者，对商品的价格都可以用抽样调查方法。

在这些调查中，抽样调查突出地表现出对市场现象数量问题研究的适用性。在市场抽样调查中，这种数量问题可以表现为：以样本的平均数推断总体半均数，进而推断总体总量；以样本成数推断总体成数，即各种比例值的推算。

根据抽样调查以上的特点，显然可以看出它是一种很好的市场调查组织方式。但这并不等于说抽样调查在任何情况下，都能

充分显示诸多的优点。在抽样调查中尤其是在随机抽样中，必须严格遵守抽样程序，依据抽样调查理论，才能得到准确的市场调查结果。

三、市场抽样调查的程序

市场抽样调查，特别是随机抽样，有比较严格的程序，只有按一定程序进行调查，才能保证调查顺利完成，取得应有效果。抽样调查一般分为以下几个步骤。

1. 确定调查总体

确定调查总体是根据市场抽样调查的目的要求，明确调查对象的内涵、外延及具体的总体单位数量，并对总体进行必要的分析。抽样调查虽然仅对一部分单位进行调查，但它最终目的并不是描述所调查的这一部分单位的特征，而是从部分单位所显示的特征推断其所属总体的特征，其目的是研究总体的特征与规律性。如果不确定调查总体，就无法明确样本是谁的部分单位，也无法说明用样本特征所要推断的是谁，当然也无法测定样本指标的误差。明确总体的内涵即说明总体的理论定义，而明确总体的外延即更进一步说明其操作定义。如对某地区居民购买力进行抽样调查，那么首先要明确居民购买力是居民具有货币支付能力的需求量；还要明确是城市居民，还是城乡居民；进而明确总体的数量是多少，若以户为单位进行调查，就要掌握该地居民总户数。在此基础上，还要对总体情况进行必要的分析，如该地区居民购买力是否存在明显的水平差别，形成不同的层次，如果存在，可以考虑用分类随机抽样抽取样本，这样用样本特征推断总体时才更准确。

2. 设计和抽取样本

设计样本包括两项具体工作：一是确定样本数目的大小或称样本容量的多少，即样本所要包含的部分总体单位的个数。二是选择具体的抽样方式，抽样方式有许多种，必须根据调查目的和调查总体的具体情况选择适当方式，对此将在后面的第二节详细说明。对样本进行周密设计后，就可以实际进行抽样，组成所要实际调查的样本。

3. 收集样本资料，计算样本指标

收集样本资料是非常具体的工作，它可以根据样本各单位的实际情况，选择其一种或一种以上搜集资料的方法，对样本各单位进行实际调查。具体的搜集资料方法有观察法、访问法、问卷法等，会在本章之后加以介绍。收集到样本资料后，还要对资料做整理和分析，最后计算出样本的指标。

4. 用样本指标推断调查总体指标

统计推断是抽样调查的最后一步工作，是对总体认识的过程，也是抽样调查的目的。在用样本指标推断总体指标时，要计算抽样误差，同时依据概率论的有关理论，对推断的可靠程度加以控制。

抽样调查的程序是保证调查顺利完成的条件，其各步骤相互联系，缺一不可。在应用抽样调查尤其是随机抽样方法时，要按程序规定进行。

第二节　随机抽样的方式方法

狭义的抽样调查是按随机原则抽取样本的。按随机原则抽样，就是使总体内所有单位具有相同的被抽中和不被抽中的概率。概率论和数理统计原理所建立的抽样调查理论及公式，是说明随机抽样情况下一系列有关抽样、推断方法的。

随机抽样的具体方式，又可分为单纯随机抽样、等距随机抽样、类型随机抽样、整群随机抽样等。

随机抽样的方法则可分为重复抽样和不重复抽样。

1. 重复抽样

重复抽样又称重置抽样，是指每次抽取调查单位观察后再放回总体。即每次抽取调查单位时总体大小是不变的。

2. 不重复抽样

不重复抽样又称不重置抽样，是指每次抽取调查单位观察后不再放回总体。即每次抽取调查单位时是在总体减去一个单位的情况下进行的。

在抽样调查的实践中，我们大多是采用不重复抽样方法；而抽样调查有关公式则以重复抽样为基础建立。不重复抽样的公式形式比重复抽样公式形式要复杂。

一、单纯随机抽样

单纯随机抽样又称纯随机抽样。它是最基本的随机抽样方法，也是理论上最符合随机原则的抽样方法。这种抽样方法在抽样之前，对总体单位不进行任何分组、排列等处理，完全按随机原则从总体中抽取样本。具体抽取法有直接抽取法、抽签法和随机数表法。

1. 直接抽取法

直接抽取法是从调查总体中直接随机抽取样本进行调查。这种方法适合对集中于某个较小空间的总体进行抽样，如对存放于仓库的同类产品直接随机抽出若干产品为样本进行质量检查。

2. 抽签法

抽签法是将总体各单位编上序号并将号码写在外形相同纸片上掺和均匀后，再从中随机抽取，被抽中的号码所代表的单位，就是随机样本，直到抽够预先规定的样本数目为止。如在某城市某街道所管辖的 10 000 户居民中，抽 200 户居民面向居民对某种商品的需求量进行调查，就可以做 10 000 张纸片，写上 1 ~ 10 000 号，从中随机抽取 200 张，即得到被抽中的居民为样本。一般在随机抽样中，用 N 代表总体单位数，用 n 代表样本单位数。显然这个问题中 N = 10 000 个，n = 200 个。

3. 随机数表法

随机数表是由 0 ~ 9 组成的表，这 10 个数字排列完全是随机的。较大的随机数表有美国兰德公司 1955 年编制出版的 100 万数字表和肯德尔与史密斯在 1938 年编制出版的 10 万数字表。表 3 - 1 是美国兰德公司 1955 年编制出版的随机数表中的由 1 000 个数字组成的片断。

随机数表法抽样是先把总体各单位编号，根据编号的最大数即总体单位数位数确定使用随机数表中若干列或若干行数字，然后从任意行或任意列的第一个数字起，可以向任何方向数去，遇到属于总体单位编号范围内的号码就定为样本单位，直到抽够预定的样本单位数为止。

表 3 – 1 随机数表片断

	112345678910	212345678910	312345678910	412345678910	512345678910
1	6119690446	2645747774	5192433729	6539459593	4258260527
2	1547445266	9527079953	5936783848	8239610118	3321159466
3	9455728573	6789754387	5462244431	9119042592	9292745973
4	4248116213	9734408721	1686848767	0307112059	2570146670
5	2352378317	7320889837	6893591416	2625229663	0552282562
6	0449352494	7524633824	4586251025	6196279335	6533712472
7	0054997654	6405188159	9611963896	5469282391	2328729529
8	3596315307	2689809354	3335135462	7797450024	9010339333
9	5980808391	4542726842	8360949700	1302124892	7856520106
10	4605885236	0139092286	7728144077	9391083647	7061742941
11	3217900597	8737925241	0556707007	8674317157	8539411838
12	6923461406	2011745204	1595660000	1874392423	9711896388
13	1956541430	0175875379	4041921585	6667436806	8496285207
14	4515514938	1947607246	4366794543	5904790033	2082669541
15	9486431994	3616810851	3488881553	0154035456	0501451176
16	9808624826	4524028404	4499908896	3909473407	3544131880
17	3318516232	4194150949	8943548581	8869541904	3754873043
18	8095100406	9638270774	2015123387	2501625298	9462461171
19	7975249140	7196128296	6986102591	7485220539	0038759579
20	1863332537	9814506571	3101024674	0545561427	7793891936

　　显然随机数表法比抽签简化了，它免去了对每个总体单位做签的过程，这在总体单位数 N 较大时，尤其显示出它的方便。

　　单纯随机抽样是随机抽样最基本的方法，也是其他随机抽样法的基础。理论上它完全符合随机原则，且应用简单易行。但这种方法的不足在于，在总体很大的情况下使用，编号工作量繁重；当总体单位差异程度较大时，必须使样本容量充分大才能保证样本推断总体的可靠程度和准确程度；所抽取的样本在总体中的分布或是过于集中，或是过于分散，很不均匀，给实际调查带来困难。在实践中应用有不便之处。

二、等距随机抽样

等距随机抽样又称机械随机抽样或系统随机抽样。它是先将总体各单位按某一标志顺序排列，编上序号；然后用总体单位数除以样本单位数求得抽样间隔，并在第一个抽样间隔内随机抽取一个单位作为组成样本的单位；最后按计算的抽样距离作等距抽样，直到抽满 n 个单位。

例如，前例中从 10 000 户居民中抽取 200 户居民进行抽样调查，采用等距随机抽样方法，具体做法是：首先把 10 000 户居民按一定标志排列，其标志可以采用与调查内容有关的标志（与需求量有关的标志有收入水平、家庭人口数等），也可以采用与调查内容无关的标志（如居住地址等），并编上 1 ~ 10 000 序号；然后求出抽样间隔，用 k 表示抽样间隔，则 $k = \dfrac{N}{n} = \dfrac{10\,000}{200} = 50$，即间隔 50 户抽取一户，在第一个 k 间隔即 1 ~ 50 中随机地抽一个单位，假设抽中第 38 号单位；最后从 38 开始，每隔 50 户抽取 1 户，即 38，88，138，188，…，9988，共抽取到 200 户组成样本。

等距随机抽样，能使样本在总体中的分布比较均匀，从而使抽样误差减小。但在应用此方法时要特别注意，抽样间隔与现象本身规律之间的关系，如对城乡集市贸易商品成交量或成交价格有时间间隔地进行调查，抽样的时间间隔不能用 7 或 30 这种与周、月周期一致的数。这种方法最适用于同质性较高的总体，而对于类别比较明显的总体，则需进一步采用类型随机抽样法。

三、类型随机抽样

类型随机抽样又称分层随机抽样。它首先将总体按一定标志分成各种类型（或称层）；其次，根据各类单位数占总体单位数比重，确定从各类型中抽取样本单位的数量；最后，按单纯随机抽样或等距随机抽样从各类型中抽取样本的各单位，最终组成调查总体的样本。

类型随机抽样在对总体进行分类时，必须遵循分类方法的科学性，同时要使分类符合总体的实际情况。分类方法的科学性表现在两个方面：一方面是分类标志的选择，在分类时作为依据的总体单位标志称为分类标志，只有所选择的分类标志恰当，才能使分类合理反映总体的实际情况。另一方面是分类必须依据互斥性和完备性原则，所谓互斥性是指每一个总体单位只能归属于某一种类型中，不能同时归属一种以上的类型中，这个原则保证了每个总体单位在分类后不重复出现；所谓完备性原则是指每一个总体单位必须归属某一种类型，不能哪一类都不归属，此项原则保证了每个总体单位都不被遗漏。

类型随机抽样可分为按比例分类抽样和最优分类抽样。在随机抽样的实际工作中，通常采用按比例分类抽样，因为它比最优分类抽样简单，不必考虑各类的标准差。

如前例，在某城市某街道所管辖的 10 000 户居民，抽取 200户对居民需求某种商品的数量进行调查，由于该商品的需求量与家庭人口的多少有关，所以决定采用家庭人口数标志对总体分类，并用分类随机抽样方法确定样本。对总体分类和样本的组成单位在各类中分布见表 3 - 2。

类型随机抽样的优点是很明显的。首先，当总体内部类型明显时，类型随机抽样能够按总体中各类型的分布特征，在不同类型确定样本的分布，使样本结构与总体结构接近，因此增强了样本对总体的代表性。其次，类型随机抽样提高了样本指标推断总体指标的抽样的精确度，在市场现象存在明显不同类型的情况下进行抽样类型随机抽样比单纯随机抽样和等距离随机抽样误差都小，或者说在同样的精确度要求下，类型随机抽样的样本容量可以较小，从而减少了搜集资料的工作量。最后，类型随机抽样还有利于了解总体各类别的情况。

表 3 - 2 **类型随机抽样计算表**

按家庭人口数分类（人）	各类居民户数（户）N_i	各类居民户比重（%）$N_i / \sum N_i$	各类样本单位数（户）$n_i = n \times \dfrac{N_i}{\sum N_i}$
1	800	8	16
2	1 500	15	30
3	6 000	60	120
4	1 000	10	20
4 以上	700	7	14
合　计	10 000	100	200

类型随机抽样适用于总体单位数量较大，并且内部类别比较明显的市场调查对象。相应地，这种抽样方式要求调查者对总体及总体各类型有一定了解，否则就无法对总体作出科学的分类，也就无法实施类型随机抽样。在确定了各类样本单位数后，即可按单纯随机抽样或等距随机抽样的方式抽取样本。

四、整群随机抽样

整群随机抽样是将总体按一定标准划分成群或集体，以群或集体为单位按随机的原则从总体中抽取若干群或集体，作为总体的样本，并对被抽中各群中的每一个单位都进行实际调查。

通常，生产企业或销售企业对由若干件组成一定包装单位的商品质量进行抽样调查时，采用整群随机抽样的方法。如生产企业把产品生产按生产时间分成群，从中抽取一定时间的产品进行质量检验。对生产周期较短的产品，从每周48小时的产品中，抽取1小时的产品进行检验，从每月30天的产品中抽1天的产品进行检验；对生产周期较长的产品，可以从每年12个月的产品中抽取一个月的产品进行检验。此外，可按产品的包装单位分群，如抽取若干箱饮料，对所包括的每瓶饮料进行检验；抽取若干打袜子，对所包括的每双袜子进行检验。

整群随机抽样与类型随机抽样的相似之处在于，它们都是首先根据某种标准把总体划分为若干部分（若干群）。二者的区别是，类型随机抽样必须在总体的每一部分中，按照其比例抽取一定数量的样本单位；而整群随机抽样则是将总体中被抽取部分的全部单位作为样本单位。此外，二者在对总体进行划分时，所依据的原则也是不同的。类型随机抽样要求被划分开的总体各部分之间具有明显差异，而各部分内部的差异要尽可能小；整群随机抽样则要求被划分开的总体各部分（各群）之间尽可能无差异，总体部分（群）内部各单位允许存在明显差异。

整群随机抽样能使得样本单位比较集中，调查工作比较便利，它适合于总体比较大，而又无明显类型的调查对象。如在拥有几万以至于几十万户的城市中以户为单位进行调查，就需要将几万以至于几十万户排列出名单，这显然是非常难以做到的。若应用整群随机抽样，以城市中的居委会为群，抽取若干个居委会为样本，对作为样本的居委会所管辖的居民户全部进行调查，这显然比以户为单位抽取样本方便得多，同时由于各居委会所管辖的居民一般并无本质差异，而一个居委会内部的居民户在各方面会有明显差异，所以采用整群随机抽样方法抽取的样本对总体的代表性不会降低。

五、多阶段随机抽样

多阶段随机抽样，是把从市场调查总体中抽取样本的过程，分成两个或两个以上的阶段进行随机抽样的方法。通常在总体层次比较多或层次内单位数目比较多时，就采用多阶段随机抽样，以求更加经济实用。

多阶段抽样的具体步骤是：首先，将调查总体各单位按一定标志分成若干集体，作为抽样的第一级单位；再从第一级单位分成若干小集体，作为抽样的第二级单位；依此类推，可按研究问题的需要和现象本身的特点，分出第三级单位、第四级单位等。其次，依照随机原则，先在第一级单位中抽出若干单位作为第一级单位样本；再从第一级被抽中的单位中抽出第二级单位样本；依此类推，还可抽出第三级单位样本、第四级单位样本。由此形成了两阶段随机抽样、三阶段随机抽样或四阶段随机抽样等。

在市场调查工作中，多阶段抽样的方法对城乡市场都是适用的。对于城市市场，多阶段随机抽样可分为省、市、自治区、区、街道、居委会等阶段来进行。在各阶段具体抽取样本时，可采取纯随机抽样，也可采用等距随机抽样或类型随机抽样等方法。对于乡村市场，可分为省、地县、乡、村委会等阶段来进行随机抽样。

多阶段抽样不但在抽样过程中表现出多阶段性，而且在用样本指标推断总体指标时也是分阶段进行的。这样可以满足各阶段所代表的管理者进行社会经济和市场管理的需要。

第三节　推断市场总体

抽样调查的目的，是用样本指标推断总体指标。通常较多用的是用样本平均数推断总体平均数，用样本成数推断总体成数等。当谈到随机抽样时，仅仅了解随机抽样抽取样本的方法是不够的，还必须要知道抽取了样本，计算了样本指标后，如何用样本指标推断总体。对于这个问题，应该分两步考虑：首先是看样本指标和总体指标之间的差异能否用具体数量表示；其次是如何利用样本指标及其与总体指标之间的差异来推断总体指标。对此，数理统计的理论已经做出了详尽的论述和证明，只要将其应用于市场调查的实践中，就能得到所需要的市场总体资料。

一、抽样误差

抽样误差，是指随机抽样调查中样本指标与总体指标之间的差异。

抽样误差的大小，由于抽样方法的不同而有所差别。一般来说，重复抽样的误差大于不重复抽样的误差；单纯随机抽样、等距随机抽样、类型随机抽样、整群随机抽样等所产生的抽样误差，也各不相同。从理论上对抽样误差进行介绍时，一般以单纯随机抽样法为基础，用重复抽样误差公式为例，计算抽样平均误差。

简单随机抽样条件下抽样平均数的抽样平均误差计算公式是：

重复抽样　　　　　　　　　$\mu_x = \dfrac{\sigma}{\sqrt{n}}$

不重复抽样　　　$\mu_x = \sqrt{\dfrac{\sigma^2}{n}\left(1 - \dfrac{n}{N}\right)}$

式中：μ_x 为抽样平均数的抽样误差；

　　　　σ 为总体标准差；

　　　　n 为样本单位数。

用于抽样成数的抽样平均误差公式是：

重复抽样　　　　$\mu_p = \sqrt{\dfrac{P(1-P)}{n}}$

不重复抽样　　$\mu_p = \sqrt{\dfrac{P(1-P)}{n}\left(1 - \dfrac{n}{N}\right)}$

式中：μ_p 为抽样成数的抽样平均误差；

　　　　P 为总体成数；

　　　　n 为样本单位数。

［例］抽样误差的计算。在某城市某街道办事处所管辖的 10 000 户居民中，用单纯随机抽样方法抽取 200 户，对某种商品的月平均需求量和需求倾向进行调查。对 200 户居民调查所取得资料整理、分析计算的结果表明，每户居民对该商品的月平均需求量为 500 克，标准差为 100 克；表示一年内不选择其他替代商品，继续消费该商品的居民户为 90%。现对抽样平均数和抽样成数的抽样误差进行计算。

　　需要说明的是，在抽样误差计算公式中，要求用总体标准差和总体成数，但在此问题中只具有样本标准差和样本成数。抽样调查的理论证明，在大样本情况（$n \geqslant 30$）下，可以采用样本标准差代替总体标准差，用样本成数代替总体成数。

　　抽样平均数的抽样误差为：

$$\mu_x = \frac{\sigma}{\sqrt{n}} = \frac{100}{\sqrt{200}} = \frac{100}{14.14} = 7.1 \text{（克）}$$

　　抽样成数的抽样误差为：

$$\mu_p = \sqrt{\frac{P(1-P)}{200}} = \sqrt{\frac{0.9 \times (1-0.9)}{200}} = \sqrt{0.0005} = 0.02$$

在上例问题，肯定是采用不重复抽样方法。但当总体 N 很大，样本 n 相对很小时，$\left(1 - \dfrac{n}{N}\right)$ 就趋近于零，这时可以用重复抽样的公式计算不重复抽样时的抽样平均误差。

上面所计算出的抽样误差，用数据说明由于随机原因样本指标与总体指标之间的差异。显然，总体的标准差越大，即总体各单位之间客观存在的差异越大抽样误差也就越大。抽样的单位数越大抽样误差就越小。因此在实践中，为了有效地控制样本指标与总体指标之间的误差，更准确地推断总体指标，往往可以通过加大样本单位数（样本容量）的办法，或对总体分层抽样的办法，减小或控制抽样误差。

利用样本指标和所计算出的抽样误差，可以对相应的市场总体指标进行区间估计。

二、推断总体

在市场抽样调查中推断总体，应用的是统计推断原理。

统计推断即用样本指标推断总体指标的过程。

统计推断一般是采用区间估计的方法。区间估计就是在一定的抽样误差范围内建立一个置信区间，并考虑这个区间的置信度，用样本指标推断总体指标。

1. 抽样估计的置信度

统计推断是概率推断。在区间估计过程中，必须处理好抽样误差范围与置信度之间的关系。所谓置信度就是进行推断时的可靠程度大小。抽样推断可靠程度，是指总体所有可能样本的指标落在一定区间的概率度。抽样推断可靠程度有高低之分，通常资料的使用者提出对它的要求时用％表示。

对于置信度与抽样误差之间的关系，数理统计的理论可用正态分布来描述它，即在抽样误差前乘以 t，并使置信度成为 t 的分布函数 F(t)，将二者关系对应起来建立正态分布概率表，以便使用时查找。这样任何一个置信度都可以查到对应的 t 值。如前面所说的几个常用的置信度 90％、95％、99％，所对应的 t 值分别是：1.65、1.96、2.58。任何一个 t 倍抽样误差范围也可以查到对应的置信度。t＝1 时置信度为 68.27％，t＝2 时置信度为95.45％，t＝3 时置信度为 99.73％。在市场调查实践中，对于抽样误差范围或置信度，是在调查方案中事先规定的，并据此确定样本单位数。书后附表 2 即为正态分布概率表。

事实上，当样本容量 n 一定的情况下，抽样误差与置信度是一对矛盾。如果加大 t 值，当然可以提高置信度；但随着置信度的提高必然加大抽样误差范围，就降低了抽样调查的准确程度。因此，在市场抽样调查的实践中，既不能只强调置信度而忽视了市场调查的准确度，也不能只重视准确度而不顾调查总体数据的置信度。对调查的准确度和置信度，应根据市场调查的具体需要和市场现象的不同特点，综合地考虑二者的关系。

2. 区间估计值的测算

区间估计是统计推断的常用方法，它是在考虑到抽样误差的情况下以样本指标推断总体指标的过程，同时必须联系到前面所谈到的抽样误差与置信度的关系。

区间估计可以用样本平均数推断总体平均数，也可以用样本成数推断总体成数。

用样本平均数推断总体平均数的区间估计公式为：

$$\bar{x} - t\mu_x \leqslant \bar{X} \leqslant \bar{x} + t\mu_x$$

式中：$\overline{X}$ 为总体平均数；

$\overline{x}$ 为样本平均数；

$t\mu_x$ 为抽样平均数误差范围。

以上区间估计公式说明，总体平均数表现为样本平均数加减抽样误差范围的区间值，而不是一个固定点值。

用样本成数推断总体成数的区间估计公式为：

$$p - t\mu_p \leqslant P \leqslant p + t\mu_p$$

式中：P 为总体成数；

p 为样本成数；

$t\mu_p$ 为抽样成数误差范围。

以上区间估计公式说明，总体成数表现为样本成数加减抽样误差范围的区间值，而不是一个固定点值。

现仍以前面计算抽样误差的问题为例，以样本指标推断总体指标。为了进一步说明抽样推断的准确性与置信度之间的关系，分别以不同的置信度作区间估计。

（1）置信度为 85% 的区间估计。

若以 85% 的置信度作区间估计，其相应 t = 1.44。对总体平均数和总体成数的区间估计结果为：

$$500 - 1.44 \times 7.1 \leqslant \overline{X} \leqslant 500 + 1.44 \times 7.1$$

$$489.8 \leqslant \overline{X} \leqslant 510.2 \text{（克）}$$

即某街道所辖 10 000 户居民对该商品的月户平均需求量为 489.8 ~ 510.2 克，这种估计的置信度为 85%。

$$0.9 - 1.44 \times 0.02 \leqslant P \leqslant 0.9 + 1.44 \times 0.02$$

$$0.87 \leqslant P \leqslant 0.93$$

即某街道所辖 10 000 户居民表示将继续消费该商品的居民户占 87% ~ 93%。

（2）置信度为 95% 的区间估计。

若以 95% 的置信度作区间估计，其相应 t = 1.96。对总体平均数和总体成数的区间估计结果为：

$$500 - 1.96 \times 7.1 \leqslant X \leqslant 500 + 1.96 \times 7.1$$

$$486.1 \leqslant X \leqslant 513.9 \text{（克）}$$

即某街道所辖 10 000 户居民对该商品的月户平均需求量应为 486.1 ~ 513.9 克，其置信度为 95%。

$$0.9 - 1.96 \times 0.02 \leqslant P \leqslant 0.9 + 1.96 \times 0.02$$

$$0.86 \leqslant P \leqslant 0.94$$

即某街道所辖 10 000 户居民表示将继续消费该商品的居民户占 86% ~ 94%。

从以上采用 85% 和 95% 两种置信度对总体指标的推断可见，不同的置信度会产生不同的抽样误差范围。在 85% 置信度要求下，推断总体平均数的抽样误差范围是 ±1.44 × 7.1，即 ±10.2 克；推断总体成数的抽样误差范围是 ±1.44 × 0.02，即 ±0.03。在 95% 置信度要求下，推断总体平均数的抽样误差范围是 ±1.96 × 7.1，即 ±13.9 克；推断总体成数的抽样误差范围是 ±1.96 × 0.02，即 ±0.04。显然，提高抽样推断的置信度的同时，也就加大了抽样误差范围，即降低了抽样推断的准确性。因此，在市场调查的实践中，应当兼顾置信度和准确度两方面。若置信度和准确度的要求都提高，就只能加大样本容量，当然也就增加了工作量。

（3）推断总体总量。

若将市场调查看做市场预测的一个步骤，根据上述抽样调查的结果，还可对市场进行预测。

假定以 95% 的置信度的推断结果为依据，其每户月平均需求量为 486.1 ~ 513.9 克，表示继续消费该商品的居民户占 86% ~ 94%。则某街道办事处所辖 10 000 户对该商品的月需求总量大致可如下预计。

若以最低需求户比重预计需求量为：

486.1 × 10 000 × 86% = 4 180.5（公斤）

513.9 × 10 000 × 86% = 4 419.5（公斤）

即以最低需求户比重预计每月需求总量将达到 4 180.5 ~ 4 419.5公斤。

若以最高需求户比重预计每月总需求量为：

486.1 × 10 000 × 94% = 4 569.3（公斤）

513.9 × 10 000 × 94% = 4 830.7（公斤）

即以最高需求户比重预计每月需求总量将达到 4 569.3 ~ 4 830.7公斤。

总的来说，某街道办事处所辖 10 000 户居民对该商品的月需求总量将会在 4 181 ~ 4 831 公斤之间，这种推断有95%的置信度。在实践中，当然还可根据实际情况对此预计值加以适当调整；并可用此调查的数据做多阶段随机抽样推断更大总体指标的基础。

第四节　非随机抽样方式

随机抽样有明显优点，如排除了市场调查中调查者的主观影响，从而使样本具有客观性；它能够测定抽样误差指标并能对其大小加以控制，从而达到用样本指标推断总体指标的目的。但是在很多情况下，随机抽样几乎无法进行。如对市场调查总体的外延无法具体确定，就根本无法进行随机抽样。另外，为了保证抽样的随机原则，对操作过程要求严格，实施起来的比较麻烦，费时费力。因此，如果市场调查目的仅仅是对问题做初步探索，以便制定研究问题的方案，或市场调查并不需要推断总体指标，抽样调查就并不一定要按随机原则，而可以采取非随机抽样。

非随机抽样，也称立意抽样。它是指在抽样中不将随机性作为抽样原则，而是根据市场调查者的主观分析判断抽取样本。非随机抽样方法操作方便，省时省力，若使用得当，就能对市场调查对象总体有较好的了解，抽样调查同样能获得成功。但非随机抽样由于没有使总体的每个单位都有同等被抽取的可能，也不排除调查者主观因素的影响，因此用这样的样本指标推断总体指标就缺乏依据，需要特别慎重，否则就会出现以偏概全的错误。非随机抽样的具体方法，主要有以下几种类型。

一、偶遇抽样

偶遇抽样又称任意抽样、方便抽样。它是指市场调查者把在一定时间、一定环境所遇见的人，作为调查对象选入样本的方法。如在街头路口把行人作为调查对象，任选若干位进行访问调查；在商店柜台前把购买者当做调查对象，向他们中的任意部分人作市场调查等；在剧院、车站、码头等公共场所，任意选择某些人进行调查。如果在偶遇调查中，调查者所选中的人不情愿被调查，也可将自愿被调查的人作为样本。可见，偶遇调查完全是根据调查者的方便任意选取样本。

应用偶遇抽样法进行调查能够体现方便、节省，但其偶然性极大，在一定时间、环境能遇到什么人，是很偶然的。这种方法的基本理论依据是，认为被调查总体的各单位都是相同的，因此把谁选为样本进行调查，其调查结果都是一样的。而如果在调查前就可以肯定知道，被调查总体各单位存在明显差异，即不符合原理论假设，就不宜采用偶遇抽样法。

二、主观抽样

主观抽样又称判断抽样、立意抽样。它是指市场调查者根据主观判断选取样本的方法。主观抽样在市场调查的实际工作中应用，会有两种基本情形：一种是强调样本对总体的代表性；另一种是注重对总体中某类问题的研究。当主观抽样的目的在于，通过对样本的调查推论总体的一般性时，主观抽样必须严格选择对总体有代表性的单位作为样本。所选择并被调查的样本对总体代表性高低，完全取决于调查者对被调查总体了解的程度和自身的判断能力。当被调查总体规模较小，所涉及的范围较窄时，主观抽样样本的代表性较高；当被调查总体规模较大，但涉及的范围较广时，主观抽样样本的代表性会明显降低，或不容易做到有较高的代表性。在市场调查中，如果被调查对象总体界限确定有困难，或因时间和力量有限无法进行随机抽样时，恰当地采用主观抽样法也可以取得相对满意的调查效果。

主观抽样法的另一种情形，就是市场调查注重对总体中某类问题的研究，而并不过多考虑对总体的代表性。这种情况下，主观抽样必须有目的地选择样本，即选择与研究问题的目的一致的单位作为样本。如对问卷设计的问题及回答形式是否得当进行检验，就有目的地选择对市场现象的看法差异较大，回答问题的能力明显不同的被调查者作为样本；对某项市场调查结果中，观点明显偏离一般情况的特殊人也可作为主观抽样的样本；在城市或农村居民中调查特高收入或特低收入者的收支情况，尤其是要了解其消费结构，则选这种收入水平的居民作为主观抽样样本。显然，上述几种主观抽样的调查目的，是为了研究一些特定问题，而不是为了从数量上推论总体，所以主观抽样的目的性就更强，这种主观抽样在市场调查中往往能得到明显收获。

三、定额抽样

定额抽样又称配额抽样。它与类型随机抽样具有相似之处。

它是指按市场调查对象总体单位的某种特征，将总体分为若干类，按一定比例在各类中分配样本单位数额，并按各类数额任意或主观抽样。由于在各类中抽样时并不需要遵循随机原则，所以说它是非随机抽样的方法之一。

定额抽样是以说明总体为目的，因此在对总体分类时，必须对总体的性质有充分的了解。应用定额抽样法的理论依据是，认为同类调查对象中各单位大致相同，差异很小，因此不必按随机原则抽样，只要用任意或主观抽样就可以了。在市场调查实践中，采用定额抽样法，简便易行，省时又省力，并且能保证样本单位在总体中较均匀分布，调查结果比较可靠。定额抽样法是非随机抽样法中被应用得最广泛的方法之一。

定额抽样是在对总体分类的基础上进行的，对于总体进行分类可按一个标志，也可按一个以上的标志，从而造成了定额抽样具体做法不同。若对市场调查的总体只按一个标志分类，只需按各类总体单位数占总体单位总量的比重将样本单位数分配在各类中就可以了。若对市场调查总体按一个以上标志分类，则在各类分配样本单位数时所依据的比重会有所不同。

例如，在某乡抽样 400 户，对某种商品的需求量进行调查。对该乡所属全部居民按人均年纯收入分类，这是考虑到收入水平的差异直接影响着对该商品的需求。同时将全部居民按每户人口数分组，即居民对该商品的需求量不仅受收入水平的影响，还受家庭人口数多少的影响。

1. 单标志分组配额抽样

若对某乡所属全部居民只按人均年收入水平分类，其各类比重和样本单位在各类的分配如表 3 – 3 所示。

表 3 - 3　　　　　　　单标志分类定额抽样计算表

按人均年纯收入分类（元）	总体各类户数比重（%）	各类中样本单位数（户）
500 及以下	10	40
500 ~ 1 000	75	300
1 000 以上	15	60
合　计	100	400

2. 复合标志分组配额抽样

若对某乡全部居民按人均年纯收入和家庭人口数两个标志分类，其各类比重如表 3 - 4 所示。

表 3 - 4　　　　　　　双标志分类总体比重表

每户人口数(人) 人均年纯收入（元）	3 人以下 （%）	3 人及以上 （%）	合　计 （%）
500 及以下	3	7	10
500 ~ 1 000	22	53	75
1 000 以上	4	11	15
合　计	29	71	100

根据表 3 - 4 中各类比重，计算出各类应抽样本单位数如下：

①500 元及以下、3 人以下类：$400 \times 3\% = 12$（户）

②500 元以下、3 人及以上类：$400 \times 7\% = 28$（户）

③500 ~ 1 000 元、3 人以下类：$400 \times 22\% = 88$（户）

④500 ~ 1 000 元、3 人及以上类：$400 \times 53\% = 212$（户）

⑤1 000 元以上、3 人以下类：$400 \times 4\% = 16$（户）

⑥1 000 元以上、3 人及以上类：$400 \times 11\% = 44$（户）

共抽取 400 户，其中 3 人以下各种收入水平样本户数 116 户（$400 \times 29\% = 116$ 户，或 12 户 + 88 户 + 16 户 = 116 户）；3 人及

以上各种收入水平样本户数 284 户 [400 × 71% = 284（户），或 28 户 + 212 户 + 44 户 = 284 户]。

3. 最佳比例定额抽样

不论是单标志还是双标志的定额抽样，在定样本单位数额时所依据的是总体各类单位数占总体单位数的比重，故称其为比例定额抽样。实际工作中还常采用的一种方法是最佳比例定额抽样，这种方法在将总体分类定额抽样时，不仅要依据各类在总体中的比重，还考虑到总体各类标准差的大小。即对标准差大的类别和标准差小的类别在抽样时给予不同数额。其样本单位数在各类中的定额公式为：

$$n_i = n \times \frac{N_i \sigma_i}{\sum N_i \sigma_i}$$

式中：n_i 为各类应抽样本单位数；

　　　n 为样本容量（样本单位数）；

　　　N_i 为各类总体单位数；

　　　σ_i 为总体各类标准差。

在市场调查中，总体各类标准差的资料往往不是本次调查所得，而是对同一现象过去所做的各种调查或市场抽样调查获得的资料。下面用前例说明最佳比例定额抽样法的应用见表 3－5 所示。

表 3－5　　　　　　　　最佳比例定额抽样表

按人均年收入分类(元)	N_i	σ_i	$N_i \sigma_i$	$\dfrac{N_i \sigma_i}{\sum N_i \sigma_i}$ (%)	n_i
500 及以下	1 000	50	50 000	12	48
500 ~ 1 000	7 500	30	225 000	53	212
1 000 以上	1 500	100	150 000	35	140
合　　计	10 000	—	425 000	100	400

从表3－5中各类样本单位数定额看，它与比例定额抽样结果不完全一致。这是因为1 000元以上收入类的标准差最大，500元及以下类的标准差也较大，所以必须加大这两类样本单位数的定额，而相应减少标准差较小的500～1 000元类的样本单位数定额。最佳比例定额抽样能够使样本的分配更加合理，由此所得出的市场调查结果也就更能反映实际情况。

第五节　确定样本容量

样本容量即指样本单位的多少，在市场抽样调查中样本容量的确定是一个必须要解决的实际问题，它关系到样本对总体的代表性，也关系到抽样调查费用和人力的花费。样本太小会影响样本对总体的推断准确性和可靠程度，样本过大则会造成不必要的人力和费用的消耗，因此在抽样调查中样本的容量要适当。

确定合适的样本容量，一般应考虑到市场调查研究的目的、市场现象总体的性质及特点，在组织抽样调查时所具备的客观条件等。市场调查研究的目的不同，具体表现在抽样调查中，就是置信度与置信区间要求不同；市场现象总体的性质和特点不同就决定其具体的调查过程要采用不同的抽样方式；在组织抽样调查时所具备的客观条件，包括着人力、财力、物力条件，调查时间要求的长短等，这些都直接影响着样本容量的确定。

一、根据调查目的确定样本容量

市场调查研究的目的不同，对抽样调查的置信度及置信区间要求有所不同。抽样调查的置信度是样本指标推断总体指标时，保证其抽样误差不超出允许范围的概率水平，它也被称为可靠程度。市场调查中常用的置信度有 90%、95%、99% 等。抽样调查的置信区间则是样本指标推断总体指标时的误差范围，它也被称为允许误差范围。置信区间与置信度和抽样误差之间，置信度越高置信区间也会越大，抽样误差越大则置信区间也越大。置信度和置信区间一般都是由资料使用者或市场调查者，根据市场调查的目的在调查方案中事先确定的，然后再根据研究市场问题所必须的置信度和所允许的置信区间，确定样本的容量。置信度反映抽样调查的可靠程度，置信区间则反映市场抽样调查的精确度。在市场抽样调查中置信度要求越高，所必须抽取的样本单位就相应地越多；在市场抽样调查中置信区间越小，所必须抽取的样本单位相应越少。

二、考虑总体性质和特点确定样本容量

市场现象总体的性质和特点，也是在确定样本容量时必须考虑到的方面。在分析市场现象总体性质和特点时，应该从几方面来考虑。首先，就是分析总体规模的大小，在抽样调查中，总体规模大小用总体单位数 N 多少来衡量，总体规模越大所必须抽取的样本就应当相对加大，以减少抽样误差。其次，是分析总体的标准差，即分析总体各单位的差异程度大小。这是因为总体标准差大小是决定抽样误差大小的一个重要因素，在一定置信区间要求下，总体的标准差越大，所必须抽取的样本容量也就应相对越大。最后，还应对总体是否存在明显的类型加以分析，若总体内部存在不同类型，就应采取类型随机抽样方式抽取样本；否则就会使抽样误差加大，也影响到样本的容量。采取适合总体的抽样方式，可以相对缩小样本，减少市场抽样调查的工作量。

三、考虑市场调查条件确定样本容量

市场调查所具备的条件，即人力、财力、物力和时间等条件，对样本容量也起着某种限定作用。在市场抽样调查的人力、财力、物力和时间都比较宽松的条件下，调查者可不必为增加或减少几个样本单位而过多考虑，应以样本容量能够满足研究问题的需要为基本出发点。但在人力、财力、物力和时间比较紧张时，也不能只考虑缩小样本会达到节省费用和时间的一面，而忽视了调查目的要求的置信度和置信区间，造成市场抽样调查的失败。

四、样本容量的计算

确定样本容量在考虑到各方面因素后，则必须具体确定样本的大小。抽样调查不论是计算抽样误差中，还是统计推断中，都是以概率论和数理统计的有关理论为依据的，这些理论大多是以大样本为前提建立的。在数理统计中将小于 30 个单位的样本称为小样本，将大于等于 30 个单位的样本称为大样本。为了应用有关数理统计的理论；也由于市场现象总体一般都比较大，总体标准差也比较大；所以市场抽样调查的样本一般都采用大样本。其样本容量在 50~5 000 之间。在具体确定样本容量时可按公式法和经验法进行。

1. 公式法计算样本容量

利用公式法确定样本容量，是根据市场抽样调查中的置信度和置信区间，根据总体标准差的大小等因素，计算出确切的样本容量。抽样调查中采用的随机抽样方式不同，其具体计算公式也

不同，以单纯随机抽样为基本形式来说明样本容量的计算。其公式为：

$$n = \left(\frac{t\sigma}{\Delta_x}\right)^2$$

式中：n 为样本容量；

　　　σ 为总体标准差；

　　　Δ_x 为抽样平均数的误差范围；

　　　t 为与置信度对应的函数值。

显然从这个公式中可以看出，样本容量与总体标准差和置信度呈正方向变化，即总体标准差越大，抽样调查的置信度要求越高，样本容量就越大；样本容量与调查的误差范围要求呈反方向变化，即误差范围要求越小，样本容量就越大。

〔例〕某地区居民户数为 10 000 户，其年消费水平标准差为 200 元。若采取抽样调查了解其年平均消费水平，并要求以 95% 的置信度推断总体，其样本指标与总体指标之间的允许误差范围是 15 元（即置信区间上下限之差为 15 元），则样本容量按公式计算为：

$$n = \left(\frac{t\sigma}{\Delta_x}\right)^2 = \left(\frac{1.96 \times 200}{15}\right)^2 = 683 \text{（户）}$$

即根据该调查的置信度和置信区间要求，根据该总体的标准差，必须抽 683 户进行抽样调查，才能满足研究问题的需要。

相应地，其他抽样方式也有计算样本容量的对应公式应用时可参阅统计学的有关理论。

2. 经验法确定样本容量

应用经验法确定样本容量，是根据抽样调查的经验，得出不同规模总体，样本容量占总体的比重经验数，供抽样调查抽取样本时参考。由于它是根据多次成功的抽样调查总结出的经验，所以具有较高的参考价值。不过这个比重只是为调查者提供了一个样本容量的范围，在应用时还必须根据市场调查的具体要求和总体的具体情况，确定样本容量。不同规模总体样本容量占总体比重见表 3 – 6。

表 3 – 6   经验确定样本容量的范围

总体规模	100 以下	100 ~ 1 000	1 000 ~ 5 000	5 000 ~ 10 000	10 000 ~ 100 000	100 000 以上
样本占总体比重(%)	50 以上	50 ~ 20	30 ~ 10	15 ~ 3	5 ~ 1	1 以下

由经验确定样本容量，一般多用非随机抽样；而在随机抽样中，一般应用公式计算样本容量更为科学，当然在随机抽样中把经验作为参考也是可以的。

第四章　文案调查法

第一节　市场信息及其种类

调查与预测中的核心工作，就是搜集、整理、分析市场信息，并对其未来表现进行研究。为此，我们应首先了解市场信息的含义、特征、种类及市场调查与市场信息的关系。

一、市场信息的含义

市场信息，就是有关市场经济活动的各种消息、情报、数据、资料的总称。

市场信息是对市场运行过程与状况的客观描述，是各种经济事物运动变化状态及其相互联系的现实表征。在形式上，市场信息一般通过商情、广告、报表、凭证、合同、货单、文件、书信、语言、图像等表现出来。

二、市场信息的种类

市场信息的内容极其庞杂，根据研究问题的需要，按照不同的标识划分可以作如下分类。

1. 按照市场信息产生过程，可分为原始信息和加工信息

原始信息也称为初级信息，主要指企业生产经营活动的原始记录、原始数据、单据等，如产量、销售额、利润、费用等。原始信息是最广泛、最大量的信息，也是加工信息的基础。

当原始信息被按照既定的管理目标和要求进行加工处理后，就形成加工信息，也称二级信息或三级信息，例如，企业内部报表分析、商情动态报告、规章制度、经济合同等。

2. 按照市场信息来源，可分为内部信息和外部信息

内部信息是来自企业内部生产经营过程及管理活动的信息，一般通过计划、会计、统计报表、财务分析等数据和资料反映出来。

外部信息指来自企业经营管理系统以外的市场环境系统的信息，一般包括国家计划、政策、法规条例、物价、市场供求变化、同行业竞争情况、消费趋向等信息，通常由政府部门、金融机构、经济信息机构、行业组织、新闻媒介机构等进行传输。

3. 按照市场信息发出的时间，可分为历史信息、现时信息和未来信息

历史信息反映已经发生的市场运行现象与过程的信息，基本以文献资料的形式保存起来，可供在进行市场动态分析对比研究时利用。

现时信息反映正在进行的市场经济活动的信息，这类信息时效性较强，是企业对生产经营活动进行组织、指挥，以及国家对市场总体运行进行调节控制时需要的大量信息。

未来信息指预测市场未来发展动向，揭示市场未来变动趋势的信息。这类信息在宏观或微观经济的战略目标、总体规划、投

资方向、市场开发等重大决策中具有重要作用。

4. 按照市场信息内容，可分为市场情报信息、企业经营管理信息、营销环境信息等

市场情报信息包括企业向市场搜集所需的反映市场动态的情报资料，以及企业向市场发出的有关本企业营销情况的信息，其作用在于为企业决策和日常管理提供依据，同时扩大本企业的影响，提高市场占有率。市场情报信息一般通过广告、商情动态、销售分析等图像或文字资料反映出来。

企业经营管理信息是对企业生产经营过程进行计划、组织、指挥和控制时所需的信息，包括计划与合同信息、定额信息、价格信息、统计信息等。

营销环境信息指影响企业营销活动的外部环境因素形成的信息，包括市场环境信息，如市场体系的发育程度、市场供求的总体平衡状况、商业网点布局、同行业竞销情况等；经济环境信息，如国家经济政策变化、人民消费水平及消费结构变动、国民经济发展速度及经济结构变化等；政治环境信息，如国家政体、基本方针政策、行政管理体制等；社会环境信息，如城市发展、人口分布、交通、环境保护、文化教育水平、风俗习惯、历史传统等；科技信息，如国内外科学技术发展趋势、最新成果及其在经济领域的应用前景等。

5. 按市场信息负载形式，可分为文献性信息、物质性信息和思维性信息

文献性信息是指以文字、图像、符号、声频、视频等形式所负载的各种信息。按照载体形式和记录手段不同，又可分为手工型、印刷型、微缩型、机读型、视听型和卫星型六类，具体表现为：统计报表、市场调研报告、电视、广播、录音、录像等。印刷型文献是最基本、最普通的一种形式，但随着科技水平的提高，机读型和视听型文献的数量在急剧增加。

物质性信息是指各种物质形式所负载的信息。如商品展览、模型、样品等。它具有直观、可靠、易理解的特点。

思维性信息是人头脑所负载的，对市场活动的分析、综合、推理所得到的市场信息。如预测信息，对竞争对手的决策判断等。

三、市场信息的特征

市场信息具有一般信息所共有的基本特性，如可感知和识别性；可转换性；可存储性；可加工处理性；与物质载体的不可分割性等。同时，市场信息还有着与其他信息不同的特点。

1. 市场信息具有明确的来源

市场信息直接产生于市场运行和与市场运行有关事物的动态变化之中，直接参与市场活动的主体、各种交易行为、供求关系及其变化、影响市场主体行为与供求状况的各种相关事物及活动，都构成市场信息的直接来源。市场信息从收集、加工、传递到存储，都是围绕市场进行的，是直接为提高市场活动的有效性，维持市场的正常运行。

2. 市场信息具有复杂多样性

现代市场构成要素多元化、参与主体众多、影响因素复杂、活动变化频繁等状况决定了市场信息在数量急剧膨胀的同时，内容和形式上也呈现出复杂性和多样性。其中不仅有生活资料、生产资料等商品市场的信息；还包括资金、技术、劳务、房地产等要素市场的信息；不仅有来自生产者、经销商、消费者等市场活动主体的信息，还有来自政府、新闻媒介、市场管理机构、广告商、咨询业、股东等市场活动参与者的信息；信息的内容不仅包括与交易活动直接相关的商品供应量、需求量、销售额、品种、质量、价格等，还包括间接影响交易行为的市场需求潜力、销售前景、市场占有率、竞争状况、产品信誉、企业知名度、广告效果、消费趋势以及消费者的需要、动机、偏好等。各种不同来源、内容和形式的信息错综交汇，频繁变化，构成庞大的、复杂多样的市场信息流。

3. 市场信息具有较强的有序可传递性

市场信息是在人们有意识地参与市场活动过程中推动生成的，通常在一定程度上经过人们的加工整理。因此，与其他门类的信息相比，市场信息的有序化程度较强。通过广泛系统地收集有关信息，可以使人们了解市场的运行状况及变化动态，为进行科学的市场预测和经营决策提供可靠依据。同时，有序化程度较高的市场信息具有较强的可传递性。市场上各种经济活动的信息只有经过传递，才能为接受者接收，成为对经济活动现象及其内在联系的认识。因此，市场信息一经生成就要进行传递。随着通讯技术与传播手段的发展，现代市场信息通常依附于传递性较强的物质载体，借助先进的传递工具和渠道，在更广阔的空间范围包括国内与国际市场间进行传输。

4. 市场信息具有效用性

市场信息可以为经济活动服务，其结果必须有利于经济效益的提高。为此，市场信息的收集、整理、传递、使用等过程同样要讲求效用。要围绕经济活动中亟待解决的问题有针对性地收集有关信息；加工整理时要滤掉多余或次要的信息，提取有价值的信息；要合理选择传递工具和渠道，力求以最快的速度、最少的时间传递到用户手中；要善于及时利用有用信息解决实际问题，提高信息的使用效率和效果。

四、市场调查与市场信息的关系

市场信息在生成过程中经常处于分散、无序状态，必须经过有目的的收集、整理和加工分析，使之集中化、有序化，才能成为可利用的信息。这就需要进行市场调查。

市场调查与市场信息有着极为密切的联系。一方面，市场信息直接构成市场调查的内容和作用对象，市场调查往往是围绕获取某一方面的市场信息而展开的；另一方面，市场调查是发挥市场信息效用的必要条件。获取市场信息本身并不是目的，而是为市场预测和经营决策提供依据。只有通过市场调查，将预测和决策所需的信息加以集中和有序化，才能使市场信息得到有效利用。

第二节 文案调查法及其功能

进行市场调查必须选用科学的方法，调查方法选择恰当与否，对调查结果影响甚大。各种方法都有利有弊，只有了解各种方法，才能正确选择和应用。

目前，市场调查方法具体种类繁多，通常按照市场信息资料的取得方法不同归纳为两大类：即广义上的直接调查法和间接调查法。

一、文案调查法的含义

文案调查法是一种间接调查法，它是利用企业内部和外部现有的各种信息、情报资料，对调查内容进行分析研究的一种调查方法。

二、文案调查法的特点

（1）文案调查是收集已经加工过的次级资料，而不是对原始资料的收集。

（2）文案调查以收集文献性信息为主，它具体表现为各种文献资料。在我国，目前主要以收集印刷型文献资料为主。当代印刷型文献资料又有许多新的特点：即数量急剧增加，分布十分广泛，内容重复交叉，质量良莠不齐等。

（3）文案调查所收集的资料包括动态和静态两个方面，尤其偏重于从动态角度，收集各种反映市场变化的历史与现实资料。

三、文案调查的功能

在市场调查中，文案调查有着其特殊的地位，它作为对市场信息收集的重要手段，一直得到世界各国的极大重视。

文案调查的功能和优势具体表现在以下四个方面：

（一）文案调查可以发现问题并为市场研究提供重要参考依据

在市场调查的实践中，文案调查常被作为市场调查的首选方式。几乎所有的市场调查都可始于收集现有资料，只有当现有资料不能为解决问题提供足够的依据时，才进行直接调查。因此，文案调查可以作为一种独立的调查方法加以采用。

在市场分析中，文案调查经常对以下四种情况进行研究：

1. 市场供求趋势分析

通过收集各种市场动态资料并加以分析对比，以观察市场发展方向。

2. 市场现象之间的相关与回归分析

即利用一系列相互联系的现有资料进行相关和回归分析，以研究现象之间相互影响的方向和程度，并可在此基础上进行预测。

3. 市场占有率分析

根据各方面的资料，计算出本企业某种产品的市场销售量占该市场同种商品总销售量的份额，以了解市场需求及本企业所处的市场地位。

4. 市场覆盖率分析

用本企业某种商品的投放点与全国该种商品市场销售点总数的比较，反映企业商品销售的广度和宽度。

（二）文案调查可为直接调查创造条件

如有必要进行实际调查，文案调查还可为各种调查提供经验和大量背景资料。具体表现在：

1. 为直接市场调查提供基本情况

通过文案调查，可以初步了解调查对象的性质、范围、内容和重点等，并能提供直接调查无法或难以取得的市场环境等宏观资料，便于进一步开展和组织直接调查，取得良好的效果。

2. 检验直接调查的结果

文案调查所收集的资料还可用来证实各种调查假设，即可通过对以往类似调查资料的研究来指导直接调查的设计，用文案调查资料与直接调查资料进行对比，鉴别和证明直接调查结果的准确性和可靠性。

3. 有关资料的推算

利用文案调查资料并经适当的直接调查，可以用来推算所需掌握的数据资料。

4. 探索事物的原因

利用文案调查资料，可以用来帮助探讨现象发生的各种原因并进行说明。

（三）文案调查可用于管理部门和企业进行经常性调查

直接调查与文案调查相比，更费时、费力，组织起来也比较困难，故不能或不宜经常进行，而文案调查如果经调查人员精心策划，尤其是在建立企业及外部文案市场调查体系的情况下，具有较强的机动性和灵活性，随时能根据企业经营管理的需要，收集、整理和分析各种市场信息，定期为决策者提供有关市场调查报告。

（四）文案调查不受时空限制

从时间上看，文案调查不仅可以掌握现实资料，还可获得实地调查所无法取得的历史资料。从空间上看，文案调查既能对企业内部资料进行收集，还可掌握大量的有关市场环境方面的资料。特别是在做国际市场调研时，由于地域遥远、市场条件各异，采用直接调查，需要更多的时间和经费，加上语言障碍等原因，将给直接调查带来许多困难，相比之下，文案调查就显得轻松自如多了。

在了解文案调查主要功能和优势的同时，也应注意文案调查具有以下三个方面的局限性：

1. 无法收集市场的新情况、新问题

文案调查法收集的主要是历史资料，过时资料比较多，现实中正在发生变化的新情况、新问题难以得到及时的反映。

2. 所收集资料无法直接应用

文案调查法所收集、整理的资料和调查目的往往不能很好地吻合，数据对解决问题不能完全适用，收集资料时易有遗漏。例如，调查所需的是分月商品销售额资料，而我们所掌握的是全年商品销售额资料，尽管可计算平均月销售额，但精确度会受到影响。因此，对文案调查法搜集的资料，必须进行重新整理。

3. 对调查者能力要求较高

文案调查要求调查人员有较广的理论知识、较深的专业知识及技能，否则将感到无能为力。此外，由于文案调查所收集的次级资料的准确程度较难把握，有些资料是由专业水平较高的人员采用科学的方法搜集和加工的，准确度较高，而有的资料只是估算和推测的，准确度较低，因此，应明确资料的来源。

第三节　文案调查的渠道和方法

一、文案调查的原则

文案调查的特点和功能，决定了调查人员在进行文案调查时，应遵循几个基本原则和要求：

1. 广泛性原则

广泛性，即文案调查对现有资料的收集必须周详，要通过各种信息渠道，利用各种机会，采取各种方式大量收集各方面有价值的资料。一般说来，既要有宏观资料，又要有微观资料；既要有历史资料，又要有现实资料；既要有综合资料，又要有典型资料。如果可能的话，对同种资料应从多种信息源取得，以便相互印证、核实。

2. 针对性原则

针对性，即要着重收集与市场调查主题紧密相关的资料，善于对一般性资料进行摘录、整理、传递和选择，以得到对企业生产经营有参考价值的信息。

3. 时效性原则

时效性，即要考虑所收集资料的时间是否能保证调查的需要。随着信息时代的到来，知识更新速度加快，市场活动的节奏也越来越快，资料适用的时间在缩短，因此，只有反映最新市场活动情况的资料才是价值最高的资料。

4. 连续性原则

连续性,即要注意所收集的资料在时间上是否连续,只有连续性的资料才便于动态比较,便于掌握事物发展变化的特点和规律。

二、文案调查的渠道

文案调查是围绕调查目的,收集一切可利用的现有资料。从企业经营的角度讲,现有资料可分为企业内部资料和企业外部资料,这是文案调查的两个主要渠道。

(一) 企业内部资料的收集

内部资料是调查人员最先取得的资料。即向企业统计部门、财务部门、供销部门查询有关统计报表、财务报表、供销业务记录,以及有关经办人员的业务报告等,向企业办公室、市场信息部门等索取各类信息汇编和存档资料。

1. 业务经营部门

企业中的各种业务经营部门承担着企业的市场营销业务。其在业务经营活动中所积累的销售资料、发票、购销合同、送货或退货单、订购单、客户名录、促销资料、修理单、往来函电等,是重要的第二手资料。通过对各种业务资料的收集和分析,可以了解本企业主要营销活动的内容、顾客或用户对企业商品的需求状况及变化动向等,有利于企业营销活动的开展。

2. 财务部门

财务部门承担着对企业经营活动的数量关系进行记录、核算以及资金筹措、成本、利润的核算等职能。其管理活动中形成和保存的各种财会资料，有利于掌握本企业的经济效益和各类商品经营状况，有利于对营销活动从经济上进行考核。

3. 计划统计部门

计划统计部门承担着整个企业经济活动的规划、各种资料的汇总、分析等职能，其在业务中形成和保存的各种计划、日报、月报、季报、年报等统计报表是十分重要的第二手资料，其中许多可以直接用于市场调研、预测活动。

4. 生产技术部门

生产技术部门承担着产品的开发、设计、生产、新技术开发等职能。其在活动过程中积累的各种台账、设计、开发方案、总结、报告等，是研究分析企业生产状况、产品状况、科技进步状况、储存情况、工艺、设备等重要的第二手资料。

5. 档案部门

企业中文书资料的保管、档案部门，承担着保管企业各类重要资料的职能，其保管的规章、制度、重要文件、计划总结、合同文本等资料，通常全面地反映了企业的概貌，是不可忽视的第二手资料来源。

6. 企业积累的其他资料

包括各种调研报告、经验总结、顾客意见和建议、同业卷宗及有关照片和录像等。这些资料都对市场研究有着一定的参考作用。例如根据顾客对企业经营商品质量和售后服务的意见，就可以对如何改进加以研究。

（二）企业外部资料的收集

企业从外部收集现成信息的途径也相当广泛，一般都是从一些机构和文献中收集。

世界各个国家都有向人们提供市场情报的机构，这些机构有官方的，也有民办的，这些机构可以为社会提供各种市场经济信息，也可以为人们提供某方面的信息服务。精明的市场调查者应全力与本国的这种机构及其中工作人员保持密切的联系，详细了解它们能够提供的情报，并从中检索出自己所需要的资料，下面列出的是几种资料来源的主要机构。

（1）统计部门与各级各类政府主管部门公布的资料。

国家统计局和各地方统计局都定期发布统计公报等信息，并定期出版各类统计年鉴，内容包括全国人口总数、国民生产总值、居民购买力水平等，这些均是很有权威和价值的信息。此外，计委、财政、工商、税务、银行等各主管部门和职能部门，也都设有各种调查机构，定期或不定期地公布有关政策、法规、价格和市场供求等信息。这些信息都具有综合性强、辐射面广的特点。

（2）各种经济信息中心、专业信息咨询机构、各行业协会和联合会提供的市场信息和有关行业情报。

这些机构的信息系统资料齐全，信息灵敏度高，为了满足各类用户的需要，它们通常还提供资料的代购、咨询、检索和定向服务，是获取资料的重要来源。

（3）国内外有关的书籍、报刊、杂志所提供的文献资料。

包括各国家、各地区、各种统计资料、广告资料、市场行情和各种预测资料等。

（4）有关生产和经营机构提供的信息。

包括商品目录、广告说明书、专利资料及商品价目表等。

（5）各国家、各地区电台、电视台提供的有关市场信息。

近年来各国各地的电台和电视台为适应市场经济形势发展的需要，都相继开设了市场信息、经济博览等以传播经济、市场信息为主导的专题节目及各类广告。

（6）各种国际组织、外国使馆、商会所提供的国际市场信息。

（7）国内外各种博览会、展销会、交易会、订货会等促销会议以及专业性、学术性经验交流会议上所发放的文件和材料。

三、文案调查的方式、方法

（一）文献调查的方式

一般来说，获取二手资料的方式有两类：一类可分为有偿方式和无偿方式；另一类可分为直接方式和间接方式。

在二手资料的收集中，企业内部资料的收集相对比较容易，调查费用低、调查的障碍少，能够正确把握资料的来源的收集过程，因此，应尽量利用企业的内部资料。

对企业外部资料的收集，可以依不同情况，采取不同方式：

（1）对于具有宣传广告性质的许多资料，如产品目录、使用说明书、图册、会议资料等，是企、事业单位为扩大影响，推销产品，争取客户而免费向社会提供的，可以无偿取得；而对于需要采取经济手段获得的资料，只有通过有偿方式获得资料，其收集过程便发生了调查成本，因此要对其可能产生的各种效益加以考虑。

（2）对于公开出版、发行的资料，一般可通过订购、邮购、更换、索取等方式直接取得，而对于对使用对象有一定限制或具有保密性质的资料，则需要通过间接的方式获取。随着国内市场竞争的日益加剧，获取竞争对手的商业秘密已成为市场调查的一个重要内容。

（二）文案调查的方法

1. 查找法

这是获取第二手资料的基本方法。从查找的操作的次序看，首先要注意在企业内部查找。一般来说，从自身的信息资料库中查找最为快速方便。此外，还应从企业内部各有关部门查找。只要信息基础工作做得比较好，从企业内部查找可以获得大量反映企业本身状况的时间序列信息，还可以获得有关客户、市场等方面的资料。在内部查找的基础上，还可到企业外部查找。主要是到一些公共机构，如图书馆、资料室、信息中心等。为提高查找的效率，应注意熟悉检索系统和资料目录。在可能的情况下，要尽可能争取这些机构工作人员的帮助。下面介绍三种常用方法。

（1）查阅目录。目录是一种题录性的检索工具，一般只列出文献的题目、作者、出处。它是引导调查者查询资料的向导。目录主要有：

①分类目录。根据资料的各种特点，按图书情报机构所采用的分组法编排的目录。

②书名目录。按图书的名称编排的目录。

③著作目录。按著作者的姓名排列的目录。

④主题目录。按图书重要的主要标题而排列的目录。在各种目录的编序上中文一般采用音序法、笔画法、部首法等。外文一般采用字母顺序法等。

（2）参考文献查找法。参考文献查找法是利用有关著作正文后列举的参考文献目录，或者是文中所提到的某些文献资料为线索，追踪、查找有关文献资料的方法，采用这种方法，可以提高查找效率。

（3）检索工具查找法。检查工具查找法是利用已有的检索工具逐个查找文献资料的方法。依检查工具不同，检索方法主要有手工检索和计算机检索两种。现分别介绍如下：

①手工检索。进行手工检索的前提，是要有检索工具。因收录范围、著录形式、出版形式不同而有多种多样的检索工具。以著录方式来分类的主要检查工具有三种：一是目录，它是根据信息资料的题名进行编制的。常见的目录有产品目录、企业目录、行业目录等。二是索引，它是将信息资料的内容特征和表象特征录出，标明出处，按一定的排检方法组织排列，如按人名、地名、符号等特征进行排列。三是文摘，它是对资料主要内容所做的一种简要介绍，能使人们用较少的时间获得较多的信息。

②计算机检索。与手工检索相比，计算机检索不仅具有检索速度快、效率高、内容新、范围广、数量大等优点，而且还可打破获取信息资料的地理障碍和时间约束，向各类用户提供完善可靠的信息。在市场调查得到计算机帮助的程度提高之后，将主要依靠计算机来检索信息。

2. 索取法

很多情况下，市场调研人员需向有关机构直接索取某方面的市场情报。如直接派员或通过信函向政府有关机构、国内外厂商等索取某方面的市场情报或所需资料文件。

3. 收听法

用人工、录音、传真等方法收听广播及新兴的多媒体传播系统中播发的各种政策法规和经济信息。

4. 咨询法

如通过电话向企业内部相关部门查询某些业务数据或要求声讯服务时，应先了解它有哪些服务咨询项目。

5. 采集法

如农产品订货会、展览会等场合就可现场采集到大量企业介绍、产品介绍、产品目录等资料。

6. 互换法

如需要某些平时很少有业务往来的企、事业单位资料时，就比较适宜用交换资料的方法，通常是先寄送本企业的有关资料，然后设法换回所需的对方资料。

7. 购买法

如从专业咨询机构、行业协会、信息中心等单位团体购买定期或不定期出版的市场行情资料和市场分析报告等。

8. 委托法

如委托专业市场研究公司收集和提供企业产品营销诊断资料等。应用该方法，企业必须慎重选择市场研究公司，以保证调查项目的完成质量。

第四节　文案调查体系的建立和管理

一、建立文案调查体系

企业除了可根据有关调查课题的需要进行文案调查外，还应在平时有目的、有系统地搜集并积累各类市场情报资料，为开展经常性的文案调查打好良好的基础。

重视信息资料的搜集、积累和利用，是现代企业管理水平提高的一个重要特征。通过信息资料的搜集和积累，可以使企业了解市场环境和各种影响生产与经营的条件与现状；通过对信息资料的分析，可以发现各种对企业经营管理造成影响的因素及发展变化的征兆，起到一种预警作用。否则，就会使企业视听不明，造成决策的困难和失误。

1. 制定文案调查方案

制定一套文案调查的指标体系和信息搜集、处理、保存、传输的操作流程，逐步配备现代化的信息工具和手段，加快信息的流动速度。

2. 配备专门的工作人员

根据企业生产经营和长远发展的需要，配备专门的调研人员，培养一支精干、有力的情报队伍。

3. 加速信息的传递

加强企业内部信息管理，提高信息传递速度，保证信息质量，增强管理机构利用信息的能力，力求用最短的流程、最快的速度、最简便的传递方式解决企业经营管理过程中的决策、计划等一系列战略、策略问题，发挥信息在企业中的作用。

4. 市场信息的内外沟通

建立和逐步扩大企业与外部市场信息的联系，使内部和外部的市场信息工作形成一个有机的体系。一方面可借助企业外部的各种情报信息网络获得必要的信息，另一方面企业的各种信息也可通过它们在全国范围内扩散。例如，我国已于1995年建成数据广播信息网，它是以图文电视、调频广播复加业务、有线电视网作为覆盖方式，以卫星作为传输手段的信息服务网，任何系统及企业的数据信息均可由此在全国范围内随时传递或发布。

二、文案调查资料的管理

（一）文案调查资料的管理方式

在文案调查资料中，许多资料是可供长期使用的，用来研究市场的发展变化规律性。对这部分资料就需要加以合理的储存与保管。文案调查资料储存和管理方式主要有两种：一是经济档案式的储存与管理方式；二是电脑储存与管理方式。

1. 经济档案式的储存与管理方式

为反映市场发展变化过程，便于企业科学积累资料，企业也应针对各自的特点为资料建立经济档案，这是文案调查资料管理的重要内容。

在目前条件下，经济档案式的储存与管理方式具有普遍性，但这种方式有工作量较大，提供信息较慢等缺点，当市场调查发展到一定阶段后，必然要求利用电脑来储存与管理资料。

2. 计算机储存与管理方式

计算机储存与管理方式是把与企业经营有关的各种信息资料输入或用代码储存到计算机中，利用计算机对资料进行储存、查找、排序、累加和计算，这种方式不仅可以大大节省储存时间和空间，而且还可以提高数据资料处理的效率和精度。显然这种方式是现实中未来我们用得最多的。

（二）　文案调查资料的储存与管理要求

（1）储存方法。应先根据实际情况编好基本资料目录，按因地制宜、先易后难、逐步完善的原则有计划、有重点地收集积累资料，使市场资料的收集和储存做到经常化、制度化。

（2）储存工具。应根据资料性质和企业现有条件选择储存工具，对资料加以妥善保管，一般所有的工具有：资料袋、文件夹、录音机、录像机、电脑等。

（3）储存地点。储存地点应根据资料的重要程度加以选择，通常需要有防火、防毁、防盗等措施，以保证资料的安全。

（4）储存时间。要注意资料的时效性，要定期检查分析，对过时资料要果断销毁，以提高储存资料的质量。

三、文案调查资料的利用

文案调查资料的储存和管理的目的是为了利用，资料的利用有两个含义：一是指要充分发挥企业调查资料对企业经营管理的参谋作用；二是指要发挥资料的社会价值。在文案市场调查体系建立的初期，资料的收集、储存和利用一般为"自给自足"方式，其特点是资料的收集、储存主体和资料的利用主体是统一的，它有利于使企业系统收集、积累有关资料，有利于保密性资料的管理，但也容易产生对各种资料的垄断，不利于提高资料的利用率和调查机构的效率。因此，随着市场调查水平的进一步提高，文案市场调查将向社会化、专业化方向发展。

（一）　对文案调查资料的整理

利用文案调查资料，能够初步了解调查对象的性质、范围、内容、重点等，便于进一步组织正式调查；在进行某些项目调查之后，为了验证调查结果的正确性，可以利用有关间接的现成资料，加以对照分析；利用文案调查资料，经过适当调整，可以用来推算我们所要掌握的数据；另外利用文案调查资料，可以用来分析原因并了解情况。

（二）对文案调查资料的利用方法

下面罗列几种常用的方法：

1. 综合法

即把众多的文案调查资料按照特定的市场营销目的会聚起来，用以反映某一地区或某一产品的供需情况及其发展变化趋势的一种系统集合方法。

2. 相关法

即围绕某些已知信息，对与之相关的各个方面，在头脑中尽可能广泛地思考搜索，从而产生大量连锁信息。这种相关联想又细分为因果相关、因素相关、时空相关等。

3. 推导法

即根据事物客观发展的规律性，对已知信息进行科学判断和逻辑推理而得出新的有实用价值信息的方法。

4. 反馈法

即通过跟踪事物发展过程获取反馈信息，进行管理的方法。

5. 追踪法

即利用已知信息作为源头，进行追根溯源，顺藤摸瓜，扩大信息搜集范围，以获取更为直接和实用信息的方法。

第五章　市场观察法和访问法

　　观察法和访问法是市场调查中最常用的搜集资料方法，它们都是直接调查方法，即在搜集市场资料时，市场调查者与被调查者是直接接触的。观察法和访问法各有其特点，在市场调查中各有其适用条件。

第一节　市场观察法的类型

　　对市场现象进行实地观察，是市场调查最基本的搜集资料方法之一。通过观察认识事物，是认识市场的起点。市场调查中的观察法，与人们日常对其他现象的一般观察不同，也与对自然现象的观察不同，应着重对市场调查中的观察法有关问题深入理解。要了解、掌握、应用观察法对市场进行调查，应首先清楚观察法的概念、特点、类型等基本问题。

一、市场观察法的概念及其特点

　　市场调查的观察法，是观察者根据研究目的，有组织有计划地，运用自身的感觉器官或借助科学的观察工具，直接搜集当时正在发生的、处于自然状态下的市场现象有关资料的方法。

　　根据观察法的概念，显然可以看出它既不同于日常生活中的观察，也不同于对自然现象的观察，它的特点是非常明显的。

1. 根据研究市场问题的某种需要，有目的、有计划地搜集市场资料，是为科学地研究市场服务

因此，在观察过程中所观察的内容都是经过周密考虑的。它不同于日常生活中的出门看天气、到公园观赏风景和花草树木、去观看体育比赛、去展览馆观看各种展览等观察活动，仅仅是为了安排个人生活或调节个人行为。市场调查中应用的观察，是为研究市场问题搜集资料的过程。

2. 科学的观察，必须是系统、全面的

在实地观察之前，必须根据市场调查目的对观察对象、观察项目和观察的具体方法等进行详细计划，设计出系统的观察方案。对观察者必须进行系统培训，使之掌握与市场调查有关的科学知识，具备观察技能，这样才能做到对市场现象进行系统科学的观察。显然，科学的观察与日常生活中的无系统、片面的一般观察是不同的。科学的观察必须通过对观察过程的周密计划，通过对观察者的严格要求，避免或尽可能减少观察误差，以保证调查资料的可靠性。

3. 利用感觉器官和科学的观察工具进行观察

在对市场现象的实地观察中，其观察能力可以有两大类：一类是人的感觉器官，即人的眼、耳、鼻、舌、身等，其中主要是眼睛，在观察过程中通过眼睛获得的信息量最大，其他感觉器官也可对市场现象做出直接感知；另一类是科学的观察工具，如照相机、摄像机、望远镜、显微镜、探测器等。这些观察工具大大提高了观察者对市场现象的观察深度，其中主要是延伸了人的视觉能力。观察工具在科学的观察中，不但提高了人类对事物的观

察能力，而且还能起到对观察结果进行记载的作用，使调查记录除调查表和文字记录外，还有经观察工具得到的照片、图片等，增加了观察资料的翔实性。随着现代科学技术的发展，将会有新的可作为观察工具的发明成果出现，从而进一步提高人类对市场现象的观察能力。

4. 科学观察的结果必须是客观的

我们要观察的是当时正在发生的、处于自然状态下的市场现象。

对市场现象的观察，可以在自然状态下进行，也可以在实验室条件下进行。所谓自然状态下的观察，就是不带有任何人为制造的假象，完全依市场现象所处时间、地点、条件下的客观表现进行观察，以保证观察结果的客观性。市场现象自然状态，实际上是受各种因素综合影响的结果。所谓实验条件下的观察，是在人为创造的特定条件下对市场现象进行观察，这种观察法在自然科学研究中应用较多，在市场现象的研究中也被采用，称为实验法。观察法中的观察活动，必须是在自然状态下的观察。这一点所强调的是，所观察到的市场现象不能有人为的假象，其观察结果才能客观反映实际情况。

二、观察法的基本类型

观察者为了取得所需要的市场现象资料，往往要在不同情况下采取不同类型的观察方法。按照不同的区分标准，观察法可分为不同类型的搜集资料具体方法。

1. 参与观察与非参与观察

根据观察者是否参加到被观察的市场活动中，观察法可以分为参与观察和非参与观察。

所谓参与观察是指观察者直接参与市场活动，即参与市场中商品买卖等活动，并在参与市场活动时对市场现象进行观察，搜集市场资料。这种观察也称为局内观察。参与观察按观察者参与市场活动的深度不同，又可分为完全参与和不完全参与观察。完全参与观察，就是观察者完全参与到市场活动中，以买方或卖方的身份出现，与其他商品买者或卖者处于同等地位，并在买卖活动中进行观察。不完全参与观察，就是观察者只参与部分市场活动，并在其间对市场现象进行观察。

所谓非参与观察是指观察者以旁观者的身份，对市场现象进行观察，也称局外观察。观察者不参与任何市场活动，被观察的市场活动参加者也将其视为外人。

参与观察和非参与观察各有优缺点，也各有其作用，不能绝对地说哪种好哪种不好。一般来说，参与观察对市场现象的观察较深入、细致，不但可以观察到市场现象的具体表现，还可以了解市场交易双方之间较深层次的活动。但是参与观察一般所花费的时间较长，观察者必须实际参与市场活动的全过程或某个阶段，才能观察到现象的表现。非参与观察则能做到比较客观、真实地搜集资料，不会因为参与了市场活动，而对市场现象产生某些主观倾向。但非参与观察难以对市场现象做出很深入的观察。在实际调查中，应根据调查目的和调查内容，确定应选用的方法。

实施参与观察，一般要经过如下步骤：

（1）进入观察现场，与被观察者建立良好关系。

进入观察现场是参与观察的第一步。观察现场即市场现象发生的地点。在进入现场时，必须取得各级管理部门的支持，并可通过他们向被观察者进行必要的解释或提出要求，以便得到群众的支持。

进入现场之后，就要接触被观察者，这是实施观察不可缺少的关键步骤。观察者必须与被观察者建立良好的关系，才能观察到处于自然状态下的市场现象表现。观察者必须以谦虚谨慎的态度出现，言谈行为要与客观环境相适应。

（2）确定观察内容，制定观察计划。

通过对现场的初步了解，观察者必须尽快决定观察内容，制定出切实可行的观察计划。其观察内容可以采取有结构观察或无结构观察。在制定观察计划时，要特别注意不同商品生产或营销企业、不同地区、不同收入水平的消费者的具体情况，既要研究和反映市场现象普遍性一面，更要了解和研究市场现象的特殊性一面，后者往往显得更重要一些。观察计划还必须注意其可行性，不能只从需要出发，还必须从观察活动的可能性出发，调查内容必须是某时某地确实发生，能够观察到的现象特征。

（3）做好实地观察和观察记录。

参与观察在从事实地观察时，一般是在与被观察者的共同市场活动中自然进行的，观察的时间比较长，内容比较多，程度也比较深。其观察记录一般也是采取多种方法，如现场记录、追记、记录事实和记录观感等。

参与观察由于记录内容比较多，观察时间比较长，在做观察记录时，应考虑到对资料进行整理和分析的需要，即尽量在对市场现象进行参与观察时，采用前分类方法对现象表现分类记录，以便给研究阶段工作创造方便有利条件。

（4）退出观察现场，进入研究阶段。

在观察活动完毕后，观察者即退出现场。参与观察在退出观察现场时，应注意对支持过实地观察的领导和管理人员、广大群众表示感谢，并希望在今后的市场调查工作中还能得到他们的帮助。

观察者带着对市场现象的观察成果退出现场后，就要进入市场调查的研究阶段，根据取得的资料对市场做出深入的分析研究，得出调查结论，写出市场调查报告。

2. 有结构观察和无结构观察

根据观察者对观察内容是否有统一设计、有一定结构的观察项目和要求，观察法可分为有结构观察和无结构观察。

所谓有结构观察，是指事先制定好观察计划，为观察对象、范围、内容、程序等都做出具体的规定，在观察过程中必须严格按计划进行。有结构观察的突出特点就是观察过程的标准化程度高，所得到的调查资料比较系统。当然，有结构观察的关键在于，事先对市场现象做探索性分析研究，制定出既有实用性又有科学性的观察计划。

所谓无结构观察，是指对观察的内容、程序等事先并不能严格规定，只要求观察者有一个总的观察目的和原则，或有个大致的观察提纲，在观察时根据现场的实际情况，进行有选择的观察。无结构观察的显著优点是灵活性大，调查者在观察过程中，可以在事先拟定好的初步提纲基础上，充分发挥主观能动性。但无结构观察的资料一般不够系统，不便于资料的整理和分析。在采用实地观察法搜集市场资料时，对于可以确定其发生时间、地点、条件和内容的市场现象，当然可采取有结构观察法；而对于不确定的市场现象，则只能用无结构观察法，因为调查者事先无法对它做出详细的观察计划。

下面重点介绍有结构观察的一些内容。有结构观察也称系统观察，它是一种有控制的观察，其实施一般有以下几个步骤：

（1）选择观察对象，确定观察内容。

这一点是各种调查方法应该首先解决的问题。有结构观察在选定观察对象和确定观察内容时，要根据现象和观察法的特点，扬长避短。根据选定的观察对象所确定的观察内容，必须有较高的确定性，这样才能事先对它做出详尽的计划。如观察某集市贸易的商品价格，若在某时间上必然能观察到买卖双方成交的价格；对某种节日商品的供求进行观察，在某个时间地点一定能观察到商品按一定价格以一定数量出售的情况等。

（2）将观察内容设计具体项目，并制成观察工具。

在结构观察必须将观察内容具体化，将其设计成具体观察项目，对所列出的项目必须按一定标准分类排列成序，使观察项目达到较高的标准化，这是有结构观察的一个重要特性。在观察项目较多的情况下，这一点显得尤为重要。

做好上述具体工作后，还必须将观察内容制成观察工具，即制成观察表或观察卡片等。将具体项目和分类后的排序以观察表或观察卡片为载体，以此作为观察工具。

此步骤是有结构观察的重点，有结构观察的严谨性和有控制性，都是通过这个步骤的工作体现的。要做好这一工作，一方面要根据对市场的初步探索结果使之符合客观实际；另一方面要根据研究问题的需要，要尽量做到便于调查后对资料的整理和分析。

（3）进行观察，并应用标准化记录工具做好记录。

在制作好观察工具后，就要根据市场现象发生的时间、地点，进行有结构观察，并应用标准化记录工具进行记录。其记录结果即对市场现象进行观察的最终资料。在有结构观察中，观察记录标准化程度高，非常简练。下面举出有结构观察的记录工具。

表5-1是对商品价格进行观察的工具，可用于不同的市场，由不同的调查员对不同种类的商品价格进行观察，并进行记录。根据在不同日期上对商品价格的观察可计算出平均价格，得到商品价格的资料。

表 5 - 1 　　　　　　　　　　商品价格观察表

被观察单位＿＿＿＿＿＿＿＿　　　观察时间＿＿＿年＿＿＿月＿＿＿日

观 察 地 点＿＿＿＿＿＿＿＿　　　观察员＿＿＿＿＿＿＿＿＿

商品类别和名称	计量单位	价 格 水 平		
		第一次观察	第二次观察	第三次观察
第一类商品 甲 乙 丙 第二类商品 甲 乙 丙 ……				

　　表 5 - 2 是对市场购买者进行调查。其中入向和出向的人数用观察法；购物金额用观察和访问相结合，向出入者调查，并一一记录。调查卡片每小时使用一张，或每半小时使用一张。每个出入口可由几名调查员同时配合观察和访问。

表 5 - 2 　　　　　　　　顾客流量及购物调查卡片

被观察单位＿＿＿＿＿＿　　观察时间＿＿＿＿年＿＿＿月＿＿＿日＿＿＿时至＿＿＿时

观 察 地 点＿＿＿＿＿＿　　观 察 员＿＿＿＿＿＿＿

	入　向	出　向
人　数		
购物金额	—	

　　有结构观察的标准化程度高，便于对调查资料的整理和分析。但是，其设计过程对观察内容、具体项目、观察项目的分

类、观察程序等都有比较严格的要求，同时只适用于确定性现象
的观察。

观察法除了以上两种分类标准外，还可以分为静态观察和动
态观察、定性观察和定量观察、直接观察和间接观察、探索性观
察和验证性观察，等等。各种观察的具体方法都有其特点，在实
际市场调查中应根据研究目的和具体条件，灵活应用这些方法。

第二节　观察法应用的原则和要点

应用观察法搜集市场资料，只有遵循科学观察的基本原则，
掌握观察过程的方法和技巧，才能顺利完成观察，取得良好的
效果。

一、应用观察法的基本原则

应用观察法，必须遵循以下几条基本原则：

1. 客观性原则

对市场现象进行客观的观察，是正确认识其本质和发展规律
的基础。在观察中观察者必须持客观的态度对市场现象进行观
察，切不可按观察者的主观倾向或好恶，歪曲事实或编造情况。
否则，不但失去了实地观察的意义，还会造成调查资料的虚假性
并造成不良后果。坚持观察的客观性是观察法首要的和最起码的
要求。

2. 全面性原则

在对市场现象的观察中，应力求做到全面观察。市场现象常

常有多方面的表现，多方面的联系，观察者必须从不同层次、不同角度对现象进行全面观察，才能认识市场现象的全貌，防止出现对市场片面或错误的认识。观察的全面性，是由市场现象复杂性的客观事实决定的，也是科学观察事物的一般要求。

3. 深入持久性原则

对市场现象进行客观的、全面的观察，不是一朝一夕就可以完成的，必须对市场现象进行深入持久的观察。市场现象极为复杂，随着时间、地点、条件的变化而不断变化。如果不坚持深入持久的原则，则只能观察到现象的表面而忽视了实质；只能观察到现象某一时的特殊表现而忽视了其经常性的一般表现。由于市场调查的目的是认识市场现象的本质及其发展规律，所以深入持久性原则是必不可少的，市场现象的本质和规律性必须在深入持久的观察中才能被发现。

此外，应用市场观察法还要注意遵守法律和社会道德，不得侵害公民的人身自由和住宅权，不得侵犯公民的通信自由，要为被调查者保密等，不得强迫被观察者做不愿做的事，也不得违背其意愿观察被调查者的某些活动等。

二、应用观察法的要点

应用观察法搜集市场资料时，不但必须按市场调查一般程序，事先设计好观察方案，选择好观察者并对其进行必要培训，而且要特别注意做好下面一些重要工作。

1. 选择观察对象

市场现象都是处在一定时间、地点、条件下的，又以相互联系和制约的关系具体表现出来。观察法对市场现象进行观察既可以与全面调查方式相配合，也可以与非全面调查方式配合。在现代市场调查中，非全面调查方式应用得更多些。观察法不论与典型调查、抽样调查还是重点调查方式相配合，都会面临如何选择观察对象的问题。观察法在选择观察对象时，一方面要考虑与之配合的调查方式的要求，如典型调查必须选择对总体具有代表性的单位；抽样调查要按随机抽样各种类型抽取调查单位，或按非随机方法抽取调查单位；重点调查必须选择市场现象的重点单位进行调查等；另一方面还必须考虑观察法本身的特点，选择那些符合调查目的，便于观察的单位作为观察对象。选择观察对象特别要注意所处环境对市场现象的影响，分析现象之间的相互联系，从而选择出适当的观察对象。

2. 确定观察的时间、地点

市场现象处在不断变化当中，尤其在不同时间、不同地点会有不同表现。而观察法又必须在市场现象发生的当时当地对其进行观察，这就决定了确定观察的时间、地点在观察法的应用中特别重要，它关系到所制定的观察项目是否能被观察到。

在实际调查中，确定最佳的观察时间和地点并不很容易。对于一些确定性市场现象，观察时间、地点的确定比较有规律，如各企、事业单位一般实行每周 5 天每天 8 小时工作日，市场营销企业一般具有固定的交易场所，在营业时间对某些市场现象进行观察就比较有把握。对于一些不确定的市场现象，观察时间、地点的确定就比较困难，必须根据具体情况而定。确定最佳的观察时间、地点，其目的是为了真实、准确、具体、及时地对市场现象进行观察，搜集有关资料。

3. 正确灵活地安排观察顺序

观察法的观察项目是在观察方案中确定的，不同的观察类型对观察项目的计划程度有所不同。但无论哪种观察类型，都要按一定顺序对市场现象进行观察。对市场现象的观察顺序一般有三种安排方法：第一种是主次顺序观察法，即先观察主要的对象和主要的项目，再观察次要对象和次要项目。第二种是方位顺序观察法，即按观察对象所处位置，由远到近、由上到下、由左到右地观察，或相反由近到远、由下向上、由右到左地观察。这种观察方法可以保证对处在一定空间的市场现象进行全面观察。第三种是分解综合顺序观察法，即把所观察的市场现象做整体到局部的分解，然后采用先局部后整体或先整体后局部的顺序观察，最终得到对市场现象的综合性观察资料。在实际观察中，可根据市场现象的特点，灵活安排观察的顺序。若由几个观察者共同观察，则应有一个合理的分工。

4. 尽可能减少观察活动对被观察者的干扰

在观察法的应用中，如果被观察对象是人或人所从事的市场活动，就会出现观察活动对被观察者的干扰，使其不能保持原有的自然状态，而出现一些紧张、好奇等心理以至影响正常的行为。所以，观察者必须尽量减少观察活动对被观察者的干扰。

被观察者被干扰而不能保持原有的自然状态，一般会有两类表现：一类是出于本能而不是被观察者有意做出的；另一类是被观察者事先知道有观察活动，而有意识地做出一些非自然状态的假象。对于前者，可以通过观察者对观察活动的控制尽量减少；对于后者，则需要观察者能够去伪存真，不被表面现象所迷惑，避免假象对观察结果的影响。

5. 做好观察记录

观察法在观察者对市场现象进行观察的同时或之后，必须认真做好观察记录，即把所观察到的市场现象表现，在一定的物质载体上表现出来。观察法的记录可采取两种形式：一种是同步记录，即一边观察一边记录，这种形式用得比较多；另一种是观察后追记，即在观察过程结束后再将观察结果记录下来，这种方法适合于不能或不宜做同步记录的一些特定情况。

观察记录对于有结构观察和无结构观察是不同的。有结构观察的记录，是按事先统一设计好的观察记录工具进行记录，其观察记录工具多见调查表或调查卡片，观察时只需按规定项目填写就可以了，通常是以选项或做某种符号来记录。无结构观察的记录，由于事先并无统一规定内容、项目和其他方面，所以必须由观察者在现场决定记录什么内容，如何进行记录。无结构观察对现场观察的结果，可以采取详记，也可采取简记，以能够真实反映观察对象的事实或情节为原则。

做观察记录，除了采用笔记以外，还可根据需要利用观察工具做一些现场记录。如对现场情况进行拍照、录像等。这些记录可以使观察资料增加生动、具体的内容，有时甚至是必不可少的记录形式。

观察法做观察记录，一般是只记录观察对象的现场情况。当然，在必要的时候，也可记录一些观察者自身的观感，一些由被观察对象的表现所引发的想法等。因为观察法本身要求观察者把观察与思考结合起来，在观察过程中不是仅仅做到对市场现象进行感性描述，而且要善于边观察、边思考，把观察过程作为认识市场现象的起点。这样，观察者就有必要记录一些思考的结果，把它作为研究市场时的重要依据之一。

以上所述观察法中应注意的要点，应综合考虑，目的是为了保证观察资料的客观、真实、准确。但由于主观或客观的某些原因，观察误差有时会产生。下面想就此问题进行分析。

三、对观察误差的分析

从科学意义上的调查研究角度来看，任何一种调查方法都不可能完全无误差，观察法也不例外。市场调查中调查误差有些可以用指标数值表示出来，而有些调查误差是无法计算的；有些误差是可以尽量避免的（登记性误差），有些则是无法避免的（代表性误差）。观察法的调查误差是无法计算的，但却是可以尽量避免或减少的。

1. 观察误差产生的原因

观察误差产生的原因很多，从调查主体和调查客体来划分，可分为两大类，即观察者原因和被观察者原因。

从观察者的原因来看，主要有以下几方面：

（1）态度观点原因。市场观察者是在一定社会环境中生活的人，在对事物进行观察时都有一定的立场、观点、方法，或对所观察的市场现象带有某种倾向、意见。不同的立场、观点、方法，不同的意见和倾向，就会造成对同一市场现象观察的不同结论。观察者的工作态度也会影响到观察结果，事业心不强、工作态度不认真，必然造成观察不深入不细致，产生观察误差。

（2）知识和经验原因。观察者的有关知识是否全面，对观察的准确性会有明显影响。若观察者不具备与观察有关的各种知识，就会给观察带来误差。观察者的经验，包括社会经验和市场调查工作的经验，都会对观察能力有相当影响，也就决定了调查者观察能力的高低。

（3）心理和生理原因。观察者的心理和生理因素对是否能正确观察市场现象，也是不可忽视的原因。观察者的心理往往表现为兴趣、情绪等，若观察者的情绪好，对观察对象表现出较大兴趣，其观察结果就比较准确；但若相反，则观察结果就往往会出现误差。观察者的生理原因，直接反映为观察者感觉器官的感受能力。观察法是利用人的感觉器官和观察工具，对市场现象进行观察的调查方法，因此，感觉器官是否正常，是否具有正常的感受能力是非常重要的。在观察过程中，观察者的身体应处于健康状态；同时还要避免一些错觉对观察的影响。应注意各种观察工具的使用条件，若不能正确掌握观察工具的使用方法，不仅达不到利用工具延伸人类观察能力的目的，反而会给观察造成误差。

从被观察者的原因来看，可归纳为以下几种主要原因：

（1）被观察现象的发展还不成熟，还不能表现出市场现象的本质。市场现象本身是处在不断发展变化过程中的，现象的发生、发展、变化有一个过程，现象的规律性和本质，是在现象发展相对成熟时才能表现出来的。若在不适当的时间、地点、条件下对现象进行观察，往往无法观察到它的本质，容易产生观察误差。

（2）由于观察活动对被观察者的干扰，被观察者产生心理和行为反应。被观察者的这种反应，一般并非有意识做出的，而是一种本能的反映，但它会给观察造成一定误差。

（3）有意识制造的假象。被观察者由于对市场调查的认识水平有限，往往会对观察采取一些对策，人为地制造出某些假象。在许多情况下是涉及经济利益的，为了取得信任和舆论的好评，制造出一些假象。如产品广告宣传与产品本身质量、效能相差甚远；展销会的展品与预付款后提货的商品质价不符；质量评比会的参评商品与日常批量生产的产品质量不一等。总之，人为地、有意识地制造假象，在相当长一段时间内还是一种不能完全避免的社会问题，它对利用观察法对市场现象进行调查会产生相当影响，造成观察误差。

2. 减少观察误差，提高观察准确性的办法

调查者采用任何一种调查方法，都希望得到正确反映市场现

象的资料，而不希望出现调查误差。因为，原始资料是研究市场
现象的基础，是得出有关市场结论的依据。如果基础不牢固，依
据不可靠，由此得出的结论就失去了应有的意义。保证观察结果
的真实、准确，对于观察法是一个最关键的问题。

在市场调查研究实践中，所谓保证资料的真实、准确性的重
要方面，就是尽量减少调查误差，提高调查的准确性。因为，引
起误差的原因多种多样，百分之百地无误是不可能的。应用观察
法搜集资料也是如此，调查者只能尽量减少观察误差。减少观察
误差的各种方法是具体可行的。

（1）选择和严格要求观察人员。

观察人员是观察法的主体，需要具备与调查目的和方法相应
的条件。观察员必须是各种感觉器官正常的人，特别是视觉器
官，这是对市场现象进行观察不可缺少的条件。对观察员还必须
进行思想教育，提高其实事求是观察现象的自觉性，不能歪曲和
捏造事实；提高其工作的责任心和认真态度，严格遵守各种观察
法的具体规定；提高其对观察问题的兴趣，认识观察工作的意
义。这样，观察结果的准确性才有了基础。

（2）培养和训练观察员。

仅仅有了正确的思想和态度还不够，还必须对观察员的知识
和技能也有一定要求。观察员应该具备丰富的社会知识，包括由
个人经验取得的和从书本上获得的；包括各种市场理论知识和与
被观察现象有关的具体知识。观察员的知识越充实，经验越丰
富，观察误差发生的可能性就越小。

对观察员必须进行各种技能的训练。主要是对感觉器官的训
练和使用观察工具的技能训练。人的感觉器官经过一定的专业训
练，能力可以得到明显提高。在训练中可以采取的方法有很多，
如由有经验的观察员传授，进行试点观察并进行分析研究等。在
观察过程中若使用观察工具，必须事先对其性能和使用技术进行

学习和实践，达到能够熟练使用的程度，然后才能投入实际调查。只有做到这些，观察的准确性才能有保证。

（3）控制观察活动的干扰，对市场现象进行对比观察。

观察活动或多或少会对被观察者产生一定干扰，使被观察者出现不正常反应，所以应尽可能把观察活动的干扰控制在最低程度上。同时，可以对市场现象采取对比观察，如对同一市场现象在不同观察点的观察结果进行对比；对同一市场现象在不同时间反复观察的结果进行对比，等等。通过对观察结果的对比，可以达到消除人为假象对观察结果的影响；避免现象发展不成熟而影响观察结果。做到这些，就使观察结果的准确性有了进一步的保证。

总之，通过采取各种措施作用于观察主体和被观察客体，就会使观察误差尽可能减少，大大提高观察资料的准确性，为研究分析市场提供可靠的依据。

四、观察法的优点和缺点

观察法是市场调查研究中重要方法之一，它是一种非常古老的认识方法，并在现代市场调查中由于各种观察工具的使用得到进一步发展和深化。它也是市场调查中经常被采用的方法。与其他调查方法比较，观察法的优点和局限性是很明显的。

1. 观察法的优点

观察法有不少显著的优点，可以归纳为以下几个方面：

（1）观察的直接性及可靠性。观察法最突出的优点，是可以实地观察市场现象的发生，能够获得直接的、具体的、生动的材料。对于市场现象的实际过程，对当时的环境气氛都可以了解，这是其他任何方法都不能比拟的。由于观察的直接性，所得到的资料一般具有较高的可靠性。

（2）适用性强。观察法对各种市场现象具有广泛的适用性。观察法基本上是由调查主体一方为主，而不像其他调查方法，要求被调查者具有配合调查的相应能力，如语言表达能力或文字表达能力，这就大大提高了观察法的适用性。

（3）观察法简便易行，灵活性较大。在观察过程中，观察人员可多可少；观察时间可长可短；只要在市场现象发生的现场，就能比较准确地观察到现象的表现。参与性观察可以深入了解市场现象在不同条件下的具体表现；非参与观察则可在不为人知的情况下，做灵活的观察。当然，观察法并不是一种十全十美的方法，也有其局限性。

2. 观察法的局限性

观察法的局限性主要表现在以下几个方面：

（1）观察活动必须在市场现象发生的现场。观察法的这种特点，使观察活动带有一些局限性，需要较多人力、物力。对于一些带有较大偶然性的市场现象，往往不容易把握其发生的时间和地点，或在现象发生时不能及时到达现场。

（2）观察法明显受到时空限制。观察法必须在市场现象发生的当时当地进行观察。从空间上它只能观察某些点的情况，而难以做到宏观的全面观察；从时间上它只能观察当时的情况，对市场现象过去的和未来的情况都无法观察。

（3）有些市场现象不能用观察法。观察法虽具有广泛的适用性，但并不等于说任何市场现象都可用实地观察取得资料。有些市场现象只适合于用口头或书面形式搜集资料。如消费者的消费观念，对某些市场问题的观点、意见等。此外，观察法还常常由于观察活动使被观察者受到一定程度的干扰，而不能处于自然状态；同时，这种方法不易对现象进行重复观察，因为市场现象不会在不同时间或空间出现完全相同的表现。

在用观察法搜集市场资料时，应该扬长避短，充分发挥其优点，避免其局限，减少观察误差。

第三节　市场访问调查法的类型

访问调查法也是市场调查搜集资料最基本的、应用最普遍的方法之一。如果说观察法是以眼看为主，访问法则是以询问为主，即以口问耳听为主。访问调查法也是一种直接搜集资料的方法，在市场调查实践中，它既可独立使用，也可与观察法结合应用。访问法有其特点、类型、技巧、程序等，这些是学习访问法应着重掌握的内容。学习访问法，首先应该了解就是它的概念、特点和基本类型。

一、市场访问调查法的概念和特点

访问调查法也称访问法或访谈法。汉语中的"访"是探望、寻求之意，"问"是指询问、追究之意。访问调查法是访问者应用口头交谈的方式，向被访问者提出问题，由被调查者回答，以此了解市场实际情况，搜集有关资料，获得市场信息的方法。

由访问调查法的概念，可以看出它与其他方法具有明显不同的特点，主要表现为以下两点：

1. 市场访问法的实施过程是调查者与被调查者相互作用、相互影响的过程

访问法一般由访问者向被访问者面对面地直接调查，通过口头交谈取得市场信息资料。访问者在访谈过程中不是单方面进行，不仅是访问者提出询问作用于被访问者，而且必须有被访问者通过回答询问作用于访问者，这样才能达到访问的目的。如果只有访问者的询问，而无被访问者的回答，就不能称其为访问调查。访问过程中，访问者要努力掌握访谈过程的主动权，积极对被访问者进行影响、作用，激起被访问者回答问题的愿望。如果没有被访问者的配合，就无法搜集到市场资料。

2. 访问者的人际交往能力在访谈过程中有重要的作用

访问调查法的目的是搜集市场现象实际表现的资料，但由于被访问者是有思想感情、心理活动的社会成员，而不是简单的无思想的实物，所以访谈过程中人与人的关系，尤其是访问者与被访问者的关系十分重要。访问者必须具备建立良好人际关系的能力，只有在被访问者有了对访问者的基本信任，消除了紧张和疑虑的条件下，访问对象才能愉快地、顺利地回答问题。这就要求访问者能够熟练掌握访谈技巧，根据对方的具体情况采取恰当的方式进行访问。

显然，掌握访问法对于调查者来说具有一定的难度。正因为如此，它又是一种能够获得更多、更有深度的市场信息的搜集资料方法。它能够了解观察法不能看到的观念、态度等问题；同时解决了观察法受空间限制的局限。

二、市场访问调查法的基本类型

访问调查法在具体应用中，根据研究目的和调查对象的不同特点，有各种按不同标准区分的类型。

1. 标准化访问和非标准化访问

根据对访问内容是否进行统一设计，访问法可以区分为标准化访问和非标准化访问。

　　所谓标准化访问也称有结构访问，它是按照事先设计好的、有一定结构的访问问卷进行访问，整个访问过程是在高度控制下进行的。标准化访问的标准化表现在：选择访问对象的方法、访谈中提问的内容、提问的方式和顺序、对被访问者回答问题的记录方式等都是统一的。在标准化访问中，访问问卷是调查的主要工具，访谈过程按问卷中设计的内容进行，访谈结果也记录在问卷中。标准化访问的突出优点是便于资料的整理、汇总和分析，有利于用统计分析方法研究现象总体的表现；其局限性则表现为缺少灵活性，不利于充分发挥调查双方的主观能动性，在整个调查过程中不能更改内容。

　　标准化访问常用于研究不宜直接观察的市场现象，如关于消费者的态度、观念、倾向、愿望等，这些现象不能直接看见，但却可以通过交谈反映出来。同时标准化访问可以在较大的总体内进行。标准化访问一般常与抽样调查结合使用，应用统一设计的访问问卷，对样本进行调查取得有关资料，然后推断总体。

　　访问问卷与下一章问卷法中的自填问卷相比，其突出的优点是调查者能够对回答过程加以控制，提高调查结果的可靠程度。因为在访问过程中，调查者可以应用引导和追询的方法，对不正确、不肯定、不理解、不准确等情况及时处理。访问问卷的回收率也大大高于自填问卷，调查者与被调查者直接交谈，一般都能收回问卷。当然，访问问卷一般比自填问卷所花费的人力要大得多。

　　所谓非标准化访问也称为无结构访问。与标准化访问不同，它事先不制定统一的访问问卷，只根据访问目的列出访问提纲，由访问者和被访问者根据提纲自由交谈。这种访谈对调查双方都不存在严格的约束，有利于发挥双方的积极性和主动性。非标准化访谈对于深入了解某些市场问题，对市场现象做细致的分析是很有利的。在市场调查实践中，调查者往往可以用此方法了解一些事先无法做出全部结果设想的市场现象的实际情况。非标准访问也有一点明显的不足，就是对调查结果的整理、分析工作量大。

非标准化访问经常与重点调查、典型调查、个案调查等方式结合使用，发挥其深入细致研究问题的特点。相反，它不宜用于全面调查中。通过非标准化访问，往往可以提出某种研究假设，在各种探索性研究中很适用。

标准化访问和非标准化访问调查问题的方法不同，在必要时结合应用，就可以使调查结果既有广度又有深度，全面调查研究市场现象的本质和规律性。

2. 直接访问和间接访问

访问调查法按访问者与被访问者的交流方式不同划分，分为直接访问和间接访问。

所谓直接访问是指访问者与被访问者面对面地交谈。访问法一般就是采取这种方式。访问者到被访问者中去做实地访问，搜集市场现象的实际资料，常称为"走出去"访问。根据具体情况，还可采取将被访问者请到访问者安排的某地点，对他们做访问，常称为"请进来"访问。这都是双方面对面地交谈，即直接访问。

所谓间接访问是指通过电话对被访问者进行访问。之所以说它是间接访问，是因为调查者与被调查者并不见面；说它是一种访问法，是因为它用的是交谈方法搜集市场资料。间接访问只有在电话普及率比较高的条件下才能使用，它具有节省时间、费用的优点。但在一般情况下间接访问的内容即调查的具体项目不能太多，以免造成通话时间过长，影响被调查者回答愿望。

3. 一般性访问和特殊性访问

根据访问对象的特点不同，访问法可分为一般性访问和特殊性访问。

所谓一般性访问是指对普通工人、农民、干部、知识分子、居民的访问。这种访问调查尽可以按照访问法的一般程序和方法进行。

所谓特殊性访问是指对一些知名人士、突发事件当事人、未成年人等特殊人物的访问。这种访问除了应用访问的一般方法外，还必须注意其特点。如访问时间地点的选定主要依被调查者，访问应以简单、明了为原则等。

4. 个别访问和集体访问

根据访问调查一次访问人数的多少，访问法可分为个别访问和集体访问。

所谓个别访问是指每次只访问一个被调查者，这是访问调查通常所用的方式。个别访问对每个被访问者的回答分别记录，其后再对资料进行整理、汇总、分析，得出对访问对象总体的认识。

集体访问是指每次访问多个被调查者，通常也称为座谈会或调查会。

集体访问的特点非常突出，它不仅具有一般访问中所有的，访问者与被访问者之间的相互影响和作用，而且还会出现被访问者之间的相互影响。这就要求访问者能够很好地发挥双重互动力，更加熟练地掌握和运用访谈技巧和发挥组织协调能力。集体访问是比个别访问难度更大的一种访问方式，其要点大致如下：

（1）集体访谈的被访问者人数一般在 5～10 人为宜。对被访问者的选择性较强，根据研究问题的目的，必须选择那些具有代表性的，了解市场情况的，敢于发表见解的当事人、知情人或主管人参加会议。

（2）明确访问主题，准备访问提纲和具体内容。集体访问必须向被调查者说明访问目的和具体内容，多数情况是到会后说明，但也可事先向被调查者说明，使其有充分准备。此外访问者还应具体落实访问时间、地点，并准确通知每位被访问者。

（3）访问座谈会的形式有两大类：一类是各抒己见式调查，被访问者根据访问目的和内容，各自充分发表自己的意见，提供市场信息；另一类是讨论式调查，被调查者不但可以发表自己的意见，还可以评论其他被调查者的意见，互相讨论、补充。

（4）访问者在调查会中只起主持人和把握会议主题和进程的作用，对被访问者提供的市场信息进行记录。一般情况下访问者不对访问内容发表意见，也不对被访问者意见加以评论，以免对被访问者发生倾向性影响。此外，集体访谈一般不请权威人士参加，也是避免其意见对其他被访问者发生影响。

集体访谈法具有明显优点。它了解情况快、工作效率高，可以节省人力、时间；得到的信息完整准确，因为在访问中被调查者可以相互启发、补充，相互核对、修正有关市场现象实际情况；集体访谈法还具有简便易行的特点。其局限性表现为无法完全排除被调查者之间的相互制约；有些问题不宜采取座谈会讨论；由于被调查者较多，难以做到深入细致的交谈。

第四节　访问过程的控制

访问调查法的关键是访问过程能否顺利完成。要取得访问的成功，必须做好访问过程中各具体环节的工作，熟练掌握和运用各种访问技巧。

一、访问过程中接近被访问者

访问调查进行的过程，首先是访问者与被访问者双方相互接近和认识的过程，其中访问者是主动的一方，访问者应掌握和控制访谈过程。要接近被调查者并使其配合调查，就需要应用各种技巧。

适当地称呼被访问者，是人与人接触不可少的。恰当的称呼会使对方感到自然亲切，会有利于访问调查气氛的形成；不合适的称呼则会使人不自在甚至反感，当然也会对访问产生不良影响。在适当称呼对方问题上，要注意两点：一是调查双方的性别、年龄、职业；二是被访问对象的民族习惯和生活的地区。一个年轻的调查员当然可以对年岁较大的被访问者以长辈称呼，对同龄的被访问者可同志相称；调查对象是知识分子，称呼其老师比较好；而对工人应称呼师傅比较合适等。称呼在不同地区又有明显区别，城市和农村称呼人的方法不同，沿海开放城市与内地称呼人时也不尽相同。若在农村对年岁大的人称叔叔、阿姨等与在城市对长者称大爷、大妈一样，都显得不合适宜；在内地可对相当大范围的人直称同志，在开放城市则以先生、小姐等称呼。总之，适当地称呼被调查者，既不要使被调查者感到自己不受尊重，也不要使被调查者被恭维的称呼搞厌烦，这在访问的一开始就应注意。

对被访问者有一个适当的称呼后，还必须采用各种方法接近对方。接近被访问者的方法有以下几种：

1. 自然接近

这是一种在与被访问者的共同活动中接近对方的方法，如在共同的劳动学习中，在共同的购销活动中等，都可以自然地接近被访问者。在自然地接近了被访问者后，再说明访问的意图。一般所花时间会多一些。

2. 正面接近

即开门见山直接介绍自己并说明市场调查的目的、基本内容等。在市场调查活动被广大群众所理解，被访问者并不存在顾虑的情况下，就可以采取这种接近被访问者的办法。它可以节省调查时间，提高工作效率。

3. 求同接近

访问者主动寻找与被访问者的共同之处，由此产生共同语言，借以接近对方。如同学、同乡、同兴趣、同经历等都会给接近被访问者带来一些方便条件。当然，也可以寻找被调查者最关心的话题来接近对方，如与职工或居民谈谈收入水平和物价，与中年人谈谈子女教育的问题，与球迷谈谈某场球赛等。

4. 友好接近

以友好的态度关心、帮助被访问者，以求接近对方。如对其苦恼、困惑的问题给予解脱，对其困难帮助出主意想办法解决等。总而言之，只有顺利地接近了被访问者，取得了进行访问的基本条件，才能使访问顺利地进行。

二、访问过程提问的种类

访问调查是通过访问者口问耳听来搜集市场信息的，提问是访问调查的中心内容。其中也存在一些技巧。

访问者提问的类型，按问题的性质不同可分为两大类：一类是要求被调查者必须回答，访问者必须记录的实质性问题；另一

类是不一定要求被调查者回答，访问者也不必记录的功能性
问题。

1. 实质性问题

实质性问题，是根据市场调查的目的和市场现象的特点，把
所要调查的市场现象内容具体项目，用问题（即问句）形式表
示出来。如果采取标准化访问，就是将问题设计在统一的访问调
查问卷中；若采用非标准化访问，则是按调查提纲提出问题。实
质性问题的提问目的，是为了搜集市场现象实际表现的资料，要
求被访问者准确地理解和回答，访问者必须认真做好记录。实质
性问题有很多，大体可分为四种。

（1）提问事实方面的问题。所谓事实就是市场现象客观存
在的表现。如消费者的姓名、年龄、文化程度、职业；生产企业
的生产能力或营销企业的经营能力；职工的收入水平或居民的消
费水平等。

（2）提问行为方面的问题。所谓行为就是人或人群的活动，
在市场调查中的行为方面的问题，主要是调查购销活动问题，如
居民是否已经购买了某种消费品，他将来是否准备购买某种消费
品等。

（3）提问观念方面的问题。观念是人生活在社会之中，通
过参加社会活动而形成的某些观点或认识问题的方法。它存在于
人的头脑之中，又对人的行为起到支配作用。用观察法对这种现
象是无法调查的，而应用访问法通过提出观念方面的问题，请被
访问者回答，则是一种行之有效的方法。在市场调查中，主要是
掇问一些经营观点、消费观念、价值观念等方面的问题。这些方
面都直接决定着企业的购销行为，决定着消费者的消费行为等。

（4）提出态度、愿望方面的问题。态度、愿望也是存在于
人的头脑之中，从表面上是看不到的，必须通过被调查者语言表

述才能搜集到这方面的资料。在市场调查中，将这类问题作为调查内容的情况是很常见的。这对于了解消费者的要求，以便在商品生产和营销中采取各种措施，满足消费者的需求是非常重要的。如居民对目前消费者市场所供应商品的种类、品种、价格、数量等方面的意见；企业向消费者具体了解对某种商品生产、销售、服务等方面的意见等，都可采用提问态度、愿望方面的问题来搜集资料。总之，实质性问题是访问调查提问的核心内容，它要求被访问者做出回答，访问者必须认真记录。访问调查正是以这些实质性问题的提出和回答，来搜集有关的市场资料的。

2. 功能性问题

访问调查过程，除了提问实质性问题以外，还会提问一些功能性问题。对于这一类问题，虽然并不一定要求被访问者做出回答，访问者也并不记录，但它却是访问调查中不容忽视的问题。功能性问题的提出，在访问过程中起到对被访问者发生调节作用，促使其顺利回答实质性问题的效用。功能性问题也有很多，根据其具体作用不同可以分为以下几类。

（1）访问开始时的接触性问题。所谓接触性问题，往往是为了表示访问者对被访问者的某种关心、问候等。如在城市居民户的访问中可问"近来身体好吧？""工作地点离家不太远吧？"等；在农村住户访问调查则可问"今年年景还好吧？""家里有几个劳动力？分别从事哪些劳动？"等。这样可以很自然地打开访问的局面，使访问在和谐的气氛中开始。在访问调查中甚至也常常采用吃饭了没有和天气好不好这样的日常生活用语，作为接触性功能问题。

（2）访问开始后的试探性问题。如问被访问者此时是否有急事情要处理；入户调查问是否影响家庭的日常生活安排；问被访问者对所要调查的市场问题是否经常接触、有所研究、十分感兴趣等。这类试探性问题提问的目的，大多是想得到被调查者的肯定表示，即希望被访问者回答可以配合访问调查。但为了避免特殊情况，做一种试探，同时也表现出对被访问者的尊重。

（3）访问过程中为衔接不同的实质性问题提问过渡性问题。在访问过程中常常会遇到转变提问话题的情况。如在标准化访问中，两类实质性问题需要用过渡性问题连贯起来；非标准化访问可在两类实质性问题或两个实质性问题之间提出，起到过渡的作用。如"企业生产的产量情况不错，销路怎么样？请你具体回答×××""本地区对农业生产资料的供应工作不错，那对农产品的收购组织得怎样？""您的家庭收入水平我了解了，您是否再回答几个关于家庭消费方面的问题？"等等。这种问题可以起到自然连贯整个访问过程的作用，使问题与问题之间能有个合理的过渡。总之，不论是标准化访问还是非标准化访问，适当地提问一些功能性问题，对于促进访问顺利地进行是非常必要的。功能性问题的数量可多可少，不必统一规定，可由访问者在访谈中自行掌握。功能性问题的应用是否得当，是访问者业务水平的一种体现。

三、对访问过程的控制

访问调查的过程是访问者提问，被访问者回答的过程。提问是否成功是能否得到顺利回答的关键。同时，访问者所要得到的是被访问者对问题正确的、准确的、具体的回答。访问调查的过程，虽然访问者与被访问者双方主要是通过交谈进行信息交流，但不可忽视非语言因素的影响。在访问过程中，访问者必须运用各种技巧对访问加以控制，才能达到访问目的。

1. 采用提问控制访问过程

通过提问各种不同的问题，用各种不同方式提问，是访问者控制访问过程最基本、最主要的手段。是每个访问者对每个被访问者都应用的控制访问过程的手段。用提问控制访问过程，主要表现在能否正确地把握提问种类、提问方式和提问态度等。

关于访问调查的提问种类，如前面所述有实质性问题和功能性问题两大类。访问过程中访问者必须以提问实质性问题为主线索，适当地插入一些功能性问题。既不要过多地使用功能性问题，使访问过程拖拖拉拉或喧宾夺主，也不要忽视功能性问题，而使访问过程实质性问题的提问简单生硬，影响访问效果。

访问过程还必须正确地应用不同的提问方式，其提问方式有很多，常用的有开门见山、直来直去式提问；耐心开导、循循善诱式提问；借题发挥式提问；顺水推舟式提问；旁敲侧击式提问；顺藤摸瓜式提问；逆水行舟式提问，等等。一般来说，在一次访问过程中，仅仅用一两种提问方式是不够的，必须灵活地应用多种方式。采用什么方式提问要注意各方面的因素。一要注意提问问题的性质和特点。对于比较简单、单纯的问题可以正面提问；对比较复杂、尖锐、敏感的问题则采取谨慎的提问方式。二要注意被访问对象的特点。对于没有思想顾虑的人，可用正面提问；对顾虑重重或理解问题能力较差的人则必须用耐心开导、循循善诱的方式提问等。三要注意访问者与被访问者的关系。如双方并不熟悉，就要采取比较慎重的提问方式；若双方相互比较了解，则可采用直率、简捷的方式提问。四要注意在访问过程的不同时机，采取不同方式提问。要善于抓住访问过程中的每一个适当的机会，采取灵活多样的方式提问，不要在整个访问中都采用单一的提问方式，那样会使访问显得呆板，缺少生气。总之，适当的提问方式是被访问者顺利回答问题的基本条件之一，也是访问调查成功的条件。

提问态度也是以提问控制访问过程重要的一方面。提问态度不像提问种类和提问方式那样，讲的是提问内容和方法。提问态度是通过提问的语气和口气等反映出来的，如果提问种类、方式都掌握得恰当，但提问态度掌握得不好，也同样会严重影响访问效果，甚至会造成访问的失败。正确地用提问态度控制访问过程，最主要的是要做到以礼待人、平等交谈、保持中立。访谈过程中，访问者要尊重被访问者，不能摆架子、命令人，更不能对回答能力较差或做出错误回答的被访问者，施以讽刺、挖苦或刻薄的语言，伤害对方的自尊心；必须以礼待人、平等交谈。访问过程中，访问者还必须注意保持中立。即提问时不带倾向性或诱导性，不要在提问语气上使被访问者感觉到，访问者是在迫使其做出或不做出某种回答。应该以中立的态度提问，由被访问者根据自己的实际情况，做出客观的回答。可见，提问态度并不仅仅是方法问题，而是访问者的认识观点、思想方法问题，必须在访问过程特别注意。

2. 采用引导和追询方法控制访问过程

在访问调查中，提问是基础和核心，是控制访问过程的主要手段，是每个访问者对每个被访问者都采用的。同时，在必要的情况下，还需应用引导和追询方法，这也是控制访问过程不可缺少的手段。

引导在访问中起到延伸和补充提问的作用。引导并不是对被访问者提出新的问题，而是帮助被访问者正确理解和回答提问。在访问中若被访问者出现以卜几种情况，访问者必须对其加以引导。被访问者对提问不理解和理解不正确，答非所问，这时访问者必须将提问重复一遍或进行必要的解释，通常是采用通俗易懂的语言，直到被访问者正确地理解了提问。当被调查者对提问回答时表现出顾虑重重，有意回避，访问者就应依经验判断其顾虑的原因所在，将具体问题进行具体分析，直到消除掉对方的顾虑。若被调查者是位很健谈的人，对问题的回答远远超出了提高的范围，漫无边际以至离题太远，则访问者应寻找适当时机，不失礼节地把话题引回正轨。访问调查中还会出现被访问者一时语塞的现象，即日常所谓的话到嘴边说不出来。这是一种正常现象，访问者切不可性急，一再逼问，那反而会使对方越发紧张。应该从与之有联系的不同角度帮助被访问者回忆，或先进行其他提问，待对方想起后再补答。总之，访问过程中上述问题往往会发生，发生哪种情况就用哪种方法适当引导；上述情况发生得多就多引导，发生得少就少引导。当然，若访问进行得十分顺利，并未发生上述情况，访问者也就不必在提问以外再加以引导了。

追询在访问中的作用，是促进被访问者真实、具体、准确、完整地回答问题。追询也不是对被访问者提出新的问题，而是对提问的深入化，对引导的准确、具体、完整化。访问中出现以下几种情况，访问者必须进行追询。若被访问者对提问回答是明显的说谎，不愿说出真实表现的时候；被访问者对问题的回答模棱两可或含混不清的时候；被调查者的回答前后矛盾，不能自圆其说时；被访问者的回答过于笼统，不很具体时；被访问者对问题的回答不完整时；访问者都必须加以追询，目的是使被调查者的回答符合实际。在追询中，访问者一定要掌握适当的时机和程度，切不可伤害对方的感情以至引起反感。追询可以采取的方法有正面追询，即正面指出回答不真实、不具体、不准确、不完整的方面，请被访问者补充回答；也可采用侧面追询，即转换一个侧面，转换一种提问方法进行提问，对原有的回答进行检验、证实，以便使被调查者的回答更准确、更完整。追询还可以采用系统追询的方法，由局部到全局、由过去到现在、由简单到复杂等等，这样有利于被访问者完整系统地回答问题。此外，还有补充追询、重复追询、反面追询等具体方法。总之，追询的目的是使被访问者的回答达到真实、具体、准确、完整。

3. 注意非语言因素对访问过程的影响

对访问过程的控制，注意语言的技巧是非常重要的，它充分体现了访问调查法的特点。但是，在人际交往过程中，语言并非传递信息的惟一因素，访问者的表情、动作等非语言因素，也是重要的交流媒介，访问者必须通过正确应用这些非语言因素来控制访问过程。

访问过程中，访问者的表情是传达思想感情的一种重要方式，其表情必须显示出礼貌、诚恳、耐心。访问者在访问过程中必须表现得精神专注，不要表现出心不在焉的样子；还可以用表情对被访问者给予鼓励、启发。访问者的表情还应随提问和回答有所变化，被访问者谈到成功时，访问者应有随之高兴的表情；在谈到困难和不幸时，应有同情的表示；谈到不合理现象时，应有气愤的表示等。访问者既应以一定的表情来控制调查过程，又应避免一些不该有的表情，否则也会起反作用。特别是不要有轻蔑和鄙视的表情，那样会引起被调查者的反感。

访问双方在访问过程中的动作，是受其思想、感情支配的。访问者可以通过某些动作表达一定的思想，也可以通过观察被访问者的动作理解对方的思想。访问者在听取被访问者回答时，可以用点头表示同意、听明白了等意思；还可以为被访问者送一杯茶或点燃一支烟表示关心；可以做认真的记录，表示对回答非常重视等。反之，如果访问者在访问时东张西望则表现出心不在焉；频频抬起手臂看表，则说明已经不想再花时间谈下去了等。总之，访问者受正确思想支配做出的动作，会促使被访问者顺利回答问题；受错误思想支配做出的动作，会给被访问者造成不良影响。访问者必须重视用非语言因素来正确控制访问过程。

第五节　市场访问调查的应用

访问调查在遵守市场调查一般程序的条件下，还应根据访问调查的特点，制定出访问调查的具体程序。

一、访问调查的应用程序

1. 访问的准备

访问的准备工作首先要根据研究的目的和市场现象的具体情况，选择适当的访问类型。主要是决定用标准化访问还是用非标准化访问。若采用标准化访问，必须统一设计访问问卷；若用非标准化访问则需设计出访问提纲。在设计好访问内容后，访问者必须注意学习与访问内容有关的知识，以便成功地进行访问。

由于访问是在调查者与被调查者之间实施的，对被访问者的选择是否恰当，就成为一个对调查有重大影响的问题。选择访问对象在不同的访问类型中是不同的，由于标准化访问多与抽样调查结合应用，所以一般是按随机原则选择被访问者，以保证其客观性和便于进行资料整理和分析。非标准化访问大多与典型调查、重点调查或个案调查结合应用，选择被访问者时应依这些调查方式的要求。

访问的准备还应明确落实一些具体问题。落实访谈的时间、地点；安排好调查员的访问工作量；准备好访问工具，包括调查表或调查卡片、访问问卷、录音机、笔、纸等；还应对访问中可能出现的问题进行充分的估计，并想好对策。总之，访问的准备必须充分、具体，达到使访问顺利进行的目的。

2. 进入访问

在市场调查的实际工作中，有必要与被调查对象所在的省、市、区、街道、县、乡、村委会等行政机构建立联系，以便得到允许或支持。尤其是以消费者家庭为调查单位的市场调查，需要深入到居民住户中去，如果没有社区行政机构的协助，往往不容易得到居民的理解和配合。在较大规模的市场调查中，最好能由行政管理部门人员与调查者一起向群众说明调查的目的和意义，对群众提出适当的要求，这样比单纯由调查者去组织调查要好得多。若市场调查的内容与生产企业的生产活动、营销企业的经营活动、行政区的管理联系紧密，那么市场调查就可能得到各级领导的支持，如人力、物力方面的大力协助等。

进入访问是访问调查的开端，访问者要应用前面所讲的接近被访问者的方法，尽快熟悉被访问者。目的是使被访问者产生回答提问的动机，做好回答问题的准备。在这当中，访问者要特别注意的是：向被访问者说明市场调查的目的，表明自己的来意；要保持虚心的态度、对被访问者以礼相待，造成良好的访问气氛；访问者要通过语言和观察，判断被访问者是否有顾虑，要用各种方法打消被访问者的顾虑，为进行访问铺平道路。

3. 实施访问，做好访问记录

实施访问主要是指访问者对被访问者提问，这是市场访问调查的中心环节，是取得市场现象有关资料的过程。在此过程中，访问者围绕实质性问题提问，以功能性问题做辅助；提问的方式可根据调查的目的和被调查对象的特点灵活选取；同时访问者必须应用提问、引导和追询、非语言因素等手段对访问进行控制。

做好访问记录是将被访问者的口头回答记载在某种物质载体上。以此作为市场调查所获得的资料。访问记录根据不同的访问类型会有所不同。标准化访问的记录一般比较简单。在设计访问问卷时已将如何记录的问题考虑在内,访问者只要按事先设计好的问卷、表格或卡片和统一规定的记录符号,将被访问者的回答记录下来就可以了。

非标准化访问记录较标准化访问难度大一些。由于访问中的说话速度都比较快,通常对访问者的记录水平要求比较高。为了不使记录工作影响调查者的正常访问,经常采用两个调查员为一组,一位主要负责提问,一位主要负责记录。这种当场记录的优点是所记录的资料一般比较完整客观,如果没记下来还可重复提问及时补上。事后记录往往不能完全做到这一点。当然,当场记录要在征得被访问者同意,不影响被访问者回答问题的条件下进行;非标准化访问在有必要和有条件的情况下,也可采取录音形式,可以使访问者全神贯注于访问,不必考虑记录速度和记录详尽程度等问题。

非标准化访问笔记记录的方法,可以采取速记、缩写记录等不同方法。速记方法是用一种特定符号对回答进行记录,这种方法速度快,可以达到对回答内容逐字逐句记录;但是在访问后必须进行翻译,才能使其他人读得懂。缩写记录是把一些常用词汇用符号或记其中一两个字的方法进行记录,以便提高记录速度;这种方法必须在访问后及时将省略的字填上,否则很容易被遗忘。非标准化访问记录的内容,可以采取详细记录或重点记录。详细记录是将被访问者的回答逐句记录,这种完整的记录可以充分反映访问过程的情况,取得第一手资料;但要求访问者掌握速记方法。重点记录是将被访问者回答的重点内容记录下来。可以记要点,记被访问者回答中的主要事实、经验、教训、观点、意见、建议等;也可以记特点,对诸多的被访问者主要记录每个人回答中的特点,以避免过多的重复记录;还可以记疑点,即将被访问者回答中有疑问之处记下,以便进行追询。此外,访问者还可记录一些自己在访问中的感受、设想、发现等，以便在整理和分析资料及研究市场时把这些设想、发现考虑在内，否则时过境迁一些很好的想法可能会被遗忘掉。

由于访问记录是原始资料，是研究市场的依据，所以要特别注意它的准确性和可靠性。一方面要注意记录中不发生笔误，另一方面可以采取给被访问者读一遍，进行核对、修改、补充。对于访问中没听清或没听明白的回答，一定不要按自己的主观设想编出内容记录下来，必须用引导或追询请被访问者回答得更明确，这样才能保证记录内容的客观性。

4. 结束访问

访问过程的最后环节，就是结束访问。访问的结束应做到适可而止，善始善终。访问要做到适可而止，就是以实质性内容调查完毕，占用被访问者时间不能过长为基本点，即做到对调查双方都有利。访问结束时可以提问"您是否还有需要补充的?""我是否忽视了什么内容?"等问题，这样使访问的结束比较自然。还应对被访问者的回答表示感谢，用"占用了您的时间，谢谢您的合作"等语言表达谢意，使得访问做到善始善终。这样既做到圆满地完成本次访问，又为以后的市场调查打下了基础。结束访问与访问过程一样，都要注意语言的艺术性。

结束访问中比较难处理的问题是，实质性问题还未提完，而被访问者已经兴趣索然，或由于时间过长双方都已疲倦，访问继续下去有困难。在这种情况下，访问者应该冷静，尽量争取使访问一次完成，也可实行再次访问解决留下的问题。

由访问法的应用程序可见，访问调查法是市场调查中经常采用的方法。也是一种十分有效的搜集资料的方法。它不但可以独立使用，还可以与其他搜集资料的方法结合使用。访问法在市场调查中的重要地位，与这种方法的特性是紧密联系的。

　　与其他调查方法相比，访问法的特点是，访问者与被访问者的相互影响、相互作用在调查中始终存在。访问调查结果如何，在很大程度上取决于访问者的人际交往能力、访问技巧的熟练程度和对访问过程的控制是否有效。解决好这些方面的问题，访问调查就可以获得更多、更有价值的市场实际资料。

　　访问调查可以广泛、深入地搜集各种市场现象表现的资料。访问调查法是采用交谈方式搜集资料，既可以了解当时当地发生的市场现象，也可以了解过去和其他地方的市场现象；不仅可以了解有关事实、行为方面的资料，还可以了解观念、态度、愿望等方面的资料。由于访问调查法具有标准化访问和非标准化访问两种主要类型，使这种方法既可以研究市场定量问题，也可以研究定性问题；既可用于大规模的调查，也可用于小规模的调查；它既可以对文化程度较高的人实施调查，也可以对文化程度不高的人进行调查。访问调查法应用起来相当灵活，既可以每次访问一个人，也可以每次访问多个人；访问时间可长可短；调查内容可多可少；既可以了解市场现象的具体表现，也可以探讨、研究市场现象发生、发展、变化的原因。总之，访问调查法研究问题广泛性和深入性的特点是非常突出的。

二、访问调查法的优缺点

1. 访问法的优点

　　访问调查法不仅能广泛、深入地了解各种市场现象，还能保证调查资料的可靠性比较高。由于访问者是面对面地与被访问者交谈，它可以发挥调查双方的积极性和主动性。访问者对访问过程可以通过各种手段加以控制，这就使得访问调查资料的可靠程度大大高于其他方法，对于市场的分析研究是很有利的。在实践中访问法可以与典型调查、抽样调查等方式结合，达到较好的调查效果。

2. 访问法的缺点

由于访问调查法自身的特点，也使其存在着不可避免的局限性。访谈过程很难完全排除主观因素的影响，这里所说的主观因素，既包括访问者也包括被访问者。调查双方具有的社会经验、社会地位、价值观念、思想方式等，都会或多或少影响到调查结果，使调查结果难以做到完全客观。这其中访问者的主观因素影响，可以通过有意识地采取中立客观态度尽可能减少诱导和倾向性；而对被访问者主观因素的影响，是无法完全控制的。在访问调查中，对于一些比较敏感的问题，是不宜当面询问的，这也是访问调查存在的局限。此外，访问调查法对人力、物力、财力、时间的花费都比较大；对访问人员也有一些与使用其他调查方法不同的要求，需要做一些访问技巧方面的训练等。

第六章　市场问卷调查法

随着社会经济的发展，人们的受教育面越来越普遍，受教育程度越来越高。在此基础上，问卷调查法成为现代社会进行各种调查中常采用的方法。问卷调查法是访问调查法的发展和延伸，在各种调查中具有广泛的用途，发挥着重要的作用。在市场调查中，问卷调查法也有极其重要的地位。

第一节　问卷调查法的类型和问卷结构

问卷是市场调查搜集资料的工具，它是由调查者精心设计出来的，可用来了解各种事实、行为、观念、态度方面的表现。问卷调查法具有一定的特点、类型，问卷也具有一定结构。

一、问卷调查法的概念和特点

问卷调查法也可简称为问卷法。它是指调查者运用统一设计的问卷，求得被调查者填答，向被调查者了解市场有关情况的搜集资料方法。

问卷调查法具有以下几个明显特点：

1. 问卷法一般是间接调查

应用问卷搜集市场资料，被调查者填写问卷是在调查者不在场的情况下进行的，调查者与被调查者一般并不直接见面。这样，被调查者填答过程不会受到调查者的影响，但调查者也无法对填卷过程加以控制。

2. 问卷法是标准化的调查

调查者按统一设计的、有一定结构的标准化问卷进行调查，每个被调查者接到的是完全相同的问卷，并按相同的规定填答。由此给市场调查资料的整理和分析研究创造了极为有利的条件。

3. 问卷调查是书面化调查

调查者通过问卷用书面形式提出问题，被调查者对问卷做出书面形式的填答，这就决定了调查者必须掌握全面的书面提问方法，设计出符合需要、具有可行性的问卷；也要求被调查者具有相当的文化程度，能够正确理解、填答问卷。

由此可见，问卷法在调查者提出问题，被调查回答提问这一点上，与访问调查法是一致的，所以说问卷法是访问法特点的发展和延伸；而问卷法在间接化、书面化方面的特点又与访问法截然不同，所以又说问卷法是一种独立的与访问法不同的调查方法。问卷法标准化的特点，在访问调查中只体现在标准化访问这种特定的访问类型里。从这个角度看，又可以说标准化访问是问卷在访问法中的应用，因此在问卷设计中所阐明的内容，对标准化访问也完全适用。

二、问卷调查法的类型

在市场调查实践中，由于问卷有不同的传递方法，有不同的调查方式，问卷调查就形成了不同类型。

1. 根据问卷调查法传递问卷的方法不同，问卷可分为报刊问卷、邮政问卷、送发问卷、网络问卷

（1）报刊问卷就是将市场调查问卷登载在报刊上，随报刊发行传递到被调查者手中，并号召报刊读者对问卷做出书面回答后，按规定时间寄还给报刊编辑部或调查组织者。报刊问卷实际上是以读者为调查对象，它具有稳定的传递渠道，广泛的传递面；费用和时间都比较节省；还能保证匿名性；回答的质量一般也较高。采用报刊问卷，调查者对被调查者无法选择；问卷回收率较低；调查者难以控制对填答问卷产生影响的各种因素。

（2）邮政问卷是调查者通过邮局向被调查者寄发问卷，被调查者按规定填写问卷后，再通过邮局将问卷寄给调查者。采用邮政问卷可以加强对被调查者的选择性，能提高回答问卷的质量；同时也还能保有匿名性；人力和时间也比较节省。但邮政问卷同样存在回收率较低，无法全面控制回答过程等不足。

（3）送发问卷也称留置问卷，它是调查者将问卷送发给被调查者，被调查者按规定填答后，再由调查者取回问卷。采用这种传递问卷方法的突出优点是问卷回收率高，同时还能做到及时收回问卷。它可以用于有组织的调查对象，如一个单位的职工，某一社区的居民，某一地区或部门的有关人员等；也可以用于较大范围的调查，如与抽样调查相结合对城乡居民进行住户调查等。当然，这种方法同样无法对填答过程全面控制；调查费用、人力的花费比较高。

（4）网络问卷。网络问卷是指问卷的发出和收回都在网络上进行。

随着计算机技术的发展，在调查手段上，特别是信息传递方式上有了很大进步。在问卷法的应用过程中这一点也很明显。

通过网络传递问卷的优点突出：使收集资料的速度明显加快；问卷可应用的领域明显扩大；问卷受空间和时间的限制减小。当然，在我国现阶段，应用网络传递问卷还存在一些环境带来的局限。

在应用网络问卷中，一定要对调查对象能得到网络服务的普及程度、受调查者使用网络的普遍程度、使用网络群体与调查对象总体是否存在明显差异等进行认真分析。

2. 根据问卷的填答者不同和调查方法不同，问卷可分为自填问卷和访问问卷

它们分别应用于问卷调查法和访问调查法中。从问卷的角度看，它们具有同一性；从用于不同调查方法角度看，它们又具有各自的特点。

自填问卷是指由被调查者自己填写的调查问卷，它应用在问卷调查法中。上述报刊问卷、邮政问卷、送发问卷、网络问卷都是自填问卷。

访问问卷是指调查者按统一设计的问卷向被调查者当面提问，再由调查者根据被调查者的口头回答来填写问卷。显然，它应用于访问调查法中，是访问调查中的标准化访问。这两种问卷既有许多相同之处，又存在一些不同。其相同之处是，自填问卷和访问问卷在设计时都应遵守问卷设计的原则和步骤；在问卷中问题设计方法也基本一致；问卷的结构亦无很大差异。它们的不同之处是，两种问卷的填写者完全不同。自填问卷由被调查者填写，访问问卷则由调查者填写。这就决定了在设计不同问卷时，需要采用不同的形式，按不同的要求来做。自填问卷必须充分考虑被调查者各方面的因素，要便于被调查者填写；访问问卷不但要考虑调查内容安排，还必须使访问者易于操作。访问问卷由于是调查者直接提问被调查者，可以应用各种控制方法，由调查者来说明各种要求；而自填问卷调查者无法控制填答过程，所以要求在问卷中做出各种明确的文字说明。自填问卷与访问问卷的区别，从根本上说是由问卷调查法和访问调查法的不同特点所决定的。

三、问卷的基本结构

问卷是问卷调查法的工具，了解问卷基本结构，对设计问卷和应用问卷都是必需的。问卷的基本结构，一般可由封面信、指导语、问题与答案、结束语等部分组成。

1. 封面信

封面信是一封致被调查者的短信，用来向被调查者说明市场调查主办单位，组织或个人的身份，调查的目的和意义，调查的内容，对被调查者的希望和要求，等等。封面信的篇幅不宜过大，文字要简洁、准确，语气要谦虚、诚恳。封面信在问卷调查中具有特殊作用，被调查者能否认真地接受调查，在很大程度上取决于封面信。

封面信中必须说明市场调查者的身份。说明身份可以在信的最开始，也可以在信的落款中来说明。调查者说明身份时应尽量打消被调查者的疑虑，不仅要写清楚单位或组织的名称，还应说明地址、电话号码、邮政编码等具体情况，充分体现出市场调查的正规性，取得被调查者的信任。

封面信还应概要说明市场调查的内容、目的及意义。封面信中对调查内容不能不谈，也不必谈得过细，只需用一两句话概括地说明调查内容范围。封面信中说明调查目的意义，必须在说明市场调查的社会意义的同时，也尽量说明市场调查对广大群众的现实意义。

封面信中还要对被调查者提出希望要求，并说明选择被调查者的方法和对调查结果的保密原则。封面信要向被调查者提出积极配合调查的希望，并说明要求何时完成并寄回问卷等。为了消除被调查者的顾虑，应说明填卷者不必署名，其切身利益不会受到损害等。

在封面信的结尾，应对被调查者的合作表示诚恳的谢意。

2. 指导语

问卷中的指导语，是调查者指导被调查者正确填写问卷的说明。指导语一般既可以放在封面信之后，集中对问卷的填答方法、要求、注意事项等加以总的说明；也可以放在某类或某个需要特别说明的问题之前，用括号括起来，对该类问题的填写加以说明。如果是集中说明可用"填写说明"为标题给出。

3. 问题和答案

问题和答案是问卷的主体，是问卷核心的组成部分，所占篇幅也最大。

问卷调查中的问题按其形式不同，可以分为两大类。一类是开放式问题；另一类是封闭式问题。

开放式问题，是市场调查者在提出问题时并不给被调查者提供任何具体答案，而由被调查者根据客观实际情况自由地填写。对开放式问题，被调查者可以充分发表自己的意见，不受任何限制；调查者则可得到许多生动、具体、丰富的市场信息。但开放式回答需要被调查者具有较高的文字表达能力；花费比较长的时间和精力；由于没有进行调查前分类，调查者在对资料进行整理、分析时就比较困难。

封闭式问题，是调查者在提出问题的同时，还将问题的一切可能答案或几种主要可能答案全部列出，由被调查者从中选出一个或多个答案作为自己的回答，而不作答案以外的回答。对封闭式问题，被调查者填写问卷很方便，节省时间；由于答案的标准化程度高，很有利于被调查者对资料进行整理和综合分析。但封闭式问题在设计中对调查者有较高的技术要求；在调查中也无法得到更多的答案以外的丰富资料。

开放式问题和封闭式问题各有特点，适用于不同市场现象的调查。在一份市场调查问卷中，完全都用开放式问题或完全都用封闭式问题，往往不能满足研究市场问题的需要。所以，在设计问卷时，常常采用以一种形式的问题为主另一种形式的问题为辅，两种形式的问题结合应用于一份问卷，以便充分发挥不同形式问题的优点。

问卷中的问题，按其内容不同可以分为两类：一类是事实、行为方面的问题；另一类是观念、态度、愿望方面的问题。事实和行为方面的问题，通常可以用来了解市场现象的各种实际表现；观念、态度、愿望等方面的问题则常常用来了解消费者的消费心理、消费观念及对市场某方面的态度、愿望等。问卷调查法可以了解的市场现象是十分广泛的。

4. 结束语

结束语放在问卷的最后。一方面向被调查者表示诚恳的感谢；另一方面还应向被调查者征询对市场调查问卷设计的内容，对问卷调查的意见和想法。征询意见一般也可用具体的问题表示出来。例如：

（1）您对这份问卷的内容有何看法？

　　①很有意义　②可能会起些作用　③意义不大
　　④不必要　　⑤没过多考虑
（2）您填写这份问卷总计约花了多长时间？
　　①半小时以下
　　②半小时～1 小时
　　③1 小时以上
（3）您今后是否还愿意接受问卷调查？
　　①愿意
　　②可以勉强配合
　　③不愿意
（4）您对问卷有什么意见或建议？如果您愿意请写在下面：

_____

_____

　　了解市场调查问卷的结构，不论是对调查者自行设计问卷，还是应用已设计好的问卷，都是必需的。

第二节　设计调查问卷的步骤

　　设计精密的问卷是市场问卷调查法得以实施的关键，问卷设计的质量、可行性等都对问卷调查结果起着决定性作用。设计一份市场调查问卷不是一件轻而易举的事，它需要调查者按一定步骤做许多细致而具体的工作。

一、设计问卷前的探索性分析研究

　　设计问卷的探索性分析研究，就是了解设计问卷的基础条件、环境，并对这些条件、环境进行分析研究，目的是使问卷设计具备客观可行性。探索性工作常常采用的是到被调查对象中去，了解和熟悉情况，取得感性认识，为设计问卷打好基础。通过探索性分析研究，要具体解决好如下问题：

1. 要明确问卷设计的起点

问卷设计的起点包括：以往有没有问卷调查的实践、问卷回收率可能水平如何、被调查对象的整体状况如何。

明确问卷设计的起点，主要是指对被调查者的回答能力要心中有底。问卷是调查者搜集市场资料的工具，设计问卷当然要根据研究市场问题的需要来进行；但是如果只考虑到需要，而不考虑被调查者的回答能力，即使问卷设计出来了，也难以达到目的。因此，必须要明确不同地区、不同年龄、不同职业等被调查者不同的回答问题能力。被调查者的回答能力主要是由他们的文化程度、社会经验及其居住地区等决定的。在设计问卷时，必须要做具体分析，切不可不顾客观条件，设计出过长、回答难度过高的问卷，使问卷失去可行性、降低回收率。在设计问卷时，一定要把需要性和可能性结合考虑，特别要将为被调查者回答问题提供方便条件放在重要位置上。

2. 要清楚问卷调查的各种不利因素

清楚问卷调查的不利因素，主要是明确被调查者主观上和客观条件，有哪些不利于问卷调查的因素，在设计问卷时避免受其干扰，有效地提高问卷质量，取得更好的调查效果。问卷调查的不利因素主要来自两个方面。

被调查者主观因素的影响，是问卷调查不利因素的一个方面。被调查者思想上和心理上对问卷的不良反应，如对问卷调查不理解，采取不予配合的态度；对调查有顾虑，怕把自己的意见填写下来对自身利益产生损害；采取不认真的态度，凑合填完了事；问卷的填写中遇到困难就轻易放弃等。这些都是被调查者经常出现的问题，对调查质量和问卷的回收率会产生极为不利的影响。为此，调查者在设计问卷时必须考虑到这些不利因素，在问题的选择、问题形式和答案设计、问题的排列顺序、问卷的基本结构等具体工作中，尽可能避免被调查者主观不利因素的影响。

客观条件的限制是进行问卷调查不利因素的另一方面。对被调查者的阅读和文字表达能力，在问卷调查中比在其他调查中要求得更高，在设计问卷时必须要考虑到这一点。此外，被调查者所处的社会环境、所具有的社会经验，以及所从事的职业等客观条件，也会对问卷调查产生一定影响或限制。设计问卷时必须要十分注意这些客观条件，不要使之转化为不利因素，对调查产生不良影响。

二、设计市场调查问卷初稿

在做过探索性分析研究之后，就可以根据研究市场问题的需要和被调查者回答问题的可能性，投入问卷的设计工作。问卷的设计必须先设计初稿，经过试用和修改才能定稿。

设计问卷初稿一般需要做两方面的具体工作，一是将所有的问题和答案设计出来；二是从整体上将所有的问题按一定顺序排列成问卷初稿。

1. 设计问题和答案

设计问卷中的问题和答案有两种方法，即卡片法和框图法。

卡片法是将每一个问题和答案分别写在一张卡片上，有多少个问题与答案就写多少张卡片。然后，根据卡片上问题的内容不同，将卡片分成若干类；再按一定顺序把各类卡片排列起来。经过反复检查、推敲和调整，最后按卡片排列顺序将问题和答案重新抄录，就形成了问卷初稿。用卡片法设计调查问卷的好处在于，每一个问题与答案独立成卡，便于对问题的分类、排序，在进行分类、排序的调整时非常方便自如。这种方法体现的是一种由部分到整体的考虑问题思路。

框图法是根据研究市场问题的需要，根据对市场现象的探索性分析研究，在一张纸上先画出问卷整体和整体各组成部分的框图；再具体设计出各部分中的问题与答案，并按顺序排列好；最后经过必要的调整形成问卷的初稿。框图法设计问卷初稿的好处是，在一张框图上可以一目了然地看出问卷的整体结构，有利于合理安排问卷的各部分和各部分中的具体问题与答案。这是一种由整体到局部的思考问题方法。

设计问卷初稿的卡片法和框图法各有优点，在实践中经常采用两种方法结合的方式。即对问卷的整体和组成部分用框图法设计；对各部分中的具体问题与答案采取卡片法设计。卡片法和框图法既可以独立使用，也可结合使用，以便使问卷初稿设计更合理。计算机也可以辅助设计问卷初稿，比较方便地对问卷进行调整，即是卡片法和框图法的结合使用。

2. 排列问题的顺序

不论是用卡片法还是用框图法，设计市场调查问卷初稿中，都存在一个合理排列问题与答案顺序的问题。问题与答案的合理顺序，在问卷调查中是不可忽视的。同样是若干个问题，顺序合理就能收到良好的调查效果；而顺序不合理往往影响调查质量和问卷的回收率。所谓问题与答案合理的顺序，一方面要便于被调查者顺利地回答问题；另一方面要便于调查者在调查后对资料进行整理和分析。一般应考虑如下几点：

（1）按问题的性质和类别排列。把同一性质和同类别的问题排列在一起，这样被调查者可以按一定思路连贯回答问题。而如果不顾这一点打乱类别排列，就容易使被调查者的思路发生中断或跳跃，不利于顺利回答问题。一般是先排列事实、行为方面的问题，后排列观念、态度意见方面的问题。

（2）按问题的难易程度排列。一般把比较容易回答的问题放前，把比较难的问题放后。把被调查者熟悉的问题放在前面，比较生疏的问题放在后面；把比较好答的封闭式问题放前，把比较难答的开放式问题放后；把被调查者比较感兴趣的问题放前，把比较严肃的问题放后等。

（3）按问题的时间顺序排列。按时间顺序排列，可以采取由过去到现在，也可以用由现在到过去的顺序排列，使被调查者可以按由前到后或由后到前的时间顺序，连贯地回答问题。

（4）按被调查者的心理承受能力排列问题。在市场调查中，往往无法完全排除对一些敏感性问题的调查。当问卷调查中必须提问这类问题时，考虑到被调查者的心理承受能力，应该把这些问题放得靠后一些。

三、对问卷初稿进行试用和修改

在现代市场调查中，由于市场现象的复杂性和对调查结果的高要求，一般难以做到问卷设计的一次成功，经常要通过反复修改。修改问卷初稿是在最终将问卷用于市场调查之前，在对问卷进行试用的过程中发现问题，并及时进行修整、改换等。这是问卷设计中不可缺少的步骤。

1. 小样本试用初稿

试用市场调查问卷初稿通常采用两种方法。其中一种方法是进行小样本的调查，对问卷初稿进行客观检验。这种做法实际上就是搞一次小型的问卷调查，但目的并不是为了取得市场资料，而是为了对问卷初稿从各方面进行检验。一般是将问卷初稿复印 10~30 份，在市场调查对象中随机或非随机地抽取一个数量相当的小样本，对他们用问卷初稿进行调查；并对调查过程和结果进行分析研究，发现问卷初稿的问题和不足；对问卷初稿进行修改。对试用问卷初稿结果进行分析研究，首先要看问卷的回收率。如果问卷的回收率过低，说明问卷初稿存在问题比较多，需要进行较大的修改。其次，要分析问卷初稿调查结果的有效回收率，它能更明确地检查出问卷初稿存在的问题。如填答不完整，只答了问题的一半或只答一些比较容易回答的问题，说明问卷可能过长或问题难度过高；若对某问题普遍存在所答非所问，说明问题不明确，或指导语不清楚等。在问卷调查中，虽然对问卷初稿进行试用，要花费相当的时间或费用，但却是一种比较稳妥的办法。因为它使问卷初稿直接面对被调查者，是一种很客观的检验方法。

2. 专家评定初稿

使用初稿的另一种方法是主观评定法。它是将问卷初稿复制 10 份左右，分别送给对问卷调查有研究的专家，对问卷调查法非常熟悉的有经验的调查员，从调查对象中选择出有代表性的被调查者；由他们对问卷初稿进行阅读、分析和评定；根据他们的评定对问卷初稿进行修改。这种方法虽然没有把问卷初稿投入试调查，但它综合了各方面的意见，在评定中还可以开展讨论，做到集思广益，所以也是一种行之有效的办法。实践还表明，试调查的客观评定和主观评定如能结合应用，对问卷初稿进行双重试用，将会更稳妥更可靠。总之，问卷的初稿只有经过试用和修改，才能形成问卷定稿，投入正式调查使用。

第三节 问卷中问题与答案的设计

问题与答案是问卷的主体部分，对问卷中问题与答案的设计也是问卷设计的关键内容。问题与答案的设计有必须遵守的原则和观点，也有具体的方法技术和技巧。

一、问卷中问题的设计

问卷调查是以书面方式向被调查者提问，被调查者根据各种提问做出回答，提供市场现象的有关资料。问卷中问题的形式、问题的表达、问题的数量和排列顺序等，都直接影响着问卷的质量，决定问卷的回收率。

1. 问题的选择

进行市场调查，用问卷搜集资料，有各种各样的问题可以提问。在问卷中提问什么，不提问什么，必须要经过认真的思考和选择。问题的选择一般必须考虑几点：（1）必须选择与某种市场调查目的最必要的问题。结合市场调查目的选择问题，是从需要出发考虑问题。如果问题设计得过于简单，就无法满足市场调查研究的需要；但问题设计得过繁琐，就会造成人、财、物力和时间的浪费，还会直接影响问卷的回收率和有效率。（2）问题的选择必须符合市场现象在一定时间、地点、条件下的客观实际表现。如对居民耐用消费品拥有量的调查，20 世纪 60 年代和 70年代初，是以自行车、手表、缝纫机为代表商品；70 年代末到80 年代以电视机、冰箱、洗衣机为代表商品；80 年代末到 90 年代初则发展为彩色电视机、电冰箱、录像机等；90 年代末向住房、空调、家庭汽车等商品发展。进入 21 世纪，消费者有更高层次的商品需求。这样，同样是市场调查，随着时间、地点、条件的变化，所选择的问题不尽相同。问卷中的问题不论是落后于市场现象的表现，还是超越市场现象的表现，都是不符合客观实际的，也就不会取得理想的调查效果。（3）问题的选择还必须符合被调查者回答问题的能力和愿望。这点所强调的是根据被调查者回答问题的可能性来选择问题。市场调查者不能将被调查者根本不可能知道的问题，被调查者不愿回答的问题，难度大大超出被调查者理解和回答能力的问题等，选入问卷之中。总之，问题的选择是一个关系到问卷的质量，关系到市场调查需要性和可能性有机地结合的重要问题，必须在设计问卷中处理好。

2. 设计问题的形式

市场调查问卷中的问题有两种基本形式，即开放式问题和封闭式问题。

（1）开放式问题

开放式问题在提出问题时不提供任何答案，由被调查者根据实际情况自由填写。市场调查问卷中若采用开放式问题，就在所提出的问题后留下一块空白，由被调查者根据实际情况，将对问题的回答填写在空白处。所留空白大小必须合适，空白留得太大会增加问卷的篇幅；空白太小则限制了被调查者提供更多的信息量。

在市场调查中，一份调查问卷通盘采用开放式问题形式是很少见的，一般是在调查问卷的最后，提出几个开放式问题。就市场现象来看，大多数问题是既可用开放式形式，也可用封闭式形式，也有一些问题只适合用开放式一种形式。对那些用两种形式设计都可以的问题，采用开放式还是封闭式，主要取决于研究市场问题的需要。如仅仅想了解一些基本问题，就采取封闭式；如

果想了解到更具体、更丰富的信息，则应采用开放式。如对同一个问题采取不同形式设计。例如

您对住房商品化有何看法？

_____

_____

_____

您对住房商品化有何看法？
①财力上承受困难　②很赞同　　③基本赞同
④不赞同　　　　　⑤其他

显然，封闭式形式只能得到几种基本回答，开放式形式则可能得到更多的信息。

市场现象中有些问题只适于用开放式提问。这类问题的特点在于，调查者事先无法将其所有可能的回答一一列出，甚至难以列出其主要的可能回答。只有通过被调查者对开放式问题回答后，才能归纳整理出问题的主要答案。

（2）封闭式问题

封闭式问题在提出问题的同时，还必须将答案设计出来。封闭式问题是现代问卷调查中采用的主要问题形式，许多市场现象的问题都可采用封闭式。封闭式问题的具体形式有以下几种：

（1）填空式。在问题的后面画一短横线，并在短线后写明计量单位，由被调查者将问题答案写在短线上。例如：

①您的年龄有多大？ _____岁

②您的月工资收入是多少？ _____元

③您家庭中有几口人？ _____口　其中几人有工作？
_____人

④您家的电冰箱已经用了几年？ _____年

填空式问题，多用于很容易填写，只用几个字或一个数字就能回答的问题。这种方式虽然不是由调查者给出全部答案，但它

规定了答案的一部分，所以也把它看做是封闭式问题。它同样具有填答方便，易于资料整理分析的优点。

（2）两项选择式。这种问题只有两个答案，如是或不是、有或没有、同意或不同意等，被调查者从中选择一项作为自己的回答。例如：

①您的性别？　　　　　　　　　　　男□　女□

②您家有 VCD 放映机吗？　　　　　有□　无□

③您有子女吗？　　　　　　　　　　有□　无□

两项选择式答案简单明确，对被调查者来说回答比较容易。但它仅适用于只有两种答案的问题。如果问题有多种答案，却硬要用两项选择式设计，就会发生遗漏信息的现象，这是不符合封闭式问题答案设计原则的。

（3）多项选择式。它是列出问题的两种以上答案，由被调查者根据自己的实际情况。选择一个或一个以上的答案。在多项选择式中又有不同的具体情形。

〈1〉您的文化程度是（请在适合您的答案号上画✓）

①大学本科及以上　　②大学专科

③高中或中专　　　　④初中　　⑤小学及以下

这是一个只选择一项答案的问题，因为人的文化程度应以现有最高文化程度为标准来选择一个答案。这种问题称为多项单选式。

〈2〉您喜欢购买什么书？（请在适合您的□画✓）

①政治理论类□　　④经济类　　　□

②文学艺术类□　　⑤生活常识类　□

③科学技术类□　　⑥其他　　　　□

这是一个可以选择一个或一个以上答案的问题，因为被调查者可能喜欢一类或一类以上书籍。这种问题称为多项多选式。

〈3〉您认为您经常购物的市场中存在哪些问题？（请您在所

选择的答案后括号内画×）

商品价格不合理	（ ）	服务态度差	（ ）
商品质量不高	（ ）	食品卫生差	（ ）
商品种类不全	（ ）	营业时间短	（ ）
购物环境差	（ ）	其他	（ ）

这是一个可选一项或一项以上答案的问题，但在选择上不分先后主次。

〈4〉您认为商品质量差的后果是什么？（请按后果的严重程度，将答案号自左向右填在问题与答案后给出的空白方格中，至少选3项）

①造成商品积压　　⑤失去民众信任
②影响消费者健康　⑥破坏社会风气
③造成企业损失　　⑦影响经济顺利发展
④造成消费者损失　⑧其他

这是一个多项选择问题，不但要求被调查者选择三个或三个以上答案，而且要把答案按某种要求排列起来。这种问题被称之为多项顺序填答。类似的还有：

〈5〉您认为提高农产品产量需要做好什么工作？（请按工作的重要程度高低将答案由小到大编号，将编号写在答案前的空白方格里）

□增加农业资金投入　　□加强农业信息交流
□稳定农业政策　　　　□推广农业科学技术
□搞好农业物资供应　　□提高农业劳动生产率
□组织好农产品收购　　□其他

还有的多项选择式在给出问题答案时，是按不同等级排列的，要求被调查者选择一项适合自己的作为回答。这种问题多用来调查态度、愿望等，称之为等级填答。

〈6〉您生活在本区，对这里的市场供应是否满意？（请您在适合自己的答案空白横线上画○）

①_____很满意　　　④_____不太满意

②_____比较满意　　⑤_____很不满意

③_____无所谓　　　⑥_____不了解

类似这样的问题还有同意不同意，喜欢不喜欢，可以不可以，赞成不赞成，好不好等。它是将两个反义词按不同等级排列，一般采用五级。调查者可以按不同等级打分，用综合分数评定市场现象。

（4）矩阵式。它是将同类的若干个问题及答案排列成矩阵，以一个问题的形式表达出来。这样可以大大节省问卷的篇幅；将同类问题放在一起又特别有利于被调查者阅读和填答。例如：

〈1〉您家庭中耐用消费品购买和拥有情况如何？（请在适合您的□内画✓）

	已有	年内将购买	年内将更新	年内不买
①彩色电视	□	□	□	□
②电冰箱	□	□	□	□
③录像机	□	□	□	□
④洗衣机	□	□	□	□
⑤空调器	□	□	□	□

〈2〉您对所居住地区市场供应感觉怎样？（请在各行列适合您的□内画○）

	很满意	比较满意	不太满意	很不满意
①商品价格	□	□	□	□
②商品品种	□	□	□	□
③商品质量	□	□	□	□
④售后服务	□	□	□	□

（5）表格式。它是矩阵式的一种变形，与矩阵式有相一致

的特点。能用矩阵式表达的问题一般也可用表格式表达。对有些被调查者来说，表格式更易于接受。例如：

〈1〉您所居住地区购物情况怎样？（请在各行列适合您的格中画√）

	很方便	比较方便	不太方便	很不方便
购 主 食				
购 副 食				
购日用品				
购 服 装				
饮食服务				
购 蔬 菜				
其 他				

〈2〉您感觉下列现象在市场中表现怎样？（请在各行列适合您的格中画○）

	很严重	比较严重	不太严重	不严重	基本没有
质价不符					
缺斤少两					
物价混乱					
其 他					

总之，问题形式主要有开放式和封闭式两类，封闭式问题又有多种表达方法，它们各有特点，各有适应的市场现象，在设计问卷中应根据实际情况灵活应用。

3. 问题的表述

问卷设计中，不论开放式问题还是封闭式问题，都要用文字表述出来。问题的表述与问题的选择和问题形式的设计一样，也对问卷的质量、问卷的回收率及其调查的结果有重要影响。问卷中问题的表述应遵守以下规则。

（1）每个问题的内容要单一，避免多重含义。这点强调的是不能在一个问题中同时问两件事。例如，"您认为市场供应和物价情况怎样？""您所居住的地区饮食、文化服务方面条件怎样？""您近年的食品消费和衣着消费水平具体有多大提高？"这几个问题都未做到问题内容的单一。"市场供应和物价"、"饮食和服务"、"食品消费和衣着消费"是具有双重含义的。可能市场供应和物价的情况并不一样；可能饮食和文化服务的发展并不均衡；可能食品消费和衣着消费水平并不能同时提高。对这种双重含义的问题，被调查者不知从哪方面回答好。

（2）问题的表达要具体，避免抽象，笼统。问题太抽象、笼统，也会使被调查者无从答起。在封闭式问题中，这项规则比较容易实现，因为调查者必须提供若干个答案供选择，如果问题抽象、笼统，自己就无法设计答案，调查者设计答案过程，就等于是对问题表述是否具体的一种检验。但在开放式问题中，往往不容易做到此规定。如"您认为当前农村的情况怎样？"这种问题就过于笼统，它是指农村的农业生产情况，还是指农村的人口情况，农业劳动力情况，农村居民的生活情况，使被调查者搞不清楚，也就无法具体回答问题。

（3）问题的表述语言要简短、通俗、准确。提问的问句一般不宜太长，要力求简短。因为过长的问句在调查者设计和被调查者理解时，都比较容易发生错误，会直接影响调查效果。提问时还应采用通俗易懂的语言，不要采用研究者才用的专业术语，那样会增加被调查者的填答难度，或使被调查者根本无法正确理解问题。如"您家的生活消费结构是怎样的？""您承包一亩菜地每年的投入是多少？""您家的人口负担系数是多少？"等等，都使用了专业术语，大多数被调查者可能难以理解。问题的表达还必须做到准确，不能用模棱两可和含混不清的词。如"还可以"、"也许"、"可能"、"大概"、"常常"、"有时"等词就不宜用于表述问题，它们都不能准确地表达市场现象。

（4）表述问题要客观，不能带倾向性或诱导性。这是指问题的表述不能使被调查者感到，调查者希望或不希望自己填答什么内容或选择某项答案，而应由被调查者根据客观实际情况填答。例如，"我国的计划生育政策是一对夫妇只生一个孩子，您认为一对夫妇有几个孩子最好？""信贷消费是一种新的消费观念，您是否准备贷款？""各国医学界已确认吸烟对人体危害很大，您准备戒烟吗？"等。都带有明显的倾向和诱导，显然是期待被调查者回答"只要一个孩子最好"、"愿意贷款"、"准备戒烟"等。

（5）对于敏感性问题，不要直接提问。在市场调查中，难免要提问敏感性问题。用问卷法提问敏感性问题比用访问法的可行性要强一些。但在问卷中仍然不要直接提问敏感性问题，要想方设法降低敏感程度和被调查者所感觉到的威胁程度。可采用的方法有假定法，转移法等。例如，"对一些人的高消费现象，有各种不同看法，您同意哪种？①是不符合中国传统文化的　②无所谓　③在现代社会是不可避免的　④要具体情况具体分析。"这里采用了提问中的转移法。又如，"假定对人口生育不加限制，您认为多子女和独生子女哪种情况更有利于培养子女？"这个问题采用了假定法。这样会更比直接提问有利于被调查者回答。

4. 相关联问题的设计

问卷中的各问题之间是相互联系的，不是孤立存在的。而我们这里所说的相关联问题，是特指那种对某个问题是否需要回答或如何回答，取决于被调查者对该问题之前那个问题的回答结果。即是说问题之间不但具有其他问题也具有的联系，而且还带有问题之间特有的逻辑性、连贯性。例如，"您买电冰箱了吗？""您买的是什么牌的？"显然，对后一个问题是否回答，取决于对前一个问题回答的结果，如果回答已买冰箱，才需要回答后一个问题。这样的问题称为相关联问题。对相关联问题可以采用不同方式设计。

（1）用文字说明。例如：

A. 您当过工人吗？

①当过　　　　　□

②没当过　　　□（若没当过，直接答 D 题）

B. 您当过几年工人？_____年

C. 您当工人干的是什么工种？_____工

D. 您现在的月工资收入是多少？_____元

在 A 题第二个答案后，用文字说明了应空过的题。

（2）用框图表示。用框图法不但能将两个相关联的问题之间关系表示出来，还可以将两个以上相关联的问题表示得更清楚。例如：

A. 您是否购买了洗衣机？

①是→
```
┌─────────────────────────────────┐
│ B. 您是哪年购买的？_____年    │
│ C. 您买的是什么牌的？_____    │
│ D. 您是否准备更换它？_____    │
│                                 │
└─────────────────────────────────┘
```

②否（跳过 B—D 问题，直接从第 E 题接着答）

这种方式还能表示问题间的多重关联。例如：

E. 您有孩子吗？

有—— F. 您有几个孩子？

无　　①一个—→ G. 你领取独生子女证了吗？

　　　　　　　　①已领②准备领③不领

　　②两个　　　H. 孩子的年龄？

　　　　　　　　　　　　I. 孩子主要由谁带？

　　　　　　　　　　　　　①家中老人

　　　　　　　①2 岁以下—→　②父母

　　③两个　　　　　　　　　③其他

　　　以上

　　　　　　　②2~6 岁 ——→ J. 孩子是否已入托入

　　　　　　　　　　　　　　园？

　　　　　　　　　　　　　　①是　②否

　　　　　　　③6 岁以上

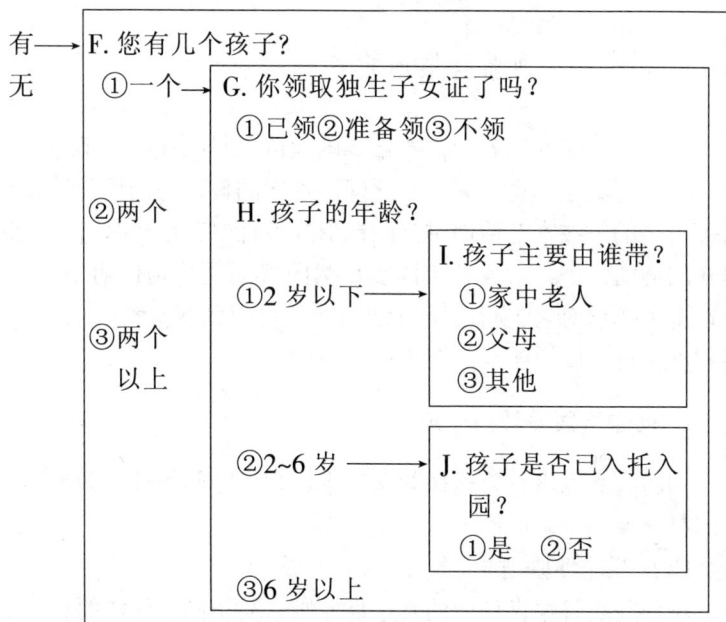

（3）用连线表示。用连线表示问题的关联，看上去比较简洁明了。例如：

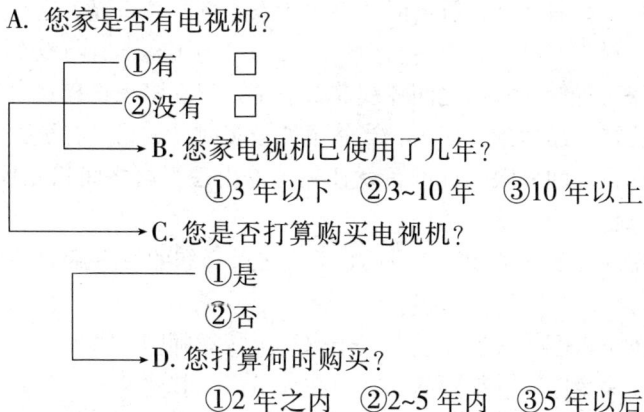

A. 您家是否有电视机？

　　①有　　□
　　②没有　□

　　　　B. 您家电视机已使用了几年？

　　　　　　①3 年以下　②3~10 年　③10 年以上

　　C. 您是否打算购买电视机？

　　①是
　　②否

　　　　D. 您打算何时购买？

　　　　　　①2 年之内　②2~5 年内　③5 年以后

二、问卷中问题答案的设计

封闭式问题在问卷中占有重要的地位。封闭式问题不但要提出问题，还必须提供答案，因此问题答案的设计与问题的设计是同等重要的。在本节前面讲到问题形式设计时，已经举过不少封闭式问题的例子，对各种不同类型封闭式问题分别说明了特点。在这里主要想对它进行一下总结归纳，将问题答案设计的原则，问题答案选择的说明等问题进一步说明。

1. 问题答案设计的原则

问题答案的设计要遵循两条基本原则，才能保证问题答案设计的科学性。

（1）互斥性原则。

所谓问题答案设计中的互斥性原则，是指同一问题的若干个答案之间关系是相互排斥的，不能有重叠、交叉、包含等逻辑错误情况。这样才能保证每个答案都有与其他答案不同的特定含义，被调查者在选择答案时才不至于发生混乱和重复。这一点在两项选择式问题中比较容易做到，因为是与不是，有与没有，赞同与反对等等，它们之间界线非常清楚。但在多项选择式中这个原则往往不易做到，因为，当答案比较多时，如果没有统一的划分各答案之间界限的标准，就往往容易出现答案之间相互重叠、交叉或包含等错误。例如：

您现在从事的职业是什么？（请在适合您的答案后面□中画√）

①工人□　②农民□　③干部□　④教师□
⑤医生□　⑥律师□　⑦科技人员□　⑧建筑工人□
⑨农业技术员□　⑩中学教师□　⑪作家□　⑫其他

这个问题的答案中，工人与建筑工人，教师与中学教师，科技人员与农业技术员都不符合互斥性原则。如果一位中学教师是被调查对象，那么既可选④又可选⑩，这样就会出现一个人被计算两次的错误。这组答案设计的主要错误是职业的划分标准选择得不好，有的以大类划分，有的又以具体种类划分，因而造成了混乱。

我们在理解互斥性原则时，不能错误地认为它是指被调查者只能从多个答案中选出一个答案。事实上，多项选择式有要求选一个答案的问题，也有不少可以选一个以上答案或明确要求被调查者选若干个答案的问题，但它们并不违背答案设计的互斥性原则。例如：

您所居住的生活小区内生活上有什么不方便？（请在合适您的答案后□内画√，选几项不限）

①买粮□　　②买副食□　　③买日用品□　④交通□

⑤买蔬菜□　⑥看戏看电影□　⑦儿童入托□　⑧其他□

显然，居民可以根据实际情况，对这个问题选 0~8 个答案，而这个问题的各答案之间又决不存在重叠、交叉、包含等逻辑关系。

（2）完备性原则。

所谓问题答案设计中的完备性原则，是指所排列出的答案应包括问题的全部表现，不能有遗漏。因为被调查者的实际情况会是所有可能答案中的一项或多项。这一点在两项选择式中也是比较容易做到的，因为现象只有两种表现，一般不会遗漏。在多项选择式中，做到答案设计的完备性并不容易。完备性原则要求将问题的所有可能答案都排列出来，而许多问题很难做到这一点。如，"您喜欢什么牌衬衣？""您喜欢读什么书？""您常用哪种牙膏？"由于衬衣牌、书的种类、牙膏种类都比较多，如果都排列穷尽是不可能的，也是问卷篇幅不允许的。对此，设计答案时经常采用的办法，就是将问题的主要答案排列出，供大多数被调查者选择。并在最后把"其他"也作为一种答案，由"其他"来包括主要答案中没有列出的情况。需要注意的是，"其他"所包括的不应是普遍性的情况，也就是说，问卷填答时，选择这一项的只是极少数被调查者，而不应有比较多的人选择这一项。例如：

您在辅导孩子学习中感到有什么困难？（请在合适您的问题答案后的□内画√）

①自己的文化程度太低　　　　　　　□
②无法与学校教学相配合　　　　　　□
③没有适合的补充辅导材料　　　　　□
④孩子不愿再学习作业以外内容　　　□
⑤没有时间　　　　　　　　　　　　□
⑥学校老师留作业太多　　　　　　　□

如果这组答案就这样设计，看上去好像把主要情况都列出了，但事实上并未将情况列举穷尽，肯定还会有六种情况以外的表现，如果再加上"⑦其他□"，就符合完备性的要求了。

问题答案设计的互斥性和完备性原则，不是孤立存在的，而是相互联系缺一不可的，是一组充分必要条件。互斥性保证了答案之间的不重复，完备性保证了答案的不遗漏，只有同时遵守了这两项原则，答案的设计才有科学的保证。

2. 问题答案形式设计及填答说明设计

在前面已经介绍了封闭式问题的几种形式，有填空式，两项选择式，多项选择式，矩阵式，表格式，在多项选择式中还介绍了顺序填答、等级填答等。相对各种封闭式问题，都要设计出相应形式的答案，同时要设计填答说明。

答案的形式有以下几种设计方法：

（1）将两个或两个以上的答案编上序号，置于问题之后，由被调查者选择，在所选的答案号上做标记。这种答案形式对两项选择或多项选择式都适用。

（2）将两个或两个以上的答案编好序号，并在每个答案后给出＿＿、□、（　），置于问题之后，由被调查者选择，并在选中答案后的＿＿、□、（　）上做标记。这种形式对两项选择式多项选择式以及矩阵式都适用，用在矩阵式中不必编答案序号。

（3）对两个以上的答案不编序号，只在每个答案后或前给出＿＿、□、○、（　），由被调查者按某种标准对答案编号，并写在＿＿、□、○、（　）上。这种形式用于多项选择式的顺序填答法，是由被调查者按答案的重要程度等编顺序号。

（4）将多个答案不编序号，放在表格的最上行中，与问题相交叉对应，被调查者在表格每行的空格中做标记。这种形式用于表格式问题。

在设计问题和答案的同时，还必须设计填答说明。填答说明一般放在问卷封面信后，那是对问卷整体的填答说明。对具体问题的填答说明则放在问题后，用括号括起来。封闭式问题具体的填答说明必须明确两点：

第一，规定被调查者用什么标记来标明自己选中的答案。一般在答案号上做标记，可以用✓、×；在＿＿、□上做标记可以用✓、＋、○；在○、（　）上做标记可以用✓、×；在表格中做标记可采用✓、×、○等。

第二，规定被调查者选择适合的答案或须选答案个数。规定被调查者选择适合的答案，而不是随便选，这一点调查者必须向被调查者说明，一般可以放在问卷封面信的总说明中，也可放在封闭式问题后，用括号括起来。规定被调查者选择答案的个数，也是答案设计中不可少的。两项选择式一般要求被调查者只选一个答案。多项选择式有时要求被调查者选择一个答案,如要求被调查者在对一个问题的五种可能态度的答案中选一个答案,因为每个人对一件事只能有一种态度;多项选择式也有很多时候是要求被调查者选多项答案,对于这种情况,调查者可以规定具体个数,如在多个答案中选出 3 个您认为最重要的答案,也可以不规定具体个数,由被调查者根据实际情况有几种就选几个。顺序填答式不是具体规定选几个答案,而是规定被调查者将答案顺序填号。对须选答案个数的说明,也可分别情况放在总填答说明中或放在问题后用括号括起来。

设计问题答案填答说明要特别注意简明,用一两句话就说明白,切不可拖泥带水,占用问卷过多的篇幅,干扰了被调查者对问题及答案的阅读、思考。

3. 对数量问题答案的设计

市场调查中不但要了解调查单位的品质标志,也要了解其数量标志。这是现代市场调查的重要标志之一。对数量问题采取填空形式固然是可以的,例如:

您的月工资收入有_____元?但这并不是惟一的形式。在研究某些市场问题时,研究者往往采取对问题前分类的办法,以便使研究工作更方便,这一点在有结构观察、标准化访问以及问卷中表现尤为突出。这就要求调查者将数量问题的定量标准具体设计成答案,供被调查者选择。在设计数量问题的答案时,也必须遵循完备性和互斥性原则,各答案之间不重复,也不能发生遗漏。例如:

您家有几口人?(请您选一个适合的答案并在其后的横线上画〇)

(1) 1 口　　_____

(2) 2~3 口　_____

（3）4～5 口　_____

（4）5 口以上 _____

这个问题给出的 4 个答案不重复，也不遗漏。这是因为类似人口数、企业数、职工数等，都是用整数表示的，这类变量称为离散型变量，因此在给出答案时各组并不需有重复的数字出现，同时又不会影响答案的完备性。但还有很多数量，如人的年龄、收入、企业的产值等，在每个整数之间还可分出小数来，这类变量称为连续型变量，如人的年龄在 19 与 20 之间，还会有 19 岁半，19 岁 8 个月等，对这样的数量问题在设计答案时不能有间断，也就是说答案中肯定会有组限的重复。为了既遵守完备性原则，又不违背互斥性原则，对这种答案的选择就必须进行必要的说明。例如：

您的月工资收入是多少？（请选一项适合的答案，并在其后的□内画✓。注意若您的月工资恰为 1 500 元，请您选答案（3）而不选（2），恰为 2 500、3 500 元等依次类推）

（1）500 元以下　　　　　□

（2）500～1 500 元　　　□

（3）1 500～2 500 元　　□

（4）2 500～3 500 元　　□

（5）3 500～4 500 元　　□

（6）4 500 元及以上　　　□

这里之所以在不同答案中重复出现 500 元、1 500 元、2 500 元、3 500 元等数字，就是避免遗漏。若将这些数改为 501 元、1 501 元、2 501 元等，势必使月收入为 500.2 元、1 500.8 元、2 500.9 元等的被调查者无答案可选，这是违背完备性原则的。但如果对问题答案不做特殊说明，又不符合互斥性。

对数量问题答案设计，还必须要以事物在一定时间、地点、条件下的客观情况为根据，答案所划分的数量界限应符合实际。

例如，上面的问题根据工资收入水平的高低划分为 6 组，产生 6 个答案，如果用这种数量界限用于 20 世纪 80 年代的市场调查，显然数量标准过高。如果把它用于农村也不适合。在全国各地都用同一个数量标准也不一定适用。所以调查者必须要根据客观情况来决定数量界限及其标准。

对数量问题答案设计中，确定数量标准和各答案的数量界限，还必须根据研究问题的需要。如研究人口的再生产问题，就与研究人口中适龄劳动人口问题，所采用的对人口年龄分类的方法不相同。前者一般将人口按 10 年为一组分类，即 0~10 岁，10~20 岁、20~30 岁、30~40 岁……；后者则按 0~16 岁，16~64 岁、65 岁及以上的标准分组。

第四节　问卷调查法的应用

问卷调查的应用在市场调查中非常广泛。它在应用中的程序是什么？它的应用范围如何？这种方法有什么优缺点？这是本节重点说明的问题。

一、问卷调查法的应用程序

问卷调查的应用程序一般分为：设计调查问卷、选择和确定调查对象、发放调查问卷、回收和审查市场调查问卷。这些是问卷调查在搜集资料时必须做的工作，之后再转入对问卷调查所搜集资料的整理、分析研究。

1. 设计调查问卷

要应用问卷调查法进行市场调查，首先就应该设计调查问卷，问卷是进行调查的工具。对于设计问卷的程序我们已在前面做过详细阐述。它要在对研究对象进行探索性分析研究的基础上来进行；并且要先设计出问卷的初稿，在对问卷初稿进行过试用和反复修改后，才能形成调查问卷，正式投入调查使用。需要进一步强调的是，同样是作为调查中搜集资料的工具，调查问卷比调查提纲、调查卡片和表格等要复杂得多。调查问卷设计的复杂性是问卷调查本身特点所决定的。调查问卷必须做到问卷整体的严谨性，即问卷结构的各组成部分都不能少，而且要按规律排放位置，尤其是问卷的主体部分，问题的排列顺序要科学，因为在搜集资料的过程中，问卷整体的科学严谨，非常有利于被调查者顺利完成填答。调查问卷还必须做到清楚明确，即问卷各部分的表述要清楚明确，特别是问卷的主体部分问题与答案，表述时要清楚明确，这一点也在前面做过阐述。这是因为被调查在填答问卷的过程中，完全是通过阅读问卷来理解问题的，调查者无法对这个过程加以引导或追询，如果发生问卷表述得不清楚不明确，被调查者就无法正确理解，填答就会出现错误或只好放弃。

总之，设计调查问卷是一项细之又细的工作，既要遵循必要的原则，又要掌握其方法技能，还要会应用一些必要的技巧。

2. 选择和确定调查对象

调查对象的选择和确定，在问卷调查中也具有与其他调查方法不同的特点。问卷调查中对调查对象进行选择，当然也必须与其他方法一样，根据研究问题的需要和调查对象的特点来选择确定。同时也应遵守各种调查方式的要求，如抽样调查应按随机原则或非随机地抽取样木，典型调查必须选择对总体具有代表性的单位，重点调查必须选择重点单位等等。所不同的是，问卷调查法的调查对象与研究对象是不同的。访问法或观察法在确定了研究对象后，按相应数量选择和确定调查对象就可以了。例如，某课题的市场调查，用抽样调查方式组织调查，采用访问法搜集资料。确定从总体中抽 300 个样本单位为研究对象，相应地对这 300 个单位进行访问调查就可以了 调查对象与研究对象在此是统一的，只是在极特殊的情况下，才需要对无回答进行二次访问或更换调查单位。但是，问卷调查的研究对象和调查对象一般是不相同的。这主要是问卷调查不可能具有 100% 的回收率和回收有效率，因而问卷调查中的调查对象单位数肯定要比研究对象单位数大一些。

问卷回收率是回收的问卷份数与发放的问卷份数之比，即：

$$问卷回收率 = \frac{回收问卷份数}{发放问卷份数} \times 100\%$$

问卷回收有效率是有效问卷份数与回收问卷份数之比，即：

$$问卷回收有效率 = \frac{有效问卷份数}{回收问卷份数} \times 100\%$$

在问卷调查中考虑到问卷回收率和问卷回收有效率的因素，应根据研究问题所确定的研究对象单位数，来计算调查对象单位数，即应发问卷份数。其关系可表示为公式：

$$\frac{调查对象单位数}{（应发问卷份数）} = \frac{研究对象单位数}{问卷回收率 \times 问卷回收有效率}$$

例如，根据研究问题的需要，确定研究对象单位数为 300 户，用问卷调查法搜集资料，问卷回收率为 60%，问卷回收有效率 85%，根据上面公式计算调查对象单位数：

$$调查对象单位数 = \frac{300}{60\% \times 85\%} = 588.2 \approx 588 （户）$$

即应该调查 588 户，发放 588 份调查问卷才能满足研究问题的需要。

3. 发放调查问卷

设计好调查问卷，确定了调查对象，就应进行问卷的实际发放了。问卷发放有多种方式，即问卷有不同的传递方法。问卷可随报刊投递发放，可通过邮局寄发，可通过网络传递，也可派人专门送发。一般来说，用抽样调查方式组织调查，采用哪种问卷发放方式都可以。若用典型调查或重点调查方式组织调查，则可采用寄发问卷和送发问卷。在条件允许的情况下，最好采用送发问卷，因为这种方式的问卷回收率和问卷回收有效率都比较高，而且对调查对象的选择性强。

4. 回收和审查调查问卷

回收和审查调查问卷，是问卷调查应用在调查阶段的最后一步工作。问卷的回收就不同的传递方式来说有所不同。送发问卷的问卷回收工作量最大，在时间上要求也就比较严格，调查者必须按送发问卷时向被调查者通知过的时间，亲自取回问卷，不能无故拖延时间。报刊问卷和邮政问卷的回收，除了在规定时间内等待被调查者寄回问卷外，还可在规定时间内在报刊上刊登或寄发催收信，有时甚至需要发 2~3 次催收信，以此来提高问卷的回收率，实践证明，这是提高问卷回收率的一个可行办法。

对回收的问卷还必须进行审查，审查的目的是剔除无效问卷。问卷的填答未按要求，问卷填答不完整，问卷填答不清楚等都可确定为无效问卷。例如：

您的性别是什么？（请在适合的答案后□内画✓）

（1）男 ✓　　　（2）女 ✕

这是不符合要求的回答。正确的回答应不在（2）女后的空格内画✕。又例如：

您的月工资收入是多少？（请在适合的答案号上画✓。您的月工资若恰为 1 500 元，请您选答案（3）而不选（2），恰为 2 500 元、3 500 元的依此类推。）

（1）500 元以下

（2）500～1 500 元

（3）1 500～2 500 元

✓

（4）2 500～3 500 元

（5）3 500～4 500 元

（6）4 500 元及以上

这是属于不清楚的回答，因为√未画在答案号上，调查者无法弄清被调查者选的是第（3）还是第（4）。正确的答法，若选（4）应画为（4√）。

对回收的问卷经过审查，确认了问卷的有效性，才能把问卷作为调查资料，进一步投入对资料的整理和分析研究。

二、问卷调查法的优缺点

问卷调查法既有显著的优点，也有明显的缺点。了解和分析问卷调查法的优缺点，能进一步提高使用问卷法的自觉性，减少盲目性。

1. 问卷调查法的优点

（1）问卷调查法能够突破空间限制，在相当广泛的区域内进行，在众多的被调查者中同时展开调查。问卷调查是间接化、书面化的调查，调查者不必接触被调查者，只需将书面化问卷用适当方式发放到被调查者手中就可以了。这就使问卷调查基本不受空间限制，调查者可以在某一地点组织全地区，甚至全国范围的调查。这个优点是其他直接调查方法所没有的。

（2）问卷调查法是一种节省费用、时间和人力的调查方法。问卷调查法不需组织大批的调查人员，对被调查者一一进行调查，只需用精密设计的问卷做工具，就能搜集到市场现象的有关资料；问卷调查法可以在较短时间内，同时调查很多被调查者，非常节省人力和费用。正因为问卷调查法具有这个明显的优点，才使很多市场调查研究人员把它作为首选的搜集资料方法。因为在许多市场调查实际工作中，费用、时间、人力都是不易解决的问题，能在这些方面都比较节省，当然是市场调查组织者所特别希望的。

（3）问卷调查法具有匿名性优点。问卷调查是间接调查，调查者与被调查者一般并不见面，更主要的是被调查者填答问卷不必署名。这样可以大大减轻被调查者的顾虑和心理压力，使他们能如实地填答。尤其是对一些比较敏感的问题，如伦理道德、政治态度、政策方针、个人隐私等，如采用访问法是很难搜集到有关资料的，而利用问卷这种匿名性调查工具，就大大增加了搜集这些问题资料的可能性。当然，即使问卷是匿名的，在提问这类问题时也还是要注意表述方法。

（4）问卷调查法可以避免干扰、减少误差。问卷调查的填答过程由被调查者完成，不会发生调查者的调查干扰。不同的被调查者所得到的问卷，在问题的表述、问题的结构、问题的答案等方面都完全一样，在完全相同的客观条件下填答问卷，不会像访问调查法那样，由于调查人员不相同，使被调查者所接受的提问不能完全相同。这种条件会使问卷法减少误差，提高问卷填答的准确性。

（5）问卷调查法所取得的调查资料便于整理和分析研究。问卷调查的标准化程度很高，问卷中的封闭式问题更是具有很高的标准化。这使得问卷调查所得到的资料非常便于整理和分析。在问卷设计中，经常采用前分类办法对现象表现加以分类，以各类作为封闭式问题多项选择式的答案。这对于数量问题在取得资料后的整理和分析研究是非常有利的。此外，调查问卷常常在设计时就考虑到用计算机进行整理分析的需要，为计算机进行问题答案的预编码，使计算机应用于市场调查资料的整理和定量分析。

2. 问卷调查法的缺点

问卷调查法也存在一些不足，主要表现在以下几个方面：

（1）问卷调查的问卷回收率低是一个普遍问题。在问卷调查的应用中、调查者都希望能有较高的问卷回收率，以满足研究问题的需要，如果问卷回收率达不到一定程度，会影响市场调查的整体工作。但在现实的市场调查中，被调查者受主观因素和各种客观因素的不利影响，问题回收率往往不理想。为此，调查者设法采取一些措施，提高问卷的回收率。如争取有关方面对问卷调查的支持和协助，增强对被调查对象的选择性，选择对被调查者有吸引力和感兴趣的调查课题，提高设计调查问卷的质量，采用问卷回收率高的问卷传递方式送发问卷等。但不论怎样，问卷回收率低仍是问卷调查的一个严重问题。

（2）问卷调查的问卷有效率不易达到很高。问卷调查的填答过程，调查者不能对其进行指导，只能凭被调查者自己的理解填答，因而在问卷填答中误答、错答和漏答等时有发生，降低了问卷的有效率，影响问卷调查的质量和研究问题的需要。

（3）问卷调查对被调查者的文化程度要求较高。问卷调查由于具有书面化的特点，因此要求被调查者必须具有相当的文化程度，能够顺利阅读理解和填答问卷。这个要求并不是所有的人都能达到，因而就缩小了问卷调查的应用范围。

（4）问卷调查的资料必须经过认真分析才能使用。问卷调查的结果与市场现象的实际表现差距较大是常有的事情。如在调查对某种事物的态度时，回答对它表示基本赞成和很赞成的被调查者比重相当高，而当此事物正式实施时，大多数人表现的不是赞成，而是观望等待或其他。这就是说很多人把填答问卷当做与自己实际表现无关的事，就使问卷调查资料失去了客观性。因此，对问卷调查的资料必须要认真分析，排除不客观的成分后才能使用，不能机械地盲目使用。

三、问卷调查法适用范围分析

问卷调查法是现代市场调查中最重要最常用的搜集资料的方法。从问卷调查法的优缺点分析来看，应用这种方法也必须要扬长避短，找到它的最佳适用范围。具体说，问卷调查法的最佳适用范围有以下几个方面：

1. 问卷调查法与抽样调查方式配合用于较大型的调查，特别能发挥问卷法的优点

问卷调查法最适合用于大型调查，因为它具有节省费用、时间和人力的优点；问卷调查还特别适合与抽样调查相配合，因为就非全面调查的各种方法来说，抽样调查所调查的样本单位数，一般都比典型调查、重点调查所调查的单位数多，用问卷调查法搜集资料是最适合的。当然，我们也不排除问卷调查法与其他调查组织方式相结合，或将问卷调查法用于较小型的调查之中。例如，在企业中用全面调查方式组织调查，用问卷调查法搜集资料，请每位职工对企业各方面的工作进行评价或提出建设性意见。

2. 问卷调查法适用于数量问题的调查和进行定量分析

问卷调查标准化的特点，决定了问卷调查法的这种适用性。问卷调查法这种适用范围，主要是在问卷设计时用封闭式问题及答案实现的。

3. 问卷调查可行的基本条件，是被调查者普遍具有一定的文化水平

这是在考察问卷调查法适用范围时万万不可忽视的一点。根据我国的具体情况看，2000 年人口普查结果表明，我国每 10 万人拥有各种文化程度的人数和比重如表 6 – 1 所示。

表 6 –1 　　　　　　　每 10 万人拥有各种文化程度情况

文化程度	人数（人）	比重（%）
大　　学	3 611	3.6
高　　中	11 146	11.1
初　　中	33 961	33.9
小　　学	35 701	35.7

一般来说，能够顺利阅读和填答调查问卷的人，应当具有初中或以上文化程度。由第五次人口普查数据，每 10 万人中具有初中以上文化程度数为 48 718 人，占 10 万人的 48.6%。这就是说调查对象有 48.6% 的人具有接受问卷调查的能力。

根据 1990 年人口普查数字，我国 15 岁及 15 岁以上不识字和识字很少的文盲、半文盲人数为 180 030 060 人，占总人口比重 15.88%。2000 年第五次人口普查，15 岁及以上不识字和识字很少的文盲、半文盲比重降到了 9.16%。可见，在我国应用问卷调查法的环境有了很大改善。如果具体分析问卷调查的适用范围，概括地说，问卷调查法在城市比在农村适用；在大中城市比在小城市适用；在文化程度差异程度低的总体中，比在文化程度差异程度高的总体中适用。因为调查者必须根据调查对象的文化程度，适当调整问卷设计的难易程度。

　　通过对问卷调查法优缺点和适用范围的分析，可以这样看待问卷调查法：问卷调查法是十分重要的搜集资料方法，但不是惟一的方法；在某些情况下搜集市场现象资料非问卷法莫属，而另一些情况下又难以应用问卷调查法；只有在适当的范围内使用它，才能取得预期的调查效果。

第七章 市场实验调查法
和态度测量表法

第一节 实验调查法及其步骤

实验是一种科学的认识方法，一般多应用于自然科学领域，后来逐步应用到社会经济问题的研究中。实验调查法是一种重要的直接调查方法，即搜集第一手资料的方法，同时也是一种比较复杂的调查方法。在市场调查中，应用实验调查法也是认识市场现象的一种重要的途径。

一、市场实验调查法的概念

实验调查法，是指市场实验者有目的、有意识地通过改变或控制一个或几个市场影响因素的实践活动，来观察市场现象在这些因素影响下的变动情况，认识市场现象的本质和发展变化规律。

实验调查法既是一种实践过程，也是一种认识过程，它将实践与认识统一为调查研究过程。市场实验调查的基本要素有：

（1）实验者，即市场实验调查有目的、有意识的活动主体；

（2）实验对象，即通过实验调查所要了解认识的市场现象；

（3）实验环境，即实验对象所处的市场环境；

（4）实验活动，即改变市场现象所处市场环境的实践活动；

（5）实验检测，即在实验过程中对实验对象所做的检验和测定。

实验调查法的最突出特点在于它的实践性，这是实验法的本质特点。实验调查法，必须亲自动手，通过某种实践活动，有计划地改变实验对象的一部分内容或它所处的客观环境，并在这种实践活动的基础上，对实验对象即市场现象进行调查。没有一定的实践活动，就不能称为实验调查。调查对象的动态性，是实验调查的另一重要特点。在应用实验调查法中，由于实践活动的不断进行，市场环境的改变，实验对象即市场现象必然发生不断的运动和变化。实验调查的实践性决定了实践对象的动态性。实验调查法还具有综合性的特点。实验调查过程中，实验者除了进行改变市场环境的实践活动外，还必须采取各种直接的、间接的搜集资料的方法，如观察、访问、问卷等方法，采用各种研究资料的方法，对市场现象进行调查研究。各种调查研究方法的综合应用，在实验调查法中也表现得很明显。

通过实验调查法取得的市场现象的第一手资料，对市场现象的联系可以有比较深入的反映。根据市场现象之间的因果关系，可以较广泛地推广某种措施，以求企业取得好的经济效益。如改变某种商品的配方、设计、包装、价格、广告等，都可以先在较小范围进行实验调查，如果效果好，则可广泛推广。市场实验调查法所取得的资料，对市场预测也有很明显作用，它可以为提高市场预测精度提供可靠的保证。当然，客观上人们也要求实验调查法能够做到，实验结果快，检测准确。

二、市场实验调查法的应用步骤

为了保证实验调查法做到结果快、效果好，实验调查必须按科学的步骤进行。实验调查一般按如下步骤开展。

1. 根据市场调查课题，提出研究假设

在市场实验调查之前，通过对市场现象的初步了解和理论分析，提出市场现象之间及与各种影响因素之间的因果关系假设，是进行实验调查的初步。通过提出研究假设，才能确定实验对象、实验环境、实验活动和实验检测的具体内容。提出研究假设应最终确定实验的自变量，根据研究问题的需要和实验对象特点，实验自变量可以是一个，也可以是一个以上。

2. 进行实验设计，确定实验方法

实验设计是指调查者如何控制实验对象，如何开展实验活动，当然也包括如何进行实验检测。这其中要应用不同的实验方法，从而验证研究假设，达到实验调查的目的。合理科学的实验设计，是实验调查成功的关键。

3. 选择实验对象

实验调查一般是在较小范围开展，这就必须选择适当的实验对象。根据调查课题和市场现象的特点，用随机抽样方法或非随机抽样方法选择实验对象，实际就是从市场调查总体中选择调查单位。被选择的调查单位对总体必须有较高的代表性，同时也必须考虑到实验活动的方便。

4. 进行实验

根据实验设计的规定进行实验，包括实验活动的开展，即开展改变市场现象所处环境的实践活动，它是通过改变、控制实验自变量来实现的。进行实验还包括对实验结果的认真了解和记录，即实验调查搜集资料工作。实验调查进行实验和对实验结果的记录基本上是一个统一的过程，它是各种搜集资料方法综合应用的过程。

5. 整理、分析资料，做实验检测，得出实验结论

在这一步骤的工作中，要应用各种研究问题的方法。根据实验记录资料，做实验检测，主要是用对比方法，观察实验活动的效果，并对其进行数量测定。应用统计分析的方法对实验记录进行整理、分析、加上理论研究方法的应用，最终得出实验结论，写出实验调查报告。

根据上述步骤进行实验调查，不但保证了实验调查的顺利进行，同时也是认识市场现象的客观要求。实验调查的步骤，是将认识论的一般理论与实验调查的具体特点相结合，在这种方法应用的实践中总结出来的。

第二节　实验设计及其种类

实验设计在实验调查的各步骤中是一个中心环节，它决定着研究假设是否能被确认，也决定实验对象的选择和实验活动的开展，最终还影响着实验结论。

实验设计是调查者进行实验活动，控制实验环境和实验对象的规划和方法。根据市场调查的目的不同，根据是否设置对照组和组数的多少，可以设计各种实验方案。下面着重介绍几种基本的、常用的实验设计，可以根据实际情况选择应用。

一、单一实验组前后对比实验

单一实验组设计，就是只选择若干实验对象作为实验组，通

过实验活动前后实验对象变化及其结果的对比来做出实验结论，这是最简便的一种实验调查。

在市场调查中，经常采用这种方法，对实验前的市场现象做前检测，对实验后的市场现象进行后检测，通过市场现象前检测与后检测的对比，了解实验活动的效果。其计算公式为：

$$实验效果 = 后检测（Y_n）- 前检测（Y_0）$$

［例］某食品厂为了提高糖果的销售量，将原有的陈旧包装，改为新材料包装并设计了新的图案。为了检验新包装的效果，以决定是否在未来该商品的生产中广泛推广新包装，厂家委托某食品销售店进行实验调查。

假定取 A、B、C、D、E 五种糖果为实验对象，实验期为一个月。对五种糖果未改变包装前一个月的销售量和改变包装后一个月的销售量，分别进行检测，并比较其实验效果。

表 7 - 1　　　　　　　　　单一实验组前后对比表

糖果品种	实验前销售量（公斤）Y_0	实验后销售量（公斤）Y_n	实验结果（公斤）$Y_n - Y_0$
A	300	340	40
B	280	300	20
C	380	410	30
D	440	490	50
E	340	380	40
合　　计	1 740	1 920	180

从表 7 - 1 中实验效果的检测可见，这五种糖果在改变了包装后，其销售量都有所增加。其中 D 种增加得最多为 50 公斤，共计增加销售量为 180 公斤。因此，可以断定，改变包装比不改变包装的销售量大，顾客不仅注意糖果的质量，也对其包装有所要求。改变糖果包装，以促进其销售量增加的研究假设是合理的，食品厂可以推广新包装。

应用这种单一实验组前后对比的实验方法，虽然比较简单易行，但在实践中往往显得不够完善。因为市场现象作为实验对象，可能会受到诸多因素的影响，而并不会仅受实验自变量一个因素的影响。如前例中，糖果的销售量增加与改变包装虽然有很明显的联系，但并不能完全肯定所增加 180 公斤的销售量只是由包装改变引起的。这是因为，在实验过程中，人们无法将实验对象与其所处整体市场环境隔离开，无法排除非实验变量对实验过程及其结果的影响。所以，将销售量的变化全部看做是改变包装这种实验活动的结果，是不够妥当的。单一实验组前后对比实验，只有在实验者能有效排除非实验变量的影响，或者有充分把握可认为非实验变量的影响很小，可忽略不计的情况下，实验效果才能够充分成立。

二、实验组与对照组对比实验

为了解决单一实验组的不足，采取实验组与对照组对比实验。这种方法是选择若干实验对象作为实验组，同时选择若干与实验对象相同或相似的调查对象作为对照组，并使实验组与对照组处于相同的实验环境之中；实验者只对实验组给予实验活动，对照组不给予实验活动；根据实验组与对照组的对比，得出实验结论。

实验组与对照组对比实验，必须注意实验组与对照组的可比性。若是营销企业，应尽量保证其规模、类型、地理位置、管理水平、商品购销渠道等大致相同，即保证实验组与对照组及其所处环境的可比性。

采用实验组与对照组对比实验，是将实验组的实验后检测结果与同期对照组的检测结果相比，其一般公式为：

实验效果 ＝ 实验组后检测（Y_n）－ 对照组后检测（X_n）

［例］某企业为了解面包改变配方后消费者的反应，采用实验法进行市场调查。为取得较为准确的调查结果，用实验组与对照组对比实验，选择 A、B、C 三个商店为实验组，再选择与之条件相似的 D、E、F 三商店为对照组，观察一周后；将两组对调再观察一周，即以 A、B、C 为对照组，以 D、E、F 为实验组进行第二周观察，其检测结果如表 7–2 所示。

表 7–2　　　　　　　实验组与对照组对比表

	原配方销售量（百袋）		新配方销售量（百袋）	
	第一周	第二周	第一周	第二周
A		37	43	
B		44	51	
C		49	56	
D	35			41
E	40			47
F	45			52
合计	120	130	150	140

由表 7–2 中的检测结果可见，两周内原配方面包共销售了 120 + 130 = 250（百袋），即 $X_n = 250$ 百袋；新配方面包共销售了 150 + 140 = 290（百袋），即 $Y_n = 290$ 百袋。其改变面包配方的实验效果为 $Y_n – X_n = 290 – 250 = 40$（百袋），即改变面包配方后，两个星期中三个商店多销售面包 4 000 袋。说明改变配方进行生产对企业是有利的。

实验组与对照组对比实验，是在实验组与对照组具有可比性时使用的方法，即两组及所处环境相似的条件下进行的，因此实验效果的检测具有较高的准确性。但它是对实验组和对照组都采取实验后检测，这种检测实际上仍无法反映实验前后非实验变量对实验对象的影响。为了弥补这一点，可将上述两种实验设计综合考虑。

三、实验组与对照组前后对比实验

实验组与对照组前后对比实验，是指对照组实验前后与实验组实验前后之间进行对比的方法。它既不同于单一实验组前后对比实验，仅就实验组进行对比；也不同于实验组与对照组对比实验，仅就实验后检测进行对比。而是对实验组和对照组都进行实验前后对比，再将实验组与对照组进行对比。这实际上是一种双重对比的实验法，它吸收了前两种方法的优点，也弥补了前两种方法的不足。

这种方法对实验组和对照组都要做实验前检测和实验后检测，分别得到 Y_n、Y_0、X_n、X_0；对实验组和对照组都要进行实验前后对比，实验组前后对比为 $Y_n - Y_0$，对照组前后对比为 $X_n - X_0$；实验组前后对比与对照组前后对比的实验效果为：$(Y_n - Y_0) - (X_n - X_0)$。

［例］某公司在调整商品配方前进行实验调查，分别选择了三个企业组成的实验组和对照组，对其月销售额进行实验前后检测，并对实际效果进行检测，见表 7 - 3。

表 7 - 3　　　　　双组前后对比表　　　　单位：百元

实验单位	前检测	后检测	前后对比	实验效果
实验组	Y_0　2 000	Y_n　3 000	$Y_n - Y_0$　1 000	$(Y_n - Y_0) - (X_n - X_0)$　= 1 000 - 400　= 600
对照组	X_0　2 000	X_n　2 400	$X_n - X_0$　400	

表 7 - 3 中的数字，是检测结果，通过进行分析才能说明实验效果的实际意义。$Y_n - Y_0$ 是实验组前后对比结果，实验组的

变动量1 000百元，包含实验变量即调整配方的影响，也包括其他非实验变量的影响；$X_n - X_0$是对照组前后对比的结果，对照组的变动量为400百元，它不含实验变量的影响，因为对照组的商品生产配方未变，只包括非实验变量的影响；$(Y_n - Y_0) - (X_n - X_0)$是实验效果，它是从实验变量和非实验变量共同影响的销售额变动量中，减去由非实验变量影响的销售额变动量，其实际意义是集中反映调整配方这种实验变量对销售额的影响作用，即1 000 - 400 = 600（百元）。由此可见，实验组与对照组前后对比实验，是一种更为先进的方法。

单一实验组前后对比实验，实验组与对照组对比实验，实验组与对照组前后对比实验，都是实验调查中经常采用的设计方法。这几种方法都具有自己的特点，但有时也存在不足。单一实验组前后对比实验，方法简单易行；但其使用必须有前提，即能够排除非实验变量的影响，或非实验变量的影响很小可忽略不计。实验组与对照组对比实验，因为有了对照组，所以使实验组的测定有了对照标准，也是一种比较简便的方法；但当实验对象在不同时间上受非实验因素影响较大，这种方法是无法反映的。实验组与对照组前后对比实验，不但能够反映实验组与对照组的区别，而且能够区分实验变量与非实验变量的影响；但这种方法的应用比较复杂，它必须对实验组和对照组分别做出实验前后的检测，才能计算实验效果。在实际应用中，实验者要根据市场实际情况适当选择设计。

第三节　实验调查法的应用

实验调查法是一种较为复杂的直接调查方法，在其应用过程中必须着力解决好一些关键问题，也应对这种调查方法的优缺点有全面认识。

一、实验调查须注意的要点

1. 实验者的必要条件

实验调查是一种探索性、开拓性的调查工作，要取得市场实验调查的成功，要求实验者必须具备一定条件。实验者必须思想解放，有求实精神，敢于探索新道路；实验者要有一定的实际工作经验和灵活处理问题的能力，具备灵活应用各种调查方法和研究方法的能力。

2. 实验对象和实验环境的选择

正确选择实验对象和实验环境，对实验调查的成败有着重要作用。实验对象和实验环境的选择，一定要在同类市场现象中具有高度的代表性，对于复杂的市场现象，还应具有不同类型，不同层次的代表性。反之，如果选择一些具有特殊优越条件的市场实验对象，其实验结论并无普遍推广和应用的可能性。选择实验对象和实验环境，可以按随机原则抽取，从调查对象总体中抽取实验对象；也可按非随机方法，有目的地选择实验对象。

3. 实验过程的控制

实验调查是否能达到预期的目的，在很大程度上取决于能否有效地控制市场实验过程。在实验调查中，其实验活动不是一时一地完成的，而是要延续相当的时间。在这个过程中有效地控制实验活动，要严格按实验设计方案进行。在市场调查中，由于市场现象的复杂性，实验活动的开展会遇到一些困难，因此就需要在不违背实验目的的前提下具有一定灵活性。控制实验过程的另一个任务，就是努力排除或减少非实验因素对实验活动的干扰。市场现象作为实验对象，会受到各种非实验因素的影响是客观存在的事实。一般来说，对市场现象的实验调查无法做到自然科学实验那种实验室环境，但对非实验因素的控制并不是完全做不到的，常用的方法有以下几种：

（1）排除法。排除法，即将影响实验效果的一个或几个因素，排除在实验过程以外。例如，在对市场现象进行实验调查时，若被抽中的企业经营管理不善，就会影响实验的正常开展。为了使实验调查能够顺利进行，在选择实验对象和实验环境的时候，必须避开这种企业。这样，管理不善这个非实验因素的影响就会被排除。

（2）纳入法。纳入法是将影响实验效果的客观存在的非实验因素，纳入到实验过程作为实验调查所要研究的问题。例如，城镇市场和农村市场具有不同的特点，若进行某市场现象的实验调查，不同地理位置的市场并非实验因素。但实验过程中又不能排除这两类市场客观存在的不同特点，若采取分城镇市场和农村市场的实验调查，这样就把这两类市场不同特点纳入了实验过程。这种纳入法，在实验调查中经常采用，因为有许多影响市场的因素是客观存在的，无法排除的。

（3）保持衡定法。保持衡定法是使非实验因素在实验过程中保持相对平衡、稳定，即使其对所有调查对象的影响保持一致。如对某种产品改变包装进行销售量实验调查，其他诸多因素，如营销企业的管理水平、流通渠道、产品的配方、广告促销等都是非实验因素，将这些因素在实验期内尽可能保持衡定，可以提高实验检测的准确性。

（4）统计分析法。统计分析法是将实验过程中非实验因素的影响用具体的指标数值计算出来，进而分析其对实验效果的影响方向和程度。对非实验因素，可采用单个因素统计分析，也可采用综合统计分析。这种方法事实上是最理想的，但在实践中也是最难做到的。其原因一是市场现象的复杂性，二是某些影响因素的量化资料很难取得。

4. 实验效果的检测和评价

实验效果的检测和实验结果的评价是紧密联系的，检测是评价的前提，评价是对检测结果的分析和解释。

实验检测是市场实验调查的必要步骤，它必须具有科学性、统一性和可重复性。实验检测的科学性，是指实验调查中用于检测的指标、方法、手段要科学；实验检测的统一性，是指对不同的调查对象要用统一的指标、方法、手段进行检测。如对实验组中的每个调查单位，对实验组与对照组中的每个调查单位，必须进行统一性检测，以便进行对比分析；实验检测的可重复性，是指市场实验调查所得到的结果，必须是稳定的、可靠的。也就是说，只要实验对象、实验环境、实验活动，以及实验检测的指标、方法和手段等相同，不论由谁也不论在何时间、地点，其实验检测结果应能够重复出现，而不能因人、因时、因地而异。实验检测是进行实验评价的前提。

实验评价是对实验检测结果的解释或说明，一般应包括两个方面，一是对实验结果内在效应的评价，即对某项市场实验调查的研究假设，做出正确程度的评价。二是对实验结果的外在效应的评价，即对某项市场实验调查结果，推广应用于其他同类事物的正确程度做出评价。对实验结果的评价，一定要实事求是，恰如其分，不论是过分夸大其内在效应，还是不顾时间、地点、条件盲目地推广实验调查结论，都会给实际工作带来不应有的损失。

二、市场实验调查法的优缺点

市场实验调查法是一种具有实践性、动态性、综合性的直接调查方法，它具有其他调查方法所没有的优点，同时也有自身的局限性。

1. 市场实验调查法的优点

市场实验调查法，能够在市场现象的发展变化过程中，直接掌握大量的第一手实际资料，该市场现象的发展变化又主要是由实验活动引发的，这是市场实验调查最突出的优点，也是其他调查方法不能做到的。市场实验调查的另一个优点，是能够揭示或确立市场现象之间的相关关系。因为市场实验调查不是等待某种现象发生再去调查，而是积极主动地改变某种条件，促进市场现象的发展，以达到实验目的。所以实验调查不但能够说明某市场是什么样，而且能够说明它为什么是这样。市场实验调查还具有可重复性，这使得实验调查的结论具有较高的准确性，具有较大的说服力。市场实验调查还特别有利于探索解决市场问题的具体途径和方法。在进行商品生产和营销中，不论是从宏观管理还是从微观管理，都有很多具体的方针政策、措施方法等方面的问题，需要不断探索、研究和制定，实验调查法为此提供了重要的手段。因为只有经过实践检验的方针政策、措施方法，才能证明其正确性和可行性，实验调查过程恰恰起到了这个作用。

2. 市场实验调查法的局限性

市场实验调查法在市场调查中的应用，有许多成功的案例，也有失败的案例。其不成功在很大程度上取决于它的局限性，主要表现在实验对象和实验环境的选择，难以具有充分的代表性。

实验调查的结论总带有一定的特殊性，其应用范围是很有限的。另外，实验调查中，人们很难对实验过程进行充分有效的控制。这是因为很多影响因素是无法也不能排除的，而对它们又很难一一测定或综合测定出来，因此准确区分和检测实验效果与非实验效果就很困难，在实验效果中往往混杂着非实验因素的影响结果。市场实验调查法对调查者的要求比较高，花费的时间也比较长。

第四节　态度测量表法

市场调查的内容有很多，其中重要内容之一，就是要调查了解消费者的购买心理和购买行为。消费者的购买心理具体表现为态度、意见、观念、思想倾向、行为倾向等。为了更准确、更可靠地调查到这些内容，产生了一些精密化的调查手段和方法。

消费者在市场上选购哪种消费品，不选购哪种消费品，受到其购买心理的支配，即消费者的内心有一定的尺度。表现为态度、意见、观念、思想倾向等。购买心理本来并不是用一定数量表示的，但人们在研究这类问题时，又特别需要将不同态度、意见、观念、思想倾向等的差异表现出来，采用量表可以达到这个目的。

量表是精确地调查消费者主观态度的测量工具，它可以用来测量不同消费者的购买心理的差异。

测量的量表可分为不同的种类，如类别量表、顺序量表、差距量表、等比量表、总加量表等。不同种类的量表可用来测量不同的内容，解决不同的需要。在长期的社会经济调查研究实践中，人们已经将一些量表设计成标准化测量工具，用统一的指标来测量某些社会经济现象的表现。但在市场调查当中，由于市场现象的复杂多变，一般还很少有统一设计的标准化量表，而需由市场调查研究者，根据研究问题的目的和市场现象的特点自行设计量表。量表在市场调查过程中起到测量工具的作用，所以在市场调查设计中的基本原则等也适合于量表设计的过程。下面介绍说明几种常见的量表。

一、评比量表

测量消费者对某种商品的态度、意见，经常采用评比量表。评比量表是对提出的问题，以两种对立的态度为两端点，在两端点中间按程度顺序排列不同的态度；由被调查者从中选择一种适合自己的态度表现。对态度、意见的排列顺序，可按 10 种或 5 种排列。

若将态度意见划分为 10 种，其排列方法见表 7 - 4。

表 7 - 4

最不喜欢	很不喜欢	不喜欢	稍不喜欢	无所谓	还可以	稍喜欢	喜欢	很喜欢	最喜欢
1	2	3	4	5	6	7	8	9	10

若将态度意见划分为 5 种，其排列方法见表 7 - 5。

表 7 - 5

很不喜欢	不喜欢	无所谓	喜欢	很喜欢
-2	-1	0	1	2

在表 7 - 4 中，将消费者的态度划分为 10 种，其最高分为

10 分，最低分为 1 分。在表 7 - 5 中，将消费者态度划分为 5 种，其分数的给法可以用 1、2、3、4、5 表示，也可以用 - 2、- 1、0、1、2 表示。设计好的评比量表，由市场调查人员向被调查者进行调查，再将所有填写后的量表加以整理，得到某个消费者总体的态度测量结果，一般可以用平均值测量总体的态度，或简单地以分布数列说明态度分布状况。

应当看到，这种测量态度的量表，用不同的数值来代表某种态度，目的是将非数量化的问题加以量化，而不是用抽象的数值随意排列。应用这种量表调查时必须注意两个方面的问题：一方面，应注意设计量表时的定量基础，并将调查得到的态度测量结果在定量基础上进行分析，判断其高低。如在 10 种态度评比量表中，原设计的最高分是 10，最低分是 1。那么若某个消费者的态度测量结果是 2，就认为他的态度测量结果较低。其态度是倾向于否定。对另一个消费者的态度测量结果是 8，就认为他的态度测量结果较高，其态度倾向于肯定；再如在 5 种态度评比量表中，原设计的最高分是 2，最低分是 - 2。若对某个消费者的态度测量结果是 2，就认为他的分数很高。对另一个消费者的态度测量结果是 - 1，就认为他的分数较低，其态度倾向于否定。另一方面，应注意量表所测定的数量，只说明态度的不同，并不能说明其他。如应用 10 种态度评比量表对不同的消费者进行调查，甲消费者的测量结果是 8，乙消费者的测量结果是 4，则说明甲消费者对某商品喜欢，乙消费者对某商品不太喜欢。而不能说甲消费者对某商品的喜欢程度是乙消费者的 2 倍。若将量表用于对不同商品的态度测量，如对 A 商品的态度是 9，对 B 商品的态度是 3，说明消费者对 A 商品很喜欢，对 B 商品不喜欢；而不能说明对 A 商品的需求量是对 B 商品需求量的 3 倍。

在市场调查实践中，评比量表可用于对某一种商品的多个消费者的态度测量，也可用于对多种商品的多个消费者的态度测量。

二、数值分配量表

数值分配量表，是指由调查者规定总数值，由被调查者将数值进行分配，通过分配数值的不同来表明不同态度的测量表。

在市场调查中，数值分配量表常用于对某种商品不同规格、牌号的消费者态度调查，即采用对比的方法，由被调查者给出的分配数值。来判定对不同商品规格、牌号的态度差异。在设计数值分配量表时，一般是采取 1，10，100 为固定总值，由被调查者将总值分配到不同商品上，其所分配的数值之和应等于固定总值。

例如，对市场上销售的某种商品的 A、B、C、D 四种不同牌号、做消费者态度市场调查，以 100 为固定总值，请消费者做数值分配。若某个消费者对该商品 A 牌号给出数值为 40，对 B、C、D 三种牌号给出数值分别为 30，20，10。则说明该消费者认为 A 牌号商品好于 B、C、D；B 牌号好于 C、D 牌号；C 牌号又稍好于 D 牌号。

又如，对某种商品的 A、B、C 三种不同规格做消费者态度调查，以 100 为固定总值，由消费者做数值分配。若某个消费者对 A 规格给予 60，而对 B、C 规格分别给予 30、10，则说明消费者态度明显倾向于该商品的 A 规格；但并不说明他认为 A 规格商品是 B 规格商品质量的 2 倍，是 C 规格商品的 6 倍，也不能说明 A 规格商品的销售量与 B、C 规格商品销售量的关系。

在应用数值分配量表时，应当注意的是，由调查者规定的总数值，是数值分配量表的基础标准，并不是随意给出的数。之所以经常采用 1，10，100 等数作为总数值，是因为这些数在被分配后比较容易检验其总和。也比较易于计算其百分数。同时被调查者在填写量表时，必须使被分配的各数值之和等于总数值，而不能大于或小于总数值。即被调查者必须在总数值基础上来考虑数值分配，这样才能客观地反映消费者对不同商品态度的差异。如不遵守这样的规定，则达不到通过数值分配来反映态度差异的目的。这种定量分析方法是依据统计学中的比重相对指标、概率的有关理论来考虑问题的。

数值分配量表在用于多种商品规格、牌号，多个被调查者的态度测量中，便于汇总，也便于计算其百分数。若对某种商品的5个不同牌号，随机选择10位消费者进行数值分配量表调查，将10名消费者的态度进行整理汇总，并加以分析，见表7-6。

表7-6　　　　　　　　　　　数值分配量表汇总表

消费者＼商品	A	B	C	D	E	合计
1	5	10	15	20	50	100
2	5	5	10	20	60	100
3	5	5	5	30	55	100
4	10	10	15	25	40	100
5	5	5	10	20	60	100
6	5	5	10	30	50	100
7	5	5	10	25	55	100
8	5	5	10	20	60	100
9	5	5	10	35	45	100
10	5	10	15	20	50	100
合　计	55	65	110	245	525	1 000
百分数（%）	5.5	6.5	11.0	24.5	52.5	100

根据表7-6对10名消费者分配量表的整理汇总情况，消费者对E牌号商品的态度，明显好于其他牌号，其分配数值在40～60之间，10名消费者共分配了525，占总数值合计数1 000的52.5%；对D牌号商品的态度又高于A、B、C三种牌号，共

分配了 245，占总数值合计数的 24.5%，不过它不足 E 牌号分配

数值的 $\frac{1}{2}$；消费者对 A、B、C 三牌号的商品态度明显较低，其

百分数只占 5.5% ~11.0%。

为说明问题方便，上例只汇总了 10 名消费者的数值分配，在实际市场调查中被调查者人数会远远超过于此。不过，汇总整理和分析的方法是大致相同的，只是消费者的总分数会发生变化。上面对 10 名消费者态度的测量，可以看出众消费者对 5 种牌号商品的态度是同方向的，即都认为 E 牌号商品好于其他牌号。在实际市场调查中，由于消费者在各方面存在的差异，如不同的文化程度、年龄、收入水平等，并不一定表现为态度比较集中于某一牌号商品，而是表现得比较分散，有的消费者明显倾向于某一牌号，有的明显倾向于另一牌号，因此在调理分析过程中要更为深入具体地分析研究。

三、平均值差数应答者量表

平均值差数应答者量表是一种由应答者（被调查者）决定询问的问题和选择语句的态度量表。这种态度量表与前面评比量表和数值分配量表的不同在于，前两种量表向被调查者询问的问题和询问语句的选择，是由调查人员事先设计好的，被调查者只能根据询问的问题和可供选择的询问语句做出回答，以此表明自己的态度。调查者向被调查者提什么问题，询问语句的选择是否恰当，对被调查者态度测量的准确程度有着很紧密的联系。如果调查者提出的问题和询问的语句能够充分表明被调查者的态度，通过态度测量表测量的结果就比较好；反之测量的结果就差。在市场调查的实践中，人们看到如果能由被调查者自行决定提问的问题和选择语句，就能够更准确地反映其态度。平均值差数应答

者量表就是这样一种态度测量表。

应用平均值差数应答者量表，大致步骤如下：

1. 由调查者拟定好一定数量的正负态度语句，正负态度语句数量相等，其总数量必然是偶数

如 50 条语句，正负态度各为 25 条；60 条语句，正负态度各为 30 条；80 条语句，正负态度各 40 条；100 条语句，正负态度各 50 条。对每条语句的回答，可以根据态度的不同，设计为三种或五种类型。如果是三种类型，可分为赞同、未定、不赞同；如果是五种类型，可分为很赞同、赞同、未定、不赞同、很不赞同。

2. 将拟定好的语句分为正态度语句和负态度语句两大类，并结合回答语句的不同类型，分别规定评分办法，待被调查者根据自己的实际态度评定

评分办法与评比量表一样，可以采取正数序号法和正负对称法两种，假定称其为 A 评分法和 B 评分法。若采用三种类型，其正负态度语句的评分办法应确定为 A、B 两种，见表 7 –7。

表 7 –7

类 别	正态度语句		负态度语句	
	A	B	A	B
赞 同	3	+1	1	−1
未 定	2	0	2	0
不赞同	1	−1	3	+1

若采用五种类型，其正负态度语句的评分办法也可确定为 A、B 两种，见表 7 –8。

表 7 – 8

类别	正态度语句		负态度语句	
	A	B	A	B
很 赞 同	5	+2	1	−2
赞　　同	4	+1	2	−1
未　　定	3	0	3	0
不 赞 同	2	−1	4	+1
很不赞同	1	−2	5	+2

若有 10 条语句由某被调查者来评定,评定办法按规定的表 7 – 8 中 A 的要求。评定后情况见表 7 – 9。

表 7 – 9

语　句	语句类别	很赞同	赞　同	未　定	不赞同	很不赞同	分　数
1	负				✓		4
2	正					✓	1
3	负			✓			3
4	正		✓				4
5	正	✓					5
6	负		✓				2
7	正	✓					5
8	负		✓				2
9	负				✓		4
10	正		✓				4
合计	—	—	—	—	—	—	34

表 7 – 9 中的合计数表明,该被调查者对 10 条语句的选评,其总分数值为 34 分。那么,这 34 分如何说明其态度呢?根据表 7 – 8 中 A 的要求可知,10 条语句的最高分、最低分和平均分分别应为:

最高分 $= 10 \times 5 = 50$ 分

最低分 $= 10 \times 1 = 10$ 分

平均分 $= 10 \times \left(\dfrac{5 + 4 + 3 + 2 + 1}{5} \right) = 30$ 分

某被调查者对十条语句的态度值为 34 分，略高于平均值 30 分，说明其态度稍倾向于肯定；如果被调查者的态度总分低于平均值，则说明其态度倾向于否定。被调查者的态度值偏离平均值越远，说明其态度倾向于肯定或否定的程度越大。

上面的问题，若按照 7 – 8 表中 B 的要求评定，则该被调查者对 10 条语句的评分应记为：1、–2、0、1、2、–1、2、–1、1、1，其 10 条语句的态度总分为：4 分。若按 B 评分标准，10 条语句的最高分、最低分和平均分分别应为：

最高分 $= 10 \times 2 = 20$ 分

最低分 $= 10 \times (-2) = -20$ 分

平均分 $= 10 \times \left(\dfrac{(-2) + (-1) + 0 + 1 + 2}{5} \right) = 0$

该被调查者对 10 条语句的评分为 4 分，比平均分 0 略高，说明其态度倾向于肯定。这与 A 评分方法的结果是一致的。显然，应用 B 评分法，被调查的态度总分偏离平均值 0 越远，说明其态度倾向于肯定或否定的程度越大，最大偏离幅度不超过 ±20 分。

3. 确定选用的语句

确定选用语句是应用平均值差数应答者量表的重要步骤，也就是用平均差数选用语句的过程。具体做法是，将各被调查者对每条语句的评分，按高低顺序排列，并从最高分和最低分的两端，各抽取 25% 的分数，分别组成高分组和低分组；对高分组和低分组分别计算平均值，并根据所计算的平均值，确定平均值差数。例如，若按表 7 - 8 中 A 的评分标准，计算出高分组的平均值为 4.5，低分组的平均值为 1.5，其高低组之间的平均值差数应为：4.5 - 1.5 = 3。

平均值差数是判断选择语句的重要数量根据，它是反映语句态度的辨别能力的标准。平均值差数大，表明某语句辨别正负态度的能力强；平均值差数小，则表明某语句辨别正负态度的能力差。对于辨别能力强的语句应保留，对辨别能力差的语句则应剔除。

四、态度层次应答者量表

态度层次应答者量表，是根据被调查者的答案资料制成的一种态度量表，它可以用来选定语句，也便于对于答者的态度进行分析。

应用态度层次应答者量表选定语句或提出问题，一般有以下几个步骤：

1. 提出若干个问题或语句，由被调查者对这些语句或问题表示"是"、"否"两种不同的态度

调查者根据被调查者的回答，排列出回答"是"的答案，以决定是否建立应答者量表。例如，提出的问题或语句为 10 条，由 12 个被调查者回答，根据回答的结果，将其排列为表 7 - 10。

表 7 - 10 中，分数栏是由被调查者对问题回答"是"的多少决定的。如第一位应答者对问题 4、6、9 的回答为"是"，因此得 3 分；第 6 位应答者对问题 1、2、3、4、6 回答为"是"，因此得 5 分；第 12 位应答者仅对问题 1、2 回答"是"，因此得 2 分。

表 7 – 10

问题 / 应答者	1	2	3	4	5	6	7	8	9	10	分数
1	—	—	—	是	—	是	—	—	是	—	3
2	是	是	是	—	是	是	是	—	—	—	6
3	—	是	是	是	—	是	—	—	—	—	4
4	是	是	是	是	—	是	—	—	—	—	5
5	是	是	是	—	是	是	—	—	是	是	7
6	是	是	是	—	是	是	—	—	—	—	5
7	—	是	是	—	是	是	—	—	是	—	5
8	是	是	是	—	是	是	—	是	是	—	7
9	—	—	是	是	—	是	是	是	是	—	6
10	是	是	是	是	是	是	是	是	是	—	9
11	—	—	—	—	—	是	—	—	—	—	1
12	是	是	—	—	—	—	—	—	—	—	2

2. 根据应答者对提出的问题或语句的态度，按其分数高低排列，观察其分数的层次

根据表 7 – 11，对 12 个问题回答分数最高的被调查者为 9 分，最低为 1 分。对于回答分数高的问题，说明它被多数被调查者接受；回答分数低的问题，说明它只被少数被调查者接受。表 7 – 10 和表 7 – 11 所显示的是每个被调查者的得分，而不是每个问题或语句的得分，它是分析问题的基础。

3. 选择提出的问题或语句

选择的标准主要是根据被调查者对问题或语句回答"是"的积分高低。为了研究问题的方便，必须将每个问题或语句的得分整理出来，按得分高低排列为表 7 – 12。

表 7 – 11

问题 / 应答者	1	2	3	4	5	6	7	8	9	10	分数
10	是	是	是	是	是	是	是	是	是	—	9
8	是	是	是	是	—	是	—	是	是	—	7
5	是	是	是	是	—	是	—	—	是	是	7
9	—	—	是	是	—	是	是	是	是	—	6
2	是	是	是	—	是	是	是	—	—	—	6
4	是	是	是	是	—	是	—	—	—	—	5
7	—	是	是	是	—	是	—	—	是	—	5
6	是	是	是	是	—	是	—	—	—	—	5
3	—	是	是	是	—	是	—	—	—	—	4
1	—	—	—	是	—	是	—	—	是	—	3
12	是	是	—	—	—	—	—	—	—	—	2
11	—	—	—	—	—	是	—	—	—	—	1

表 7 – 12

问题 / 应答者	10	8	5	9	2	4	7	6	3	1	12	11	得分
6	是	是	是	是	是	是	是	是	是	是	—	是	11
4	是	是	是	是	—	是	是	是	是	是	—	—	9
2	是	是	是	—	是	是	是	是	是	—	是	—	9
3	是	是	是	是	是	是	是	是	是	—	—	—	9
1	是	是	是	—	是	是	—	是	—	—	是	—	7
9	是	是	是	是	—	—	是	—	—	是	—	—	6
7	是	—	—	是	是	—	—	—	—	—	—	—	3
8	是	是	—	是	—	—	—	—	—	—	—	—	3
5	是	—	—	—	是	—	—	—	—	—	—	—	2
10	—	—	是	—	—	—	—	—	—	—	—	—	1

　　根据表 7 - 12 的整理结果，得分最高的问题 6 为 11 分；问题 4、2、3 得分都是 9 分；问题 1、9 的得分分别为 7、6 分；对于这些问题，可以认为必须选入量表，因为它们得到大多数被调查者的接受。问题 7、8、5、10 的得分分别为 3、3、2、1 分，对这几个问题是否被选入量表，应进行具体分析，对这种问题一般认为不应选入态度量表，因为这几个问题的接受者很少。

　　态度测量表经常应用于问卷中，也可单独使用，是一种很好的测量方法。随着市场调查定量化程度的提高，随着定量精密化要求的发展，态度量表的作用将会更为重要。

第八章　市场预测的类型和步骤

从本章开始，介绍市场预测的有关内容。市场预测是在市场调查的基础上开展的，是对未来市场的预计和估计。市场预测的类型、市场预测方法的种类较多，将在其后各章中加以介绍。

第一节　市场预测的类型

社会生产是为了满足人民不断增长的物质和文化生活的需要。社会生产力水平不断提高，社会生产的发展促进经济和社会的发展，也促进了社会需求的增长。我国的市场需求总量处在不断增长当中，同时随着社会发展和人民生活水平的提高，市场商品需求结构也在逐步发生变化。在市场需求总量不断增长的同时，对商品种类的需求结构，对具体商品的品种、花色、规格、牌号的需求会不尽相同。市场预测工作必须面对这些具体情况，采用不同的预测方法，对市场进行预测。为了使市场营销活动适应不断变化的市场需求，还必须做出满足各种市场营销者决策需要的预测。由此可见，要使市场预测及时地反映市场发展变化的实际，就必须进行多种类型的市场预测。

市场预测的种类较多，它可以按各种标志加以区分。常用的几种市场预测分类标志有：按市场预测时间的长短进行分类；按市场预测的空间范围进行分类；按市场预测的商品内容进行分类；按市场预测采用的方法进行分类等。

一、按市场预测时间的长短分类

按市场预测时间的长短不同分类，市场预测可以分为短期市场预测、近期市场预测、中期市场预测、长期市场预测。

1. 短期市场预测

短期市场预测，一般是以周、旬为预测的时间单位，根据市场变化的观察期资料，结合市场当前和未来变化的实际情况，对市场未来一个季度内的发展变化情况做出估计。短期市场预测的结果可以用来编制月份或季度的各种生产或营销计划。短期市场预测结果一般必须做到及时、准确，对市场的各种变化要有敏感的反应，使商品生产和营销企业能够及时地了解市场的发展变化，以便适当安排商品生产数量结构和组织市场营销。

2. 近期市场预测

近期市场预测一般是以月为时间单位，根据对市场变化的实际观察资料，结合当前市场变化的情况，对市场未来一年内的发展变化情况做出预测。通常是对年度的市场情况做出预测。近期市场预测的结果可以用来编制生产企业购进原材料计划及生产计划，编制营销企业组织货源和销售计划等，它是企业编制各种年度计划的重要依据之一。

3. 中期市场预测

中期市场预测一般是指3、5年之内的市场预测。中期市场预测的结果可以为生产和营销企业编制3、5年的经济发展计划提供重要依据。同时，中期市场预测还经常用于长期影响市场的各种因素的预测，如对影响市场的经济、技术、政治、社会等重要因素的预测，用来分析研究市场未来的发展趋势，研究市场发展变化的规律。

4. 长期市场预测

长期市场预测一般是指 5 年以上的市场预测，是为制定社会和国民经济发展的长期规划，而专门进行的市场预测。长期市场预测主要是对市场未来的发展变化趋势，为社会和国民经济按客观规律健康地发展，为统筹安排国民经济长期的生产、分配、交换、消费提供重要依据。

不同时间的各种市场预测之间，不是互相孤立的，而是相互联系的。如长期预测可以参考中期预测的结果。

二、按市场预测的空间范围分类

按市场预测的范围进行分类，市场预测可分为宏观市场预测、中观市场预测、微观市场预测。

1. 宏观市场预测

宏观市场预测是统观整体市场需求的发展变化及趋势，其内容涉及国民经济全局的市场预测，其空间范围往往是全国性市场预测。宏观市场预测，以安排国民经济综合平衡中各种合理的比例关系，合理配置各种资源等为主要目的，为国民经济宏观决策提供必要的可靠的依据。

2. 中观市场预测

中观市场预测是涉及国民经济各行业的市场预测，从空间范围来看，是以省、直辖市、自治区或经济区为总体的市场预测。

如预测国民经济中某一行业可向市场提供的产品总量、某类产品数量或某种商品的数量，与其需求量对比分析，研究供给与需求之间是否适应；预测某省、自治区、直辖市的购买力总量的发展变化情况等。这些都可看做是中观市场预测，它主要是用以满足地区或行业组织生产与市场营销决策的需要。

3. 微观市场预测

微观市场预测一般是指企业所进行的市场预测，从空间范围上看，表现为当地市场或企业产品所涉及地区市场的预测。微观市场预测的范围比较小，其预测的过程及其内容可以比较具体、细致，它可以具体地预测市场商品需求的数量、品种、规格、质量等，为企业根据市场变化合理安排生产和营销活动提供准确、具体的市场信息。

不同空间的市场预测之间不是孤立的，而是互相联系的。微观预测与宏观预测的结论应是一致的。

三、按市场预测的商品内容分类

按市场预测的商品内容分类，市场预测可分为单项商品市场预测、分类别商品市场预测、商品总量预测。

1. 单项商品市场预测

单项商品市场预测是指对某种具体商品生产或需求数量的预测，以至对这种商品中具体规格、牌号、质的生产量或需求量进行预测。单项商品市场预测的特点在于预测内容的具体化，有极强的针对性。

2. 分类别商品市场预测

分类别商品市场预测是按商品类别预测其需求量或生产量等。如对食品类、衣着类、家庭设备用品及服务类、医疗保健类、交通和通信类、娱乐教育文化服务类、居住类、杂项商品和服务类等做生产量或需求量的预测。分类别商品市场预测，主要是为了分析研究商品需求的结构，以合理地组织各类商品生产和营销活动。除了按产品本身的类别分别进行市场预测外，还可按商品消费对象不同分类进行市场预测。因为不同的消费者对商品的消费数量和结构是不同的，即使是对同一商品，不同的消费者也会在其规格、牌号、品种、花色有不同的要求。消费者可按年龄、性别分类进行市场需求的预测，如儿童商品市场预测、妇女商品市场预测、中老年人商品市场预测等；消费者还可按地区分类进行市场需求预测，如城镇市场预测、乡村市场预测等；此外还可按消费者的职业等进行分类做市场预测。

3. 商品总量预测

商品总量预测是指对生产总量或消费需求总量所做的市场预测。它常常表现为一定时间、地点、条件下的购买力总量预测，国内生产总值预测等。产品总量市场预测可为从宏观和中观管理研究市场供求平衡提供重要的依据。

不同商品内容的市场预测是相互联系的，只是具体化程度的不同，在实践中各有用途。

四、按市场预测的方法分类

按市场预测的方法不同分类，市场预测可分为定性市场预测和定量市场预测。

1. 定性市场预测，是应用定性预测法所进行的市场预测

这类市场预测是依据预测者对市场有关情况的了解和分析，结合对市场未来发展变化的估计，由预测者根据实践经验和主观判断做出的市场预测。它既可以对市场未来的供给量和需求量进行预测，也可对市场未来发展变化的特点、趋势等做出判断预测。

2. 定量市场预测，是指根据定量预测方法进行的市场预测

定量市场预测根据所定数量的不同又可分为时间序列预测法和相关回归预测法。定量市场预测的特点，是以大量的历史观察值为主要依据，建立适当的数学模型以数学模型为预测模型，推断或估计市场未来的供给量和需求量等。其具体方法会在以后章节中介绍。

总之，市场预测是多种多样的，在市场预测研究实际问题时，要根据被研究对象的主要特点，根据市场预测目的的需要，选择适当的市场预测类型，以满足决策者研究问题的需要。前面所做的对市场预测的各种不同分类，每一种都不是孤立存在的，它们是相互联系的多种参考因素。如宏观市场预测，可以按中期或短期预测；也可按单项产品、分类产品、产品总量预测；还可用定性或定量方法进行市场预测等。在每一项市场预测实际工作中，预测者都必须确定预测的时间长短，预测的范围大小，预测的产品内容，预测的具体方法，实际上必须将对市场预测的各种分类综合考虑，才能进行一次具体的市场预测。

第二节 市场预测的一般步骤

为了成功地完成市场预测，预测者必须对预测的过程加强组

织，按照预测工作的客观规律，有计划按顺序认真地完成市场预测各环节的具体任务。不同的预测方法可能在各步骤的具体操作上有所不同，但一般步骤是相同的。市场预测的一般步骤大致可分为以下几方面：

一、确定市场预测的目的

确定目的是进行市场预测的首要问题。确定市场预测的目的就是明确市场预测所要解决的问题是什么，即为什么进行某项市场预测。在市场预测中，只有确定了预测的目的，才能进一步落实预测的对象内容，选择适当的预测方法，调查或搜集必要的资料；也才能决定预测的水平和所能达到的目标。否则市场预测就是盲目的，也是根本无法开展的。

确定市场预测的目的，主要是根据商品生产和营销决策的要求，针对不同的需要进行不同的市场预测。在社会主义市场经济发展过程中，还需要为制定社会经济发展规划进行各种市场预测。市场预测的目的通过市场预测工作计划来表现，在确定了预测目的之后，还应根据预测目的在预测工作计划中，具体明确预测对象内容，明确预测所采用的方法，落实市场预测中的人力、物力、财力需要，安排好各项工作量和工作进度。

确定市场预测目的，特别要做到具体明确。因为市场现象具有各种不同的表现和多种影响因素，出于不同的研究问题需要，可以从各个不同方面进行市场预测；市场的各种表现和多种影响因素，又是处在不断变化之中，在不同的时间、地点、条件下它们有明显不同。所以市场预测的目的要具体明确，才不至于背离市场预测的实际需要。

二、调查、收集、整理市场预测所需资料

市场预测不论采用定性预测法还是定量预测法，都不是无根据的或任意的主观设想。市场预测必须以充分的历史和现实资料为依据。在市场预测中，其预测过程是否能顺利完成，预测结果准确程度的高低，预测是否符合市场现象的客观实际表现等，在很大程度上取决于预测者是否占有充分的、可靠的历史和现实的市场资料。市场预测所需资料的调查、收集、整理是市场预测的一个非常重要的步骤。

1. 历史资料

市场预测所需的资料有历史资料和现实资料两大类。历史资料是指预测期以前各观察期的各种有关的市场资料，这些资料反映市场或影响市场的各种重要因素的历史状况和发展变化规律。如，全国或各地区历年人口数量及其增长量增长速度，人口构成情况及其发展变化情况；全国或各地区的城乡劳动者就业状况及其发展变化情况；全国或各地区居民家庭户数量及其发展变化情况，平均家庭人口数状况及其发展变化情况，家庭收入及支出水平、构成及其发展变化情况；全国或各地区历年货币流通数量，购买力数量及构成，城乡居民储蓄存款数量及发展变化情况；全国或各地区生产部门各类产品的产值、产量、成本、利润资料；全国或各地区的社会商品零售额数量、构成及发展变化情况；全国或各地区主要商品的供给和需求数量资料等。市场及影响市场各种因素的历史资料，是进行市场预测的基本依据。因为事物的发展从时间上看都是有联系的，事物过去的发展水平、规模、速度、比例等，必然要影响到事物的现在，而事物过去和现在的表现又必然影响到它的未来状况和变化规律，市场现象与众多的社

会经济现象一样，也具有这种时间上的连续性。分析和研究市场及各种影响因素的历史资料，充分运用其历史资料，是保证市场预测客观地对市场未来状况和发展变化趋势做出估计的基本条件。

2. 现实资料

市场预测的现实资料是指进行预测时或预测期内市场及各种影响因素的资料。市场预测所需的现实资料，一般是预测者根据需要对市场进行调查的结果，也可以是各种调查机构的已有资料。市场预测必须搜集有关现实资料，才能使市场预测的结果既不脱离市场现象的长期发展规律，又能对市场的现实变化做出及时的反应，使市场预测结果更加符合客观实际。市场现实资料在其内容上，主要包括市场及影响市场各因素的最近期表现。如，全国或各地区在市场预测时及预测期内的人口数量及构成和发展变化趋势；全国或各地区在市场预测时或预测期内居民购买力及其发展趋势；全国或各地区在预测时和预测期内生产数量及结构的状况和变动趋势等。此外，现实资料还特别注重从较小的市场范围内，对很具体的商品的生产、技术发展状况、质量、规格、需求状况等的资料进行调查，并对调查结果进行分析研究，为生产和营销企业预测提供资料。通常这种调查的组织者就是预测者，所做的市场调查常见的有：社会经济调查，市场动态调查，消费者意见调查等。

在取得市场预测所需的历史和现实资料后，还必须对这些资料进行加工整理。对资料进行加工整理，主要是对反映市场现象总体单位特征的资料，根据研究问题即进行预测的目的，根据市场现象自身的特点，进行分组分类，使这些资料系统化、条理化，使之成为反映市场现象总体特征的资料。经过加工整理的资料才能满足市场预测的需要。一般来说，对于历史资料是进行再整理的过程，因为人们积累的市场及各种影响因素的历史资料，是已经经过整理的，在市场预测前再进行整理，主要是为了进一步满足预测者研究问题的需要。有相当一部分现实资料也是这种情况。对于由预测者组织的各种调查所得到的那一部分现实资料，则是初次加工整理，直接将整理后的资料用于市场预测。

三、对资料进行周密分析，选择适当的预测方法

市场预测者对经过整理的市场预测资料，还必须进行周密的分析，然后才能选择适合的具体预测方法进行市场预测。对市场预测的资料进行周密分析，主要是分析研究市场现象及各种影响因素是否存在相关关系，其相关的紧密程度、方向、形式等如何；还要对市场现象及各种影响因素的发展变化规律和特点进行分析。如分析研究全国或各地区市场需求量与相应的生产部门发展之间的经济联系；分析研究全国或各地区市场需求量与居民收入水平之间的相关关系；分析国内市场与进出口贸易之间的经济联系和制约关系；分析研究全国或各地区社会商品零售额及其构成的发展变动规律；分析研究各种主要商品销售量在全国或各地区的发展变化规律等。在分析研究中可以看到，各种市场现象及各种影响因素资料所反映出的变动规律都不尽相同，有的呈现上升趋势，有的呈现下降趋势，有的呈现波动趋势，有的呈现平稳发展的趋势；其变动的幅度也有高有低。存在相关关系的市场现象及各种影响因素的表现也不尽相同，有的呈现单相关，有的呈现复相关；有的呈现正相关，有的呈现负相关；有的呈现直线相关，有的呈现曲线相关等。根据市场现象及各种影响因素的具体特点，才能选择适当的预测方法。市场预测的方法很多，各种方法不论是简单还是复杂，都有其特定的适用对象。在市场预测中，只有根据对资料的周密分析选择适当的方法，才能正确地描

述市场现象的客观发展规律，才能发挥各种预测方法的特点和优势，对市场现象的未来表现做出可靠的预测。

四、根据市场预测模型确定预测值，并测定预测误差

在市场预测中，根据市场现象及各种影响因素的规律，选择建立适当的预测模型。运用所建立的预测模型，就可以计算某预测期的预测值了。值得注意的是，在计算预测值时除了要依据数学模型的运算规律以外，还必须结合预测者对未来市场的估计，而不能机械地运用预测模型。这是因为预测模型只是市场预测中的一种方法或工具，并不具有任何特殊功能，决不能过于迷信它而忽视了对客观实际的分析。

在市场预测中，不论预测者选择多么适合的预测模型，也不论在计算预测值时多么认真，预测值与实际值之间都会出现一定误差。这是因为预测值是一种估计值，而不是实际观察结果，出现误差是必然的。但是，预测者可以通过各种努力使预测误差尽可能小。各种类型的市场预测方法，在计算预测值的同时，还必须测定预测值与实际值之间的误差。若预测误差大于研究问题所允许的范围，则预测结果不能被采纳；若预测误差小于研究问题所允许的误差范围，则可采纳市场预测值或在一定区间估计预测值。

五、检验预测成果，修正预测值

由于市场现象和各种影响因素都会随时间、地点、条件的变化而变动，市场预测值和市场预测所应用的方法不是一成不变的。市场预测者必须根据市场现实情况的变化，适当地对预测值加以修正，使之更加符合市场发展变化的实际。在对市场现象或

各种影响因素的连续观察和预测中，有时不但要对预测值加以适当修正，在市场现象和各种影响因素发生较大变化时，甚至必须改换预测方法，重新建立适合的预测模型，才能提高市场预测的精确度。总之，不论是宏观市场预测还是微观市场预测，都不能在建立了一个预测模型后，就不顾客观实际的发展变化盲目地连续使用下去，必须根据市场现象和各种影响因素的变化经常地修正预测值，在必要时则必须更换预测模型。

上述市场预测各步骤是紧密联系的，其中任何一个环节都是必不可少和必须认真对待的。任何一个步骤出现疏忽都会影响到整个市场预测结果的质量。在进行市场预测时，预测者必须把握各步骤的要点及其它们之间的相互联系，有步骤地具体实施预测计划，提高市场预测的精确度。

第三节　市场预测的主要内容

市场预测的核心内容是市场供应量和需求量。对市场的供应量和需求量进行科学的预测，是安排和调节市场供求关系，更好地满足人民生活和社会生产日益增长的、不断发展变化的需求的客观需要。市场的供应量和需求量并不是孤立存在的市场现象，它受到多种因素的影响，如国家的政治、经济发展形势；社会再生产中的生产、分配、交换、消费各环节的变化；国民经济中各种比例关系的发展变化；国民经济中积累和消费比例关系的发展变化；企业经营管理水平的提高；市场商品价格的变动等。这些诸多的直接或间接的因素，都会影响到市场的供应量和需求量的形成、发展及其变化。因此，市场预测的内容除供应量和需求量以外，还有市场各种主要影响因素的预测，大致可归纳为以下几方面。

一、生产发展及其变化趋势预测

社会生产的发展是形成市场供应量，实现市场需求的物质基础。社会生产的方式、水平及其发展变化，对社会分配和消费起着决定作用。市场供应量的大小和需求量在数量、构成上是否能够得到平衡，归根到底取决于社会生产的发展，取决于国民生产总值的增长及其分配比例关系的变化。生产部门必须生产出符合社会经济发展，适合市场需求数量和结构的产品，才能实现市场需求，保证市场供应量与需求量之间的平衡。

对生产进行预测，主要是对生产的数量、品种及其发展变化趋势进行预测。生产预测既可以国民经济为总体预测其总生产量，也可按不同类别商品生产进行预测；既可按单项产品进行预测，也可按同一商品不同牌号进行预测；既可进行宏观预测，也可以进行中观、微观预测。这主要取决于预测目的的需要。

工业和农业是我国国民经济中重要的两个生产部门，与人民物质和文化生活关系最紧密的各种产品，主要是由这两个生产部门提供的。在生产预测中，一般是以工、农业生产部门为主。在市场预测中，对工业部门的生产进行预测，必须从搜集某种或某类工业产品的历史和现实资料入手。调查和搜集其历年的产值、产量、成本、利润、销售量、销售价格等方面的资料；调查和搜集某种或某类产品的现有生产能力，包括原材料的供应情况，生产技术和科技发展对其产生的影响，产品质量状况和发展变化趋势等；同时还必须研究各种产品的产品寿命周期是处于产品发展的什么阶段上；了解工业生产新技术的引进情况，工业生产设备的更新情况；了解某种或某类工业产品在市场上的适销对路状况等。在此基础才能对各种或各类工业品的生产量进行预测。

在市场预测中，对农业生产即第一产业进行生产预测，必须结合我国农业生产的特点。在搜集资料时，不但要搜集各种或各类农副产品历年的总产量、国内生产总值资料；而且特别要注意了解其商品产值和产量资料，通常是以农副产品社会收购量或收购额表示。这是因为我国农业所生产的农副产品，有相当大部分是由农业生产者自己消费的、实际投入市场、形成市场供应量以满足需求的只是农业商品产量或商品产值部分。对农业生产的预测还特别应当结合农业生产的气候变动，因为农业生产是最容易受自然条件影响和限制的。此外政府对农业生产的各项政策；各级商业机构组织农副产品收购的措施；各部门对农业生产所提供的种子、化肥、柴油、农膜等农用物资是否充足等因素。这些都是农业生产预测中必须考虑的因素。

如果从社会生产的角度，从广义产品概念的角度，生产预测的内容绝不仅于此。不过，对于工农业生产以外的行业做生产预测，也可借鉴上述思路。

二、市场需求量预测

市场需求量又称市场容量，它是指一定时期一定地区一定购买者，在市场上具有货币支付能力的需求。市场需求量预测，不论是在宏观市场预测中，还是在中观市场预测中；不论是单项产品、分类产品的市场预测中，还是在产品总量的市场预测中，都是一项核心的预测内容。因为市场需求量的实现意味着社会再生产过程的最终实现，它不论是对生产部门还是对经营机构都是很重要的预测内容，也是国民经济综合平衡研究的重要内容。

市场需求量的预测必须从社会分配着眼，对具有货币支付能力的需求即购买力进行预测。因为市场需求量的形成归根结底取决于社会分配的数量、比例和结构。市场需求量根据需求产品用途分类，可分为生产资料市场需求量和生活资料市场需求量。这两类需求不但在商品性质上有明显不同，而且在需求者、需求数量、购买过程上都有不同的特点，在对这两类商品的市场需求量进行预测时，必须紧密结合我国市场的分工，结合消费者的特点来进行。

生产资料的市场需求量即生产资料购买力。预测生产资料的市场需求量，主要必须了解预测期内各生产部门设备更新、改造、挖潜、革新所需的生产资料数量及其构成；了解预测期内扩大再生产资金的数量及其构成；了解各行业内部及国民经济的生产结构变动情况；还应了解国家在预测期内的基本建设投资政策等。根据以上各方面的资料对生产资料的需求总量、需求结构及其发展变化趋势进行预测。在进行生产资料需求量预测时，还必须注意到我国生产资料营销的部门社会分工，生产资料的营销有专门渠道，应按商品种类不同组织预测工作。

生活资料市场需求量即居民和社会集团购买力，其中居民购买力是主要内容。生活资料市场需求量预测，主要应搜集和了解以下几方面的资料，从各方面入手进行预测。首先，必须搜集居民购买力资料，测算居民购买力总额。这就需要测算居民货币收入总数，居民货币收入总额是由分配形成的。它包括国家职工工资总额，城镇集体所有制职工的收入，农业生产者从事农业生产出售农副产品的收入和从事其他生产活动所得的收入，城乡居民从国家财政金融部门获得的助学金、抚恤金、各种补贴、储蓄利息等再分配收入等。居民的货币收入总额中，并非全部形成消费品购买力即市场需求量，居民总收入中还有非商品支出，消费者生活资料购买力，是扣除居民文化生活支出、劳务费用支出及各种纳税款项等的余额，对农村居民还应扣除其生产性支出。另外，居民在本期的货币收入不一定在本期全部支出，还会有一部分储蓄存款和手存现金。对某一预测期来说，居民储蓄和手存现金的期初期末差额，会对消费需求数量形成影响，所以在预测时必须注意居民储蓄存款和手存现金的变动情况。总之，居民货币收入总额，居民非商品支出和生产性支出，居民储蓄存款和手存现金的增减额等，是预测居民购买力即市场需求量所必需的资料。根据我国居民总体的购买力情况看，居民的货币收入总额是逐年上升的；服务支出占总支出的比重略有提高；居民储蓄存款和手存现金数量增长迅速。全国城乡储蓄存款余额 1985 年末为 1 622.6 亿元，发展到 1990 年末的 7 119.8 亿元，1995 年末为 29 662.3 亿元，2000 年末为 64 332.4 亿元，2002 年末为 86 910.6 亿元，2005 年末为 141 051.0 亿元，这是一个不容忽视的因素，它随时都可能对市场需求量发生较大的影响。

其次，在市场需求量预测中，对居民购买力要进行分类预测。在市场需求总量预测的基础上，进行市场需求量的分类预测是客观实际的要求。不同地区、不同收入水平的居民在市场需求数量和结构上都具有比较明显的差异。如城乡居民的收入水平不同，其市场需求量及其结构具有明显不同的特点；城镇或农村不同收入水平的居民，在消费结构上具有明显差异。对居民购买力的分类预测，主要方法是对城乡居民按人均收入水平分组，同时将各组消费的商品按用途分类，将这两种分组分类结合起来，观察并分析研究各种收入水平的居民对各类商品的不同需求量及其需求结构。进而预测各类商品的市场需求量，并对不同收入水平居民对各种商品需求结构的发展变化规律进行分析研究。

最后，在市场需求总量和分类市场需求量预测的基础上，对各种主要商品的需求量进行预测。主要商品需求量的预测，最重要的是要做到具体，这种预测必须落实到各种商品的具体牌号、规格、品种、花色上；同时也要结合消费者对所需求商品的质量、价格、服务等方面的要求。主要商品市场预测可以为企业的生产和营销提供信息，属于单项商品预测，是企业提高经济效益不可缺少的手段。

三、市场商品价格预测

商品价格是其价值的货币表现，在社会主义市场经济中，价值规律起着重要作用。市场商品的价格综合反映着社会再生产中各种复杂的经济关系，对市场起着重要的影响，是市场预测中必须重视的内容之一。市场预测必须对商品价格水平及其变动幅度和规律进行预测。

市场预测中的价格预测，主要是从形成和影响商品价格的各种因素入手，预测各种影响因素的变动。它必须预测商品生产中劳动生产率的水平，预测产品的成本、利润等。这些是形成和影响商品价格的主要因素，每种因素的变动都会引起市场商品价格的变化。对市场商品价格预测，是在对各影响因素预测的基础上，对商品价格的未来水平和变动趋势进行预测；同时还要说明市场商品价格的变动原因，分析商品价格的变动是否合理，并就市场价格变动对市场需求量的影响程度等问题进行分析预测。

市场商品价格，与市场需求量有很紧密的联系。有时表现为市场需求量决定市场商品价格变动；有时又表现为商品价格高低影响需求量的大小。在市场价格预测中，必须要考虑市场商品的供求关系，分析研究市场供求关系对商品价格的影响，同时分析研究市场价格水平对市场供求的反作用。市场商品价格预测只有充分地考虑到各种影响因素的综合变动，才能对市场商品价格做出精确的预测。

关于市场总体价格的变化，我国有经常性调查和编制的实践。这些指数与市场预测都有关，特别是要凭价格指数、消费品价格指数、农副产品收购价格指数等。

四、消费需求变化预测

随着我国社会主义市场经济的发展，随着我国城乡居民物质和文化生活水平的不断提高，消费需求的变化是非常明显的。消费需求变化的原因，主要是由生产的发展，居民购买力的提高，消费者消费心理的变化等引起的。在消费需求变化预测中，必须充分搜集各种影响因素的资料，综合考虑到这些因素对消费需求变化的影响程度。

消费需求的变化主要表现在两个方面：一方面是消费需求的数量变化，另一方面是消费需求结构的变化。消费需求变化预测，主要是就这两方面进行预测。消费需求数量变化预测，主要是要预测出消费需求的变动趋势和变动程度，它可以就商品总量预测，也可就分类商品或单项商品预测。消费需求从总数量上看一般是呈上升趋势，从分类商品和单项商品上看则有升有降。消费需求结构的变化，一方面表现为在较长一段时期内各类消费品需求结构的变动，如食品类、衣着类、家庭设备用品及服务类、医疗保健类、交通和通讯类、娱乐教育文化服务类、居住类、杂项商品和服务类等大类商品的需求结构变化，一般在较长时间内才能呈现出来。另一方面则表现为在较短时间内呈现的消费需求的季节性变化，新产品投放市场引起的消费需求变化等。消费需求的结构还会因为消费者不同呈现不同表现，由于某种消费者在消费者总体中所占比重的变动，也会引起消费需求结构的变化。如某地区少年儿童人数比重和老年人数比重的增加，会引起该地区少年儿童用品和老年人用品消费需求增加，从而导致该地区消费需求结构的变化。此外，消费者消费心理的变化，购买行为的变化等都会引起消费需求数量或结构的变化。在对消费需求变化进行预测时，应根据研究问题的需要，就不同的影响因素，从不同的角度对消费需求的数量和结构变化做出预测。

五、市场占有率预测

市场占有率是指在社会生产专业化分工的基础上，某行业或某企业生产或营销的某种商品，在该种商品的总生产量或总销售量中所占的比重。在现代社会生产中，市场上所销售的各种商品，由独家企业生产或由独家企业营销的情况实属罕见，绝大多数商品都是由多家企业生产和多家企业营销。企业注重对市场占有率的预测，能够促进企业在组织生产或营销中，提高经营管理水平，提高生产产品的质量和营销产品的质量；促使企业采用先进的生产技术或先进的促销手段。企业的经营管理水平提高，对于提高社会生产力水平，促进国民经济的发展是十分重要的。

市场预测除上述主要内容外，还有对其他影响市场各因素的预测。如对党和政府各项方针政策的预测；对全国或各地区人口数量及构成变化的预测；对劳动力就业状况及其变化的预测；对各项社会事业的发展，以至对各种民族风俗和习惯等，都必须特别加以关注，并且结合考虑到市场预测中去。

第四节　市场预测的方法及其选择

当预测者着手于某一项市场预测工作时，明确市场预测的目的是首要的，调查、搜集、整理市场预测资料是必须的。而紧接着的重要环节，就是选择适当的预测方法，这就需要了解市场预测的方法到底有哪些种类。随着社会生产的发展，随着科学技术水平的提高，人们对于市场预测越来越重视，各种市场预测的方法也就随着市场预测的实践，不断地产生出来完善起来。

一、市场预测方法的种类

市场预测的具体方法很多，大致可分为以下几类：

1. 定性市场预测法

定性市场预测法，主要是根据有关专家对市场情况的了解和对市场未来发展变化的估计，依靠专家的经验和他们的主观经验判断能力和综合分析问题能力，对市场未来的发展从数量上做出预测。

定性市场预测法的主要特点是，应用起来比较灵活方便；所花费的人力、物力、财力比较节省；所需时间比较短，时效性较强。它特别适用于缺少历史资料的市场现象的预测，如对投放市场的新产品的未来需求量进行预测等。定性预测法与定量预测法的主要区别，在于这两类方法的预测依据不同，而并不是说定性预测法只预测市场发展趋势不必测算预测值。

2. 相关回归分析市场预测法

相关回归分析市场预测法，是根据市场现象各种影响因素之间的相关关系，确定影响市场现象的因素，将影响因素作为自变量，将所要预测的市场现象作为因变量，对市场的未来状况做出预测。所建立的数学模型称为回归方程。相关回归分析市场预测法是一种定量预测方法，所谓定量，就是定量预测期内对市场现象产生影响的一个或多个自变量的数量，根据所定的自变量数量，用回归模型测算出市场现象因变量的数量，即市场预测值。相关回归分析预测法是市场预测中一类实用价值很高的方法。

3. 时间序列市场预测法

时间序列市场预测法，是以市场现象的时间序列历史资料为依据，根据时间序列的变动规律建立适当的数学模型，用数学模型对市场现象的未来趋势做出预测。时间序列市场预测法，也属于定量预测方法，它所定的是时间影响量，即根据所建立的数学模型，对未来一定预测期的市场现象数值做出预测，不同的预测期，市场现象预测值就不同。时间序列预测法对于具有详细时间序列资料的市场现象，对于无法确定其主要影响因素或无法将主要影响因素量化的市场现象进行预测，是最适合的预测方法。

二、市场预测方法的选择

在众多种类的预测方法中，预测者选择哪种方法进行市场预测最为合适，是市场预测实践中所面临的一个具体问题。一般来说，选择市场预测的方法应从以下几方面综合考虑。

1. 市场预测的目的和要求

每项具体的市场预测都有其特定的目的，市场预测的目的不同，对预测方法的选择就有不同的要求。在长期市场预测中，必须选择适合长期预测，能够反映市场现象发展趋势的预测方法；在短期市场预测中，则应选择适合短期预测，对市场变化反应灵敏的预测方法。在对新产品投放市场的需求量进行预测时，由于不具有时间序列的历史资料，就不能用时间序列预测法，而最好采用定性市场预测法做预测。由此可见，市场预测的目的和要求，决定着选择什么方法做市场预测最合适。

2. 市场预测对象的特点及其发展变化规律

选择市场预测的方法，还必须从市场预测对象本身的特点和发展变化规律出发。如当预测者能够比较容易地确定影响预测对象的主要因素，并能将其量化时，就可以顺利地应用相关回归分析市场预测法；如果影响预测对象的主要因素难以确定，或影响因素可以确定但无法量化，就不能采用相关回归分析预测法，必须考虑采用其他预测方法。

采用时间序列预测法做市场预测时，更应细致地观察时间序列历史资料的发展变化规律和特点，建立适当的预测模型。时间序列的发展变化特点和规律一般是比较复杂的，必须经过反复观察和分析研究才能发现；时间序列数学模型的种类也很多，有的很相似比较容易混淆。因此，对市场现象发展变化特点和规律的观察和分析研究要特别认真细致。

3. 预测结果的准确性

在市场预测中，将预测误差降到最低限度，是每个预测者所希望的，也是他们选择不同市场预测方法时的重要标准之一。各种市场预测方法的预测能力不同，其预测误差的大小也不同，有的预测方法在预测市场现象发展趋势方面比较准确，有的方法则在反映市场现象波动方面比较准确。

在市场预测的实践中，经常会遇到适用于某一预测对象的方法不只有一种，一种预测方法不只适用于一种预测对象。在预测方法实际使用之前，并不知其预测误差的大小。在这种情况下，通常是应用几种不同的适用性预测方法，同时对某一市场现象进行预测，并分别计算各种预测方法做市场预测时的预测误差。将各种不同预测方法所做预测值的市场预测误差加以比较，选择预测误差最小的预测方法做出的市场预测值，并作为最终被采纳的市场预测值。

4. 预测方法的适用性

这里所指的预测方法的适用性，是市场预测方法的难易程度、预测费用和时间长短等对预测者是否适用。有的预测方法虽然可以比较准确地对市场预测对象做出预测，但其数学知识要求程度高，运算工作量大，需用电子计算机完成数据处理，所需费用比较大，花费时间比较长。这类预测方法的实际应用受到比较大的限制，或者说它并不具备广泛的客观适用性。

预测者在选择预测方法时，必须根据自己所具备的各种条件，选择适用的预测方法。如果各方面的条件具备，当然可以将预测精度作为选择预测方法的主要因素考虑；但如做市场预测时，计算能力和设备、预测费用和时间等条件并不特别理想，则可适当降低一点预测精度要求，选择那些过程简单，运算量较小，费用和时间都比较节省的方法进行市场预测。

第五节　市场预测精确度分析

提高市场预测的精确度，即降低市场预测误差，是每个市场预测者所特别希望的。准确的市场预测结果，可以为制定科学的宏观或微观管理决策，提高宏观或微观经济管理水平，提供可靠的重要依据。

一、市场预测精确度的测定

市场预测是对未来市场各种可能的表现进行预计或推算，预测值与实际值之间必然会产生一定的误差。市场预测精度，是市场预测对象的预测值与其实际值之间的误差程度。误差越小说明市场预测的精度越高，误差越大则说明市场预测的精度越低。市场预测精度就是利用预测误差来说明市场预测的准确度。市场预测精度的测定即对市场预测误差的测定。

市场预测误差的计算方法，可以根据研究问题的需要和市场预测对象的不同而有所不同。常用的市场预测误差指标有以下几种：

1. 平均误差 $\bar{e}$

平均误差是对预测值与实际值之间离差计算的平均值。其计算公式为：

$$\bar{e} = \frac{1}{n} \sum_{i=1}^{n} e_i$$

式中：e_i 各预测值与实际值之间的离差；

　　　　n 观察值项数。

用平均误差测定预测精度，要注意 e_i 离差值的方向。一般 e_i 会有正负两种数值，将其相加时会使正负相抵，最终计算出的平均误差 $\bar{e}$ 有偏低倾向。若实际研究问题时允许 $\bar{e}$ 的正负值相互抵消，即以研究其净误差为目的时，这个指标才可以被应用来测定预测精度。在 e_i 无负值情况下，则可应用平均误差指标。

2. 平均绝对误差 MAE

平均绝对误差是对预测值与实际值之间离差的绝对值计算平均数。其计算公式为：

$$MAE = \frac{1}{n} \sum_{i=1}^{n} |e_i|$$

用平均绝对误差指标测定预测精度，由于对离差 e_i 都绝对值化，其正负值不会出现正负相抵；绝对值化的离差平均值，能更好地反映预测误差大小的实际水平，不会使测定出的预测误差偏低。

3. 均方误差 MSE

均方误差是对预测值与实际值之间离差的平方值计算平均数。其计算公式为：

$$MSE = \frac{1}{n} \sum_{i=1}^{n} e_i^2$$

均方误差指标计算中，将预测值与实际值之间的离差平方化，也是为了避免 e_i 值正负相抵使预测误差偏低的问题出现，使预测误差指标更能反映误差的实际水平。需要注意的是，对同一预测对象的预测误差进行测算，其均方误差指标比平均绝对误差指标的值要大。同时该指标测定结果通常会比实际误差大。

4. 标准误差 RMSE

标准误差是对预测值与实际值之间离差的平方值计算平均数，再将这个平均数开平方。其计算公式为：

$$RMSE = \sqrt{\frac{1}{n} \sum_{i=1}^{n} e_i^2}$$

标准误差实际上就是对均方误差开平方，这样可以克服均方误差指标造成的预测误差水平偏高的问题，使得所测算的误差水平更符合实际。

以上四个测定预测精度的指标，都是具有计量单位的实际值，其计量单位与预测对象的计量单位相同。在实际应用这些指标时，必须结合市场预测对象的实际值与预测值的数值水平，分析研究预测误差值的大小，决定所做的预测值是否可被采用。一般地说，预测误差指标值越小，说明市场预测精度越高，其下限并不做规定；预测误差值越大，说明预测精度越低，预测误差值大到一定水平，其预测值就失去了意义，即对预测误差要有上限规定。预测误差上限水平的确定，要根据市场预测的目的和市场预测对象的实际水平而定。

由于预测误差的上限水平，会因预测目的和市场预测对象的实际水平不同而不同。为了能将不同预测对象的预测误差上限用一个相同的数值表示出来，就设置了下面的平均绝对百分误差指标。

5. 平均绝对百分误差 MAPE

平均绝对百分误差，是用相对数形式百分数表示的预测误差指标。平均绝对百分误差指标，是对预测值与实际值之间离差除以实际值的比值的绝对值计算平均数。其计算公式为：

$$\text{MAPE} = \frac{1}{n} \sum_{i=1}^{n} |\text{Pe}_i|$$

式中：$\text{Pe}_i = \dfrac{Y_i - \hat{Y}_i}{Y_i} \times 100\%$

平均绝对百分误差指标用百分数表示，在实际应用中，这个指标数值越小，说明预测精度越高；若这个指标大于 10% ~ 15%，则认为预测值误差太大，不能被采用。由于平均绝对百分误差指标采取了相对数形式，所以它对不同的预测对象可以采用同一个预测误差上限的规定值，给不同预测对象预测误差的比较，同一预测对象不同预测方法的预测误差比较等创造了可比条件。

总之，在市场预测中，对于各种定量方法所取得的预测值，都必须要测定其预测误差。如果预测误差超出了研究问题允许的误差范围，则不能采纳预测值，必须考虑改变预测方法。当然，在采用几种方法对同一预测对象进行预测时，则必须对各种方法的预测误差加以测定，并对误差的大小进行比较，选择预测误差最小的预测方法所得的预测值，作为最终被采纳的预测结果。

二、对市场预测精度的分析

市场预测精度是每一项市场预测中都要遇到的问题，在市场分析中，它与市场预测结果具有同等的重要性，是市场预测中随预测值一起测算的重要指标。对它必须有正确的认识。

1. 如何认识市场预测精度

市场预测既然是估计或预计，就一定会存在或大或小的误差，这是任何一种预测方法都不能完全避免的。市场预测者和应用市场预测结果的人都不能错误地认为，存在预测误差就是预测结果不准确。应该具体分析预测误差是否合理，对预测误差过大的预测结果当然不能使用；而对于纯粹是由于无法事先确定的随机因素所引起的预测误差，只能想方设法将其控制在最小限度内，即控制在研究问题所允许的误差范围内。

市场预测中预测误差的测定，是根据市场现象观察期内理论值与实际值之间的离差来计算的，而不是对预测期内的误差进行测定。预测者只能根据这样计算出的预测误差来确定预测值是否可用，也只能通过各种努力将这个误差控制在最小限度内。但人们在评价市场预测结果准确与否时，则往往是以预测期内预测值与实际值之间的误差大小作为标准的，这无疑是进一步提高了对市场预测精度的要求。这就要求预测者必须对预测期市场现象和各种影响因素做充分的了解和分析，而不能仅仅单纯依靠市场现象过去的历史资料进行预测。在许多市场预测中，预测者往往需要对市场预测对象的未来状况做出几种预计。若仅仅按市场现象自身的发展变化趋势，其未来发展状况将会如何；若对市场预测对象采取某种措施加以促进或控制，其未来发展状况又会是什么结果。在相关回归分析预测中，更要注意某一种或一种以上因素的不同变动程度和不同变动趋势对市场预测对象的不同影响结果。

2. 市场预测不准确的原因

在市场预测的实践中，往往会遇到预测结果不准确这种不尽如人意的情况，其预测误差过大，预测结果不能被采纳。一般地分析起来，造成市场预测不准确的原因主要有以下几方面：

（1）市场预测资料的限制。市场预测是根据市场现象的历史资料对其未来的发展变化结果进行预测，预测者所掌握资料的状况就成为影响预测结果精确度的重要条件之一。如果预测者所掌握的市场预测对象的资料不够完整、不够系统或不够准确，所做出的市场预测结果就会发生与客观实际误差过大，被认为不准确而不能被采用。

（2）市场现象影响因素的复杂性。市场受到多种因素的影响，有些影响因素比较直接容易被注意，而有些影响因素比较间接不易被重视；有些因素比较肯定，有些因素则比较偶然带有很大随机性；有些因素比较容易取得其量化资料，有些因素则不易取得其量化资料或根本无法量化。预测者必须对各种影响因素进行综合分析，并对其影响程度进行测定，才能做出准确的市场预测。但对于不肯定因素，对间接因素及无法量化的因素等进行测定，往往难以做到比较准确。因此，市场现象和各种影响因素的复杂性，也无疑会对市场预测的准确性产生很大影响，甚至使市场预测结果不能被采纳。

（3）预测方法不适合。市场预测中可供采用的预测方法很多，每种预测方法都有自己适用的市场现象所表现的不同发展变动规律。市场预测方法的科学性，一方面表现在方法本身是否具有科学的依据；另一方面则表现在预测方法的适用性是否得到了发挥。

若在市场预测中所采用的方法不适合市场现象的发展变化规律，所取得的市场预测结果必然是不准确的。而在市场预测的实践中，预测者只有不断提高自己的分析问题能力，提高理论水平，积累丰富的实践经验，才能在选择适用性预测方法时不造成失误。

3. 提高市场预测精度的可能性

市场预测误差虽然不可避免，但预测者却可以通过各种努力将它控制在最低限度。提高预测精度是可能的，这一点除了各种条件具备和主观努力以外，从根本上说是由市场现象客观上存在的发展变化规律所决定的。

（1）市场现象存在连续性。与世界上任何事物一样，市场现象的产生、发展、变化也是一个具有时间连续性的过程。市场现象的未来状况与其过去和现在的状况有着紧密联系。市场现象未来的状况和发展规律是它过去和现在发展变化的结果，因此根据所掌握的市场现象过去和现在的资料，根据对市场现象过去和现在发展变化规律的研究，推断和估计它未来状况是完全可能的，是具有科学依据的。只要这种推断或估计是客观的，必然能使市场预测结果达到较高的精确度。

（2）市场现象与其他事物是相互联系的。市场现象不是孤立存在的，各种市场现象之间有着许多相互联系，与市场以外的其他事物也发生和存在着千丝万缕的联系。相互联系的事物表现为相互依存、相互影响、相互制约等等。预测者可以利用这种相互联系的关系，达到对市场现象进行预测的目的。对于具有相关关系的市场现象，可以根据自变量发展变化的具体情况，来推断被研究的因变量的表现；对于具有相似性或类同性市场现象的发展规律，则可以"举一反三"加以研究。总之，对市场现象之间的联系和市场与其他事物之间的联系，进行深入了解和分析研究可以提高预测的精度，得到理想的市场预测结果。

第九章 判断分析市场预测法

判断分析市场预测法是相对于各种定量预测法来说的一类预测方法。判断分析市场预测法，也称定性市场预测法。判断分析市场预测法是指预测者在以各种方法取得市场资料后，在对这些资料进行整理加工和分析研究的基础，运用预测者自身的实践经验和判断分析能力，对市场未来的发展变化趋势做出估计测算预测值。判断分析市场预测法是一类很重要的预测方法，其中包括许多具体方法。在市场预测实践中，判断分析市场预测法是对各种市场现象和各种影响市场的因素进行综合预测时，必不可少的重要方法。

第一节 判断分析市场预测法的特点

判断分析市场预测法在市场预测中具有重要的用途，这类方法在我国的市场预测实践中，已经并将继续发挥其特定的重要作用。定性市场预测法的作用是由其自身的特点所决定的。定性市场预测法与定量市场预测法相比，具有以下几个特点：

一、定性市场预测法与定量市场预测法的依据不同

定量市场预测法的主要依据是，市场现象未来的发展变化趋

势与其过去和现在的表现是相连续的；市场现象发展变化受到各种影响因素发展变化的影响。因此，可以根据市场现象过去和现在的表现来推断其未来的表现；或根据影响市场现象的各种主要因素的发展变化去预测市场未来的发展变化。

而定性市场预测法，则是在没有或很少具有市场资料的条件下，依据预测者的实践经验和分析判断能力，对市场未来的发展变化做出预测。它所特别注重的是预测者的判断分析能力。这两类市场预测法的基本依据不同，使它们在市场预测的实践中发挥着不同的作用，有着不同的适用对象。相比之下，定性市场预测法更有利于发挥预测者的主观能动性，更有利于对市场未来做出深入、细致、具体的符合客观实际的市场预测结果。

二、定性市场预测法具有广泛的适用性

定性市场预测法，虽然是以预测者的实践经验和判断分析能力为依据做出对市场未来状况的预测，但它并不是仅仅靠预测者的主观想像任意地做出预测。它必须依据预测者在实际工作中积累的丰富的实践经验，依靠预测者深刻的理论根底和分析判断能力。由此，可以说定性市场预测法是一类科学的预测方法。

与定量市场预测法相比，定性市场预测法是一种比较易于掌握的。它并不要求预测者有较高的数学知识水平或很高的文化程度，容易被预测者接受。定性市场预测法还具有费用低，时效性较高的特点，这对于市场预测中费用有限或时间比较短的情况下，当然是十分有利的。所以，不能片面地认为，只有运用定量市场预测法的各种数学模型所做出的市场预测结果是准确的，而定性分析市场预测法就不科学或不准确；更不能将数学模型神秘化，迷信化，达到连根据客观实际做出的分析判断都不相信的地步。事实上，定性市场预测法不但能够起到一些定量市场预测法

的作用，甚至还能起到一些定量市场预测法所起不到的作用。如在进行市场预测时，若遇到市场现象的历史资料不够全面、准确、系统的情况；若遇到对新产品的生产或需求量的预测，根本无历史资料的情况；若遇到影响市场的某种或多种因素难以取得量化指标资料的情况等等。这些情况下，采用定量市场预测法是不可能的，而采用定性市场预测法则是得心应手的。在许多市场预测中，将定性市场预测法与定量市场预测法结合应用，能使两类方法的作用都得到充分发挥，又能相互取长补短。能够达到使市场预测的结果更加客观地反映市场现象，提高市场预测精确度的目的。

三、定性市场预测法具有较强的灵活性

由于定性市场预测法在占有市场资料的基础上，更加注重预测者的实践经验和判断分析能力，使这种方法在市场预测中更能够充分发挥预测者的主观能动性，也使市场预测增加了灵活性。

在单纯采用定性市场预测法进行市场预测时，对于缺少历史资料的市场现象进行预测，预测者的实践经验和判断分析能力成为预测的主要依据。预测者需要充分发挥主观能动性，根据自己对预测对象的观察与了解，针对被预测对象所处的一定时间、地点和条件，对市场现象进行周密细致的分析研究，充分考虑各种客观因素对市场现象已经产生的或可能产生的影响。由此，才能对市场现象未来发展变化的趋势；对其发展变化的程度和可能达到的水平、规模；对市场现象发展变化中将会出现的转折点等等，做出科学准确的定性预测。需要特别注意的是，定性市场预测并不是只对市场现象未来发展变化的性质做出预测，它最终也是用数值测定出市场现象的预测结果。定性市场预测法中所说的

定性，是指在市场预测中对市场现象未来的数量表现进行预测时，所采用的不是各种定量的数学模型方法，而是定性的判断分析方法。

在市场预测的实践中，还经常将定性市场预测法与定量市场预测法结合应用，这更能增加市场预测的灵活性。定量市场预测法在根据市场现象的历史资料，根据各种影响市场现象的主要因素的历史和未来的资料，对市场现象进行预测时，只能根据市场现象过去的发展变化数量，只能就影响市场的一个或几个主要因素的数量，去推断市场现象未来的发展变化数量。这当然是具有科学性的，也是市场预测中十分需要的。但市场现象未来的表现毕竟不会与其过去和现在的发展变化规律完全一致；也毕竟存在一些客观上对市场现象有比较重要影响的因素，难以搜集到量化资料或无法量化；这都会对定量市场预测法的预测结果准确性发生不利影响。而如果用定性市场预测法与定量预测法相结合，充分发挥预测者的主观能动性，根据他们的实践经验和判断分析能力，对市场现象未来发展变化特点与其过去和现在不一致之处，对难以量化的影响市场现象的因素，进行深入细致的分析研究，据此对定量市场预测法所得到的预测值，加以适当调整或补充，对于提高市场预测的精确度是非常有利的。

在市场预测的实践中，定性市场预测法常常融进定量预测法中的数学分析方法；定量市场预测法更离不开对市场的定性分析。两类方法相互结合，取长补短，能够大大提高市场预测的准确性，使市场预测更加全面、准确、及时。

定性市场预测法有很多具体方法，在市场预测中必须对预测对象进行具体分析，选择最适合的方法。在此介绍几种常用方法。

第二节　主观概率市场预测法

概率是统计中用来研究随机现象、不确定现象的测定方法，它反映某种不确定现象发生的可能性大小。例如，市场上某种商品的销售情况，在未进行实际销售之前，会有三种可能性，即商品畅销、平销或滞销；某地区某时期的居民购买力，在未实际形成之前，可能出现的情况是增长、持平、下降等。若将这种通常称为可能性的问题，用一个具体的数值表现出来，就称这个数值为概率。这只是对概率一词最基本、最通俗的解释。

概率有客观概率和主观概率两种。客观概率是指一个含有某种事件的试验被反复进行多次时，该事件出现的相对次数。如抛掷一枚硬币，每次可能出现正、反两种结果，反复抛掷许多次，出现正面和反面的次数各为1/2。用相对数表示，即正面和反面出现的概率均为0.5（或50%）。客观概率具有两个基本特点：其一，每次试验必须在相同的条件下进行；其二，实验反复进行许多次。显然，市场预测所研究的各种市场现象，绝大多数是不能满足这两种条件的。市场预测者必须要在不完全相同和不能反复试验的条件下，对市场现象未来的表现做出估计。例如，某公司经理认为，明年企业的销售额将比今年增长15%，这种看法实现的可能性有多大？对此问题的判断显然不是估计其客观概率，这就引出了主观概率的问题。

主观概率是预测者根据自己的实践经验和判断分析能力，对某种事件在未来发生的可能性的估计数值。例如，某公司经理认为明年企业销售额将比今年增加15%。这种看法的可能性有多大呢？有人认为其实现的可能性为80%，有人则认为其实现的可能性仅为50%。通常将这种估计值称为主观概率。主观概率是通过预测者的经验判断或主观分析得出的，而不是根据对现象反复实验观察其实际结果得到的。主观概率反映个人对某一事件的信任程度，它具有两个明显特点。其一，由于每个人认识事物和分析判断的能力、方法等不同，不同的人对同一事物在同一条件下发生的概率值估计，会有一定程度或相当大程度的差异；其二，主观概率的数值是否正确，一般是难以核对的。如前面所说的问题，经理认为明年企业销售额增长 15% 的概率为 90%，副经理认为有 80% 的概率度，业务主任则认为只有 50% 的概率。若明年年底证明销售额确实比今年增长了 15% 左右，那么它到底是以 90% 的概率发生的，还是以 80% 或 50% 的概率发生的，则是根本无法核对的。根据主观概率的这种特点，在实践中往往要调查较多人的主观概率判断值，将这些概率值加以平均，求出比较合理的主观概率值。

主观概率和客观概率具有不同的特点，但在某些方面它们又是一致的。不论是主观概率还是客观概率，都必须满足概率论的基本公理，即：

$$0 \leqslant P(E_i) \leqslant 1$$
$$\sum P(E_i) = 1$$

式中：E_i 试验空间的每一个事件，$i = 1, 2, 3 \cdots\cdots$；
$P(E_i)$ E_i 的概率值。

概率论关于概率的基本公理，说明了概率的两个基本特点：其一，试验空间全部事件的每一个事件的概率之和等于 1；其二，试验空间中每一个事件的概率在 0 至 1 之间，即是一个大于或等于 0，小于或等于 1 的数值。当概率值等于 0 时，表明事件不可能发生；当概率值等于 1 时，表明事件发生的可能性上升为必然性，即事件肯定发生；而当概率值在 0 ~ 1 之间时，说明事件出现大小不同的可能性。如前例中，经理认为明年销售额上升 15% 的可能性为 90%，则是认为此事件不出现的可能性只有 10%；副经理认为该事件的可能性为 80%，则是认为此事件不出现可能性为 20%；业务主任认为该事件的可能性为 50%，则认为此事件不出现可能性为 50%。每个人的主观概率水平都在 0～1 之间，其可能性和不可能性两事件的概率之和为 1。

主观概率市场预测法，是一种适用性较广的方法，可应用在许多市场现象和各种影响市场因素的预测中。应用主观概率市场预测法，一般要按下面几个步骤进行。

一、说明预测目的和要求，提供必要的资料

采用主观概率市场预测法，首先要由预测的组织者向参加主观概率的各预测者，说明市场预测的目的和要求。如说明预测结果是编制计划，还是组织生产与销售等；说明预测所要求的准确度等等。在此基础上，还需要向参加主观概率预测的每个人，提供做出主观概率所必需的资料，主观概率预测绝不是主观随意估计，它必须在每个参加者对市场现象有一定了解的基础上，才可能提出较准确的主观概率值。为了使提出主观概率者有比较充分的依据，所提供的资料必须准确、系统，而不能仅仅是一些零散的资料。资料的内容既要有数量资料，也要有文字材料，既要有被预测现象本身的资料，也要有各种影响因素的资料。

[例] 现对某公司第 4 年 10 月的商品销售额进行预测，要求预测误差不超过 3 万元。为此必须提供该公司过去几年商品销售额的分月资料。资料见表 9－1。

表 9－1　　　　　　　　商品销售额月资料　　　　单位：万元

销售额 \ 年 月	第一年	第二年	第三年	第四年
1	33	35	83	104
2	28	34	83	104
3	29	33	96	106
4	30	34	88	102
5	29	35	83	103
6	30	35	94	109
7	34	46	97	
8	31	40	99	
9	30	40	101	
10	29	44	102	
11	30	49	101	
12	31	63	99	

二、制定调查表，并发给每个被调查者填写

调查表用来搜集被调查者对未来销售额变动趋势有关看法的主观概率，以达到预测第 4 年 10 月份销售额的目的。在调查表中要列出各种销售额可能发生的不同概率，所列出的概率在 0 到 1 之间，并分出不同层次。由被调查者在不同的概率下填写不同的销售额。其概率一般以累积概率列出，见表 9－2。

表 9－2　　　　　　　　主观概率调查表　　　　单位：万元

累积概率	0.010 (1)	0.125 (2)	0.250 (3)	0.375 (4)	0.500 (5)	0.625 (6)	0.750 (7)	0.875 (8)	0.990 (9)
商品销售额									

表 9 - 2 中，第（1）栏累积概率为 0.01，被调查者将在此累积概率下填写该公司 10 月份销售额的最低可能值，即销售额低于此值的概率为 0.01（或 1%）。

表 9 - 2 中，第（9）栏累积概率为 0.99（或 99%），被调查者将在此累积概率下填写该公司 10 月份销售额的最高可能值，即被调查者认为销售额高于此值的概率只有 0.01（或 1%）。

表 9 - 2 中，第（5）栏累积概率为 0.5，被调查者将在此累积概率下填写销售额的中间可能值，表明该企业 10 月份销售额高于或低于此值的概率都为 0.5（或 50%）。

此主观概率调查表由市场预测的组织者，发给每一个被选定参加主观概率预测的人，并由他们根据所提供的资料，依据自己的判断分析，在商品销售额一行各栏中，填写出不同的数量。

三、整理汇总主观概率调查表

主观概率调查表由被调查者填写后，预测的组织者将调查表收回。由于调查是在较多的被调查者中进行的，而预测组织者又不能仅根据某一个被调查者的主观概率进行预测，必须根据所有的被调查者的主观概率进行预测，这就需要对调查表进行整理，并汇总所有被调查者的意见。汇总的一般方法是计算平均值，绘制累积概率的分布图。若前面所研究的问题，对 10 名被调查者发放了主观概率调查表，其汇总结果见表 9 - 3。

表 9 - 3 中，汇总了 10 名被调查的主观概率，可作为市场预测的依据。

另外，可做出累计概率分布图，更直观地反映问题，见图 9 - 1。

表 9 - 3 　　　　　　　　主观概率汇总表　　　　　　　单位：万元

被调查者	0.01 (1)	0.125 (2)	0.25 (3)	0.375 (4)	0.50 (5)	0.625 (6)	0.75 (7)	0.875 (8)	0.99 (9)
1	95.0	96.5	97.0	99.0	100.0	101.0	102.0	102.5	104.0
2	89.0	94.5	96.0	97.0	99.0	100.0	102.0	102.5	112.5
3	92.0	94.5	96.0	96.5	101.0	102.0	103.0	104.0	110.0
4	97.0	97.5	98.0	98.5	99.0	99.5	100.0	100.5	101.0
5	99.0	99.5	100.0	101.0	102.5	104.0	105.0	106.0	108.0
6	84.0	89.5	90.0	92.0	95.0	96.0	97.0	98.0	99.0
7	97.0	99.0	100.0	103.0	104.0	106.0	108.0	109.5	112.0
8	90.0	92.5	93.0	94.5	96.0	97.5	99.0	100.0	102.5
9	94.0	94.5	95.0	95.5	96.0	96.5	97.0	97.5	98.0
10	100.0	101.0	102.0	102.5	103.5	104.5	106.0	106.5	110.0
平均值	93.7	95.9	97.7	97.95	99.6	100.7	101.9	102.7	105.7

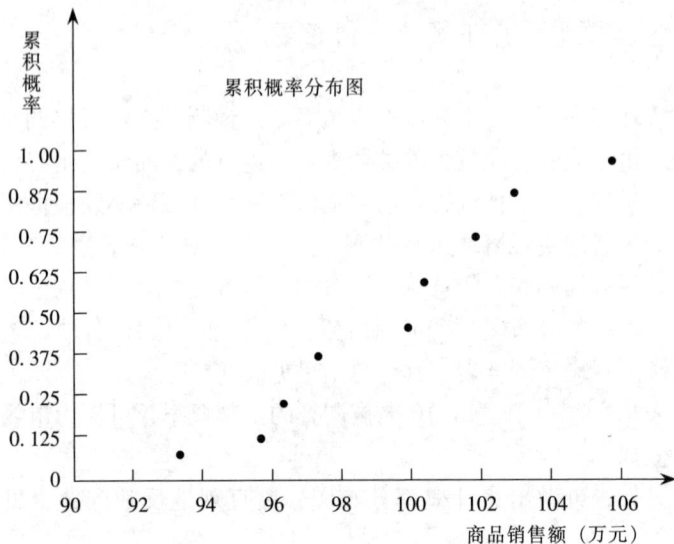

图 9 - 1

四、根据汇总情况进行判断预测

　　根据对 10 名被调查者的主观概率的汇总，可以做出判断预测，对第 4 年 10 月该公司的销售额进行预测。

　　该公司第 4 年 10 月份的商品销售额最低值为 93.7 万元，低于这个数值的可能性极小，只有 1%。

　　该公司第 4 年 10 月份的商品销售额最高值为 105.7 万元，超过这个数值的可能性也很小，只有 1%。

　　可用 99.6 万元作为第 4 年 10 月份该公司商品销售额的预测值，它是最大值和最小值之间的中间值，它的累积概率为 50%，是商品销售额期望值的估计数。

　　根据最初对预测的要求，预测误差为 3 万元，则预测区间为99.6±3，即商品销售额预测值为：96.6 万 ~ 102.6 万元。从主观概率汇总表来看，这个值在第（3）栏到第（8）栏之间，累积概率在 0.25 ~ 0.875 之间。根据累积概率的特点，销售额在96.6 万 ~ 102.6 万元的概率应为：$0.875 - 0.25 = 0.625$，即62.5%。若扩大预测误差的允许范围，则可相应地提高销售额实现的可能性。如：要求误差在 ±6 万元以内，销售额的预测区间为 93.6 万 ~ 105.6 万元，在主观概率汇总表的第（1）栏到第（9）栏的范围之内，累积概率在 0.01 ~ 0.99 之间，相应的概率为 $0.99 - 0.01 = 0.98$，即 98%，说明商品销售额在 93.6 万 ~ 105.6 万元之间的可能性达到 98%。显然，主观概率市场预测法在确定预测值的时候，必须既要考虑预测的精确度，又要顾及可靠程度即现象发生的概率。

　　在实际应用主观概率预测法中，往往需要对预测值进行检验和校正。校正的根据有二：其一，是对被调查者所提出的预测值及其主观概率的根据做深入的了解，研究其根据是否可靠；其二，是对过去已经做过的预测与实际发生值的误差进行测算，以此对预测值做进一步校正。假定在上述实例中，该公司对第 3 年各月的商品销售额做过主观概率预测，将预测值与实际发生值进行比较，计算一个相对数，以此相对数来调整第 4 年 10 月的预测值。见表 9 - 4。

表 9 - 4　　　　　　　　　　预测偏差计算表

月份 (1)	预测值（万元） (2)	实际值（万元） (3)	实际值/预测值 (4)
1	85.0	83	0.976
2	84.0	83	0.988
3	95.0	96	1.011
4	88.0	88	1.000
5	83.5	83	0.994
6	93.0	94	1.011
7	97.5	97	0.995
8	98.5	99	1.005
9	100.5	101	1.005
10	102.5	102	0.995
11	102.0	101	0.990
12	100.5	99	0.985
合计	—	—	11.955

　　表 9 - 4 中计算了实际值与预测值的比率，它反映了预测值与实际值的偏差程度，由于偏差有大有小，必须计算其平均值，反映偏差的一般水平，并用来校正各月预测值。偏差的平均值为 $\frac{11.955}{12} = 0.996$，这说明第 3 年对各月销售额的预测稍有偏高。

以 0.996 为修正系数，对第 4 年 10 月份的预测值加以校正，即：

第 4 年 10 月销售额平均值的预测值为：

$$99.6 \times 0.996 = 99.2 \text{（万元）}$$

根据调整后的预测值，还必须对预测值区间也进行相应调整。即：

$$96.6 \times 0.996 = 96.21 \ （万元）$$
$$102.6 \times 0.996 = 102.19 \ （万元）$$

第三节　调查研究市场预测法

在市场预测中，预测者在做出自己的判断时，往往要听取各方面专家的意见。预测者为了做出对某种市场现象的合理预测，向各方面专家调查对该市场现象的意见，我们把这种方法统称为调查研究预测法。

一、企业经营管理及业务人员意见调查法

企业经营管理人员和业务人员，他们通过日常工作，掌握着大量的实际资料，他们最熟悉市场需求变化情况，对他们的意见进行充分调查并加以集中，可以对市场的未来情况做出预测。

对企业经营管理及业务人员意见调查，可以采取开调查会或填调查表的方法，不论是采取什么方法，都要在各种人员充分发表意见的基础上，再由预测组织者对这些意见进行归纳、分析、判断，最后确定企业的预测方案。其过程大致如下：

1. 根据经营管理的需要，由预测组织者向被调查人员提出预测要求，说明预测目的

如某企业对明年服装类销售额进行预测，要求企业各方面人员对此提出预测意见，以便更好地组织明年服装的购销业务活动。

2. 企业经理、管理科室和业务人员分别提出预测意见

企业各方面人员在根据预测目的提出自己的预测意见过程中，需要从质和量两方面结合进行分析判断。各方面人员必须对企业服装类销售的历史状况；对当前消费者的消费心理变化；对生产厂家的产品情况；对企业商品资源，流通渠道及库存数量和结构；企业劳动组织状况等情况进行周密分析；通过这些分析，预测服装类销售的发展趋势。各方面人员在质的分析基础上，还要对服装类销售额做出销售额预测，销售额预测值由各方面人员分别做出，先要在各类人员中汇总出综合预测值，作为企业预测值的数量依据。下面是经理、管理科室和售货员三方面人员分别做出的数量预测情况。见表9-5、表9-6、表9-7。

表9-5	经理预测值				单位：万元
经 理	估 计 值				期望值
	最高额	概 率	最低额	概 率	
甲	29.0	0.9	27.5	0.1	28.85
乙	30.0	0.7	27.5	0.3	29.25
丙	27.0	0.8	26.0	0.2	26.80

表9-5是企业三位正副经理的预测值情况，他们分别做出了销售最高额和最低额及其概率估计值。根据这个估计，计算出各位经理预测值的期望值，期望值的计算方法为：

甲经理预测期望值 $= 29.0 \times 0.9 + 27.5 \times 0.1$

$= 28.85$（万元）

乙经理预测期望值 $= 30.0 \times 0.7 + 27.5 \times 0.3$

$= 29.25$（万元）

丙经理预测期望值 $= 27.0 \times 0.8 + 26.0 \times 0.2$

$= 26.80$（万元）

在三位经理各自预测期望值基础上，再进一步将他们的意见综合为一个统一的预测值。在综合的过程中，可以用简单算术平均的方法计算，也可用加权平均的方法计算。

$$\text{简单算术平均} \atop \text{经理综合预测值} = \frac{28.85 + 29.25 + 26.80}{3} = 28.3（万元）$$

这种计算方法是把各位经理的意见同等看待，即认为他们的意见具有相同的重要性。

$$\text{加权平均经理} \atop \text{综合预测值} = \frac{28.85 \times 0.4 + 29.25 \times 0.3 + 26.80 \times 0.3}{0.4 + 0.3 + 0.3}$$

$$= 28.355（万元）$$

加权平均法是根据各位经理对企业决策的作用不同，分别给予一个权数。这里我们是把正经理的意见看得重要一些，给予0.4的权数，对另外两位副经理分别给予0.3的权数。

对于企业的管理科室和业务人员的预测值，也需要按以上方法加以综合。

表9-6　　　　　　　　管理科室预测值　　　　　　单位：万元

单位	估　计　值						期望值
	最高额	概率	中等额	概率	最低额	概率	
业务	30.0	0.2	27.5	0.6	25.0	0.2	27.5
统计	29.0	0.3	27.0	0.5	19.5	0.2	26.1
财务	31.0	0.1	29.0	0.5	25.0	0.4	27.6

表9-7　　　　　　　　售货员预测值　　　　　　单位：万元

售货员	估　计　值						期望值
	最高额	概率	中等额	概率	最低额	概率	
组长	25.0	0.3	17.5	0.5	10.0	0.2	18.25
甲	24.0	0.2	20.0	0.6	15.0	0.2	19.80
乙	22.5	0.2	21.0	0.5	17.0	0.3	20.10
丙	21.5	0.3	19.0	0.5	16.5	0.2	19.25

根据表9-6，计算各科室综合预测值，考虑到业务科比其他科室更了解情况，给予稍大一点的权数。

$$\text{加权平均} \atop \text{科室综合预测值} = \frac{27.5 \times 0.4 + 26.1 \times 0.3 + 27.6 \times 0.3}{0.4 + 0.3 + 0.3}$$

$$= 27.11 \text{（万元）}$$

根据表9-7，计算各位售货员的综合预测值，对售货员组长的意见给予较大的权数。

加权平均售货
员综合预测值

$$= \frac{18.25 \times 0.4 + 19.80 \times 0.2 + 20.10 \times 0.2 + 19.25 \times 0.2}{0.4 + 0.2 + 0.2 + 0.2}$$

$$= 19.13 \text{（万元）}$$

3. 对上述三方面人员的预测值再加以综合，确定企业的预测值

在确定企业预测值时，一般是采用加权平均方法计算。

$$\text{企业预测值} = \frac{28.355 \times 0.5 + 27.11 \times 0.3 + 19.13 \times 0.2}{0.5 + 0.3 + 0.2}$$

$$= 26.14 \text{（万元）}$$

这里对经理的预测值给予较大权数，管理科室的权数其次，售货员预测值的权数最低。最后确定的企业明年服装类销售额将达到26.14万元。

二、专家意见调查法

专家意见调查法，是根据市场预测的目的和要求，由预测组织者向有关专家提供与市场预测有关的资料，并收集汇总专家对未来市场所做的判断预测值的方法。

专家意见调查法有两种形式，开调查会和通信调查。

1. 专家会议法

专家会议法，是邀请或召集有关专家，通过在会议上专家发表的意见，并将专家的意见加以综合，对某种市场现象的未来情况做出预测的方法，是开调查会的做法。

应用专家会议法进行预测，要注意几个方面的问题：

（1）会议之前，预测组织者要向有关专家提供预测对象的资料。因为虽然各方面专家都是对预测问题有较深入了解的人员，但有时各种专家所了解的只是自己从事工作的那一面，对于全面情况或最近期的情况，还需做进一步了解。

（2）会议在邀请专家时，应围绕预测所研究的问题全面邀请专家。既要包括专家学者，也应包括实际部门干部。如若对某种新产品投放市场后的需求量进行预测，则应邀请产品的设计生产专家，组织产品销售的专家及产品的消费者等。

（3）各位被邀请的专家，要在会议前准备好发言提纲；会上要充分发表意见；对于不同意见可以讨论。

（4）会议人数多少，要根据实际需要和会议主持者的能力而定，一般会议参加人不宜过多，以能够解决预测问题为标准。

（5）预测者即会议主持者要有虚心求教的态度，在会议上以听取意见为主，一般不发表意见，以免造成条条框框，影响与会者发表真实意见。

专家会议法的优点突出。第一，专家们通过会议形式发表意见，可以达到集思广益、互相补充的目的；第二，专家会议法在费用、时间方面都比较节省；第三，这种方法的应用灵活方便。

经过预测工作实践，也发现专家会议调查法有时会存在明显的不足：第一，由于会议人数有限，有时会使预测意见缺少代表性及全面性；第二，会议上权威性专家的意见有时会左右会场，多数人的意见有可能使少数人的意见受到压制；第三，专家意见会议调查法的预测结果，极易受调查者和被调查者双方心理状态的影响。会议上的气氛很容易影响各位专家发表自己的意见，预测组织者即调查者的个人倾向也会影响预测值的准确性。

尽管专家会议调查法有一些不足之处，但只要在应用这种方法时充分注意，尽量避免其不足，这种方法还是行之有效的。尤其是对于缺少历史资料和时效性要求较高的市场预测，这种方法的适用性显得很突出。

2. 德尔菲法

德尔菲法是 20 世纪 40 年代末由兰德公司创立的。各国市场预测者经常采用的定性预测法之一。

德尔菲法也称专家小组法。这种方法是采用征询意见表，利用通信方式，向一个专家小组进行调查，将专家小组的判断预测加以集中，利用集体的智慧对市场现象未来做出预测。

德尔菲法在对专家意见进行调查时，是采用"背靠背"的形式，这就克服了在专家会议法中经常发生的，各专家可能做不到充分发表意见，权威人物的个人意见往往左右其他人的意见等情况。这种方法的前提是：在某种预测对象所属领域中具有丰富知识的专家能够提出令人信服的预测值；多个专家的知识结合在一起至少不比一个人差。

德尔菲法的实施步骤大致如下：

（1）确定预测题目，选定专家小组。确定预测题目即明确预测目的和对象，选定专家小组则是决定向谁做有关的调查。这两点是有机地联系在一起的，即被选定的专家，应该是对确定的预测对象具有丰富知识的人，既包括理论方面的专家，也包括具有丰富实际工作经验的专家，这样组成的专家小组，才能对预测对象提出可信的预测值。

（2）设计调查表，准备有关材料。预测组织者要将预测对象的调查项目，按次序排列绘制成调查表格，准备向有关专家发送。同时还应将填写要求、说明一并设计好，使各专家能够按统一要求做出预测值。

除了设计调查表，预测组织者还必须准备与预测有关的资料，以便专家在预测时参考。这是因为，各位专家虽对预测对象有所了解，但对全面情况的了解有时不够，或对某一方面的情况了解不多，这都需要预测组织者事先准备好尽可能详尽的材料。

（3）征询专家初次判断意见。把调查表和有关材料发给每一位专家，要求他们在互不通气的情况下，对调查内容做出初次判断，并按时寄回或收回调查表。

（4）征询专家对初次判断的修改意见。预测组织者将收回的初次判断意见进行综合整理，并加以必要的说明，然后再"反馈"给各位专家，请他们重新考虑其判断意见。每位专家有权根据全组的综合意见，来校正自己对问题所作的初次估计；也可以要求预测组织者提供关于预测问题的附加信息。

征询意见的过程可能反复数次，直至意见趋于集中，通常要反复三至四次。在这个过程中，预测的组织者要特别注意的是，对预测值与全组的中值偏离较大的专家，要请他们充分说明这种判断的理由；同时还应请其他专家充分说明其不可能性，这样才能得出科学的预测值。

（5）做出预测值当经过几次反复征询意见，专家小组的意见比较稳定之后，预测组织者可以运用统计分析方法将意见加以综合，做出预测值。例：现采用专家小组法，对某种新牌号商品投放市场后的年销售量进行预测。其专家小组由五类专家共15人组成。征询意见反复三次，各专家的判断意见见表9-8。

表9-8 　　　　　　　　某商品年销售量专家判断意见表 　　　　　　单位：万件

专家小组成员		第一次意见			第二次意见			第三次意见		
		最低销售量	最可能销售量	最高销售量	最低销售量	最可能销售量	最高销售量	最低销售量	最可能销售量	最高销售量
第一类	A	50	120	140	50	130	150	50	140	154
	B	70	140	160	70	130	150	70	130	148
专　家	C	40	100	120	60	110	130	60	120	134
第二类	A	60	110	140	60	100	160	62	110	160
	B	80	120	150	70	110	140	68	128	140
专　家	C	60	100	130	60	110	150	64	124	150
第三类	A	80	110	170	70	110	160	66	108	148
	B	60	100	160	60	120	160	80	120	156
专　家	C	32	80	140	50	100	130	56	102	130
第四类	A	40	80	90	50	100	120	52	104	116
	B	60	100	110	70	80	110	68	86	112
专　家	C	50	90	120	60	90	110	64	84	114
第五类	A	36	50	60	40	60	80	44	64	80
	B	40	60	80	48	64	100	48	60	100
专　家	C	32	40	60	50	56	90	52	66	90
合　计		—	—	—	—	—	—	904	1 546	1 932

对表9-8中15位专家的第三次意见，运用统计方法计算其简单算术平均值。算术平均数的计算公式为：

$$\overline{Y} = \frac{\sum Y}{n}$$

式中：Y　各位专家的判断预测值

　　　n　专家个数（或预测值个数）

最低销售量预测值 $\overline{Y} = \dfrac{904}{15} = 60.27$（万件）

最可能销售量预测值 $\overline{Y} = \dfrac{1\ 546}{15} = 103.07$ （万件）

最高销售量预测值 $\overline{Y} = \dfrac{1\ 932}{15} = 128.8$ （万件）

根据三个平均销售量预测值，再进行加权算术平均，即可确定该商品年销售量的综合预测值。对三个平均销售量分别给予 0.1, 0.8, 0.1 的权数，则综合预测值为：

$$\overline{Y} = \frac{60.27 \times 0.1 + 103.07 \times 0.8 + 128.8 \times 0.1}{0.1 + 0.8 + 0.1}$$

$$= 101.36 \text{（万件）}$$

德尔菲法在定性预测法中是一种常用方法，其使用效果比较好。它具有明显的优点：①各专家能够在不受心理干扰的情况下，独立、充分地表明自己的意见；②预测值是根据各位专家的意见综合而成的，能够发挥集体智慧；③应用面比较广，费用比较省。当然这种方法并非完美，它在综合预测值时，仅仅是根据各专家的主观判断，缺乏客观标准，而且往往显得强求一致。在应用此方法时，应该根据其特点扬长避短。

第四节　指标判断法和扩散指数法

市场是处在一定经济环境中的，经济形势的变化必然会对市场产生影响，而且这种影响有时表现得非常突出。如有时商品销售量停滞或下降，并不是由商品的生产质量、商品的销售手段或商品本身的其他方面的原因所引起的，而是由众多指标反映出的经济形势所决定的。指标判断分析法和扩散指数法，就是根据经济发展中各种经济指标的变化，来判断分析市场未来发展变化趋势的方法。

一、指标判断分析法

指标判断分析法，是根据经济发展指标的变化与市场现象变化之间的关系，由经济指标的变化来分析、判断和预测市场未来变化的方法。

国民经济发展中的许多指标的变化，都会先后影响到市场需求及其他各方面的变化。根据经济发展指标对市场需求影响关系的不同，可以把经济发展指标分为三类，即先行指标、同步指标、滞后指标。

先行指标，是指其变化先于市场变化，并由于这些经济指标的变化引起市场的变化。属于这一类的指标有：财政金融政策、价格政策、消费者支出水平、人口变动趋势等。具体指标可表现为基本建设投资的规模，积累和消费的数量和结构，价格指数，人口增加数量，都会直接影响到市场需求量的增减。在市场预测中，注意搜集整理这些指标的有关资料，根据这些指标的变动，能够对未来市场的总趋势进行预测。

同步指标，是指其变化与市场变化基本同时发生的经济指标。属于这一类的经济指标有，国内生产总值，工业生产总值，批发价格指数等。积累这些指标的资料，也是市场预测所必需的。

滞后指标，是指其变动落后于市场变动的指标。虽然这类指标是市场出现变化之后才呈现出自身的变化，但这些指标可以验证根据先行指标所做的市场预测，同时可对下一周期的市场进行预测。如农副产品收购价格变动这个先行指标，不但会引起当年农副产品收购数量这种市场现象的明显变化，而且还会引起明年农业生产投资和播种结构的变化。

上述三类不同的经济指标不是孤立、静止的。采用指标判断分析法进行预测，在不同国家和不同经济发展阶段，所采用的指标不尽相同。不同的国家由于经济制度不同，经济指标的内涵不同，指标所反映的经济关系不同，在市场预测中所采用的经济指标会有所不同。处在不同经济发展阶段上，经济指标与市场的关系表现是有区别的，在一定的经济发展阶段，市场变化可能与某一些经济指标的变化联系比较直接，关系比较紧密；在另一个经济发展阶段，市场变化则与另一些经济指标的变化关系比较直接。因此，采用此方法进行市场预测，必须首先正确确定市场变动与指标变动之间的关系，选择适当的各类指标。做到这一点，需要通过长期的分析和观察，根据我国的经济发展实践，根据我国所处的社会主义市场经济发展阶段，找到一套适合中国的市场预测经济指标，并且在不断的使用过程中，使其更合理、完善。

二、扩散指数预测法

扩散指数法，是根据若干个经济指标的变动，计算出扩散指数，以扩散指数为依据来判断市场未来的发展趋势。

这种方法的具体做法是：选定若干个经济指标，并搜集本期和上期的数值，再对两期的数值加以比较，本期比上期数值大为正，本期比上期数值小为负，正值表示上升，负值表示下降。若以 X 表示上升指标个数，Y 表示下降指标个数，$Z = X + Y$ 表示指标总个数，则 $\dfrac{X}{Z} \times 100\%$ 称为扩散指数，它是用上升指标个数除以指标总个数。以此扩散指数作为预测未来市场的标准，判断市场的未来趋势。这里需要注意的是，经济指标的选定要根据我国的具体情况，符合我国现阶段社会主义市场经济发展的实际。

[例] 现假定选择 8 个经济指标，对某期市场趋势进行预测，其计算见表 9 - 9。

表 9 – 9   扩散指数计算

指标名称	上期数值	本期数值	本期数值与上期数值之差
1			+
2			+
3			+
4			−
5			+
6			+
7			+
8			−

由表 9 – 9 中计算可见，上升的经济指标数是 6 个，X = 6，下降的经济指标数是 2 个，Y = 2，Z = 8，则扩散指数为：

$$\frac{X}{Z} \times 100\% = \frac{6}{8} \times 100\% = 75\%$$

一般认为，扩散指数达到 50% 以上，表示未来市场需求有上升动向；扩散指数达到 60% 以上，则可判断将会出现上升状态；若扩散指数为 50% 以下，则预计市场有下降趋势；若扩散指数为 40% 以下，则市场将会出现下降局面；扩散指数达到 75%，说明市场需求将会出现较大幅度的上升。

扩散指数预测法的计算周期，可以根据市场预测的需要而定。较长的可以年为周期，较短的可以季，月为周期，采用不同的周期做市场预测，所搜集的经济指标值应与之相适应。

第五节　关联推算市场预测法

在定性市场预测中，经常应用的一类方法是，根据与预测对象相关联的指标或项目，对预测对象进行推算。具体的推算方法是灵活多样的，主要可以总结为以下几种。

一、由点向面推算法

由点向面推算法，是以若干点上的指标项目，推算与之相关联的全面指标项目的预测方法。

这种方法主要是利用典型调查或抽样调查等点上的资料，推算预测总体的预测值；也可以利用对某个企业的普查资料或某个地区的抽样调查资料，推算某一行业或整个市场的预测值。

应该注意的是由点向面推算中，除了会有各种预测方法都不能完全避免的预测误差外，还会有代表性误差存在。利用典型调查资料进行推算，一般不宜计算出代表性误差，用抽样调查资料推算，代表性误差可以用抽样误差指标测算出来，并以一定区间来推断总体的预测值。

[例] 若在一个具有 3 万户居民的城镇中，对某种日用消费品的下期销售量进行预测。采用抽样调查的方法随机抽取 500 户居民，向这部分居民户对该商品的需求量预计数进行实际调查。调查结果表明，平均每户对该商品的年需求量预计数为 8.6 公斤，标准差为 1.5 公斤，则该问题的抽样误差为：

$$\mu_x = \frac{\sigma}{\sqrt{n}} = \frac{1.5}{\sqrt{500}} = \frac{1.5}{22.4} = 0.067 \text{（公斤）}$$

若以 95% 可靠程度推断全镇居民户对该商品需求的平均数，则平均每户需求量为：

$$8.6 - 1.96 \times 0.067 \leqslant \overline{X} \leqslant 8.6 + 1.96 \times 0.067$$
$$8.6 - 0.13 \leqslant \overline{X} \leqslant 8.6 + 0.13$$
$$8.47 \leqslant \overline{X} \leqslant 8.73 \text{（公斤）}$$

即该镇每户居民预计购买该商品的数量为 8.47 公斤 ~ 8.73 公斤的可能性为 95%。根据平均数的区间估计，可以对全镇年需求总量预计数进行推算：8.47 公斤 ×3 万户 =25.41（万公斤）

8.73 公斤 × 3 万户 = 26.19（万公斤）

即全镇对该商品年需求总量预计为 25.41 万公斤 ~ 26.19 万公斤。生产企业可根据此预测值组织生产，营销企业可根据此预测值组织货源。

二、比例推算预测法

比例推算预测法是根据预测对象与某种已知数量之间的比例关系，按比例对预测对象的预测值进行推算的方法。

使用这种方法的要点，是在从事各种经济工作的实践中、在市场营销活动中，注意分析、总结有关的重要比例。如在社会商品零售额中，食品、衣着、家庭设备及用品、医疗保健用品、交通和通讯工具、娱乐教育文化用品等各类销售额的比重是有规律的；企业商品销售与商品库存是有一定比例的；居民收入水平与购买某种商品的数量是有一定比例的；这种比例关系在市场现象中还能归纳出很多。

比例推算方法还可以与前面所谈点面推算法相结合应用。

[例] 某五个地区的人口数和销售某种商品的当年资料见表 9 – 10。对五个地区明年该商品销售量进行预测。

表 9 – 10　　　　五个地区人口和销售某种商品数资料

地　　　区	C_1	C_2	C_3	C_4	C_5
商品销售数（台）Y	3 800	720	560	1 500	800
人口数（万人）P	40	36	26	98	42

由于对五个地区分别调查所需人力、物力、财力比较高，所以仅对 C_1 地区进行调查。调查结果表明，C_1 地区明年人口自然增长率预计为 12%，每百人对该商品的需求量预计为 1.1 台。

即需求率 $G_1 = 1.1\%$ 。根据此调查，当然可以很容易预计出 C_1 地区某种商品销售数为：

$$40\ 万 \times 101.2\% \times 1.1\% = 4\ 453\ （台）$$

现在所要做的，是根据对 C_1 地区的调查数据和各地区与 C_1 地区之间销售率比例关系，来预测明年五个地区的市场总需求量。在此我们可以假设，其他地区与 C_1 地区具有近似的人口自然增长率，同时其需求增长规律也大致与 C_1 地区相近。计算见表 9 – 11。

表 9 – 11　　　　　　　　　各地区需求量预测计算表

地区	本年销售量（台）Y	人口数（万人）P	销售率 $Q = \dfrac{Y}{P}$	销售率比 Q_i/Q_1	需求率 $G_1 \times \dfrac{Q_i}{Q_1}$	明年需求量 $P \times 1.012 \times G$
C_1	3 800	40	0.00950	1.000	0.01100	4 453
C_2	720	36	0.00200	0.211	0.00232	845
C_3	560	26	0.00215	0.226	0.00249	655
C_4	1 500	98	0.00153	0.161	0.00177	1 755
C_5	800	42	0.00190	0.200	0.00220	935
合计	7 380	242	—	—	—	8 643

表 9 – 11 中，首先，计算了各地区的销售率，即各地区销售量与人口数的比值，$Q = \dfrac{Y}{P}$。其次，计算销售率比，即以 C_1 地区为基准，用各地区的销售率与 C_1 地区的销售率相比，Q_i/Q_1，C_2 市场的销售率比为 $\dfrac{0.0020}{0.0095} = 0.211$，它说明若 C_1 市场的销售量为 100 台，C_2 市场的销售量就可达到 21.1 台。再次，计算各地区需求率，它是以 C_1 地区的需求率调查预计数为基础，C_1 地区的明年需求率 $G_1 = \dfrac{1.1}{100} = 0.011$，其他各地区的需求率为 $G_1 \times$

$\dfrac{Q_i}{Q_1}$。最后，根据各地区的需求率和人口数，对明年的需求量进行预测，需求量 = $(P \times 1.012) \times G$。

预测结果，明年五个地区对该商品的需求总量为 8 634 台。

第十章 时间序列市场预测法（一）

——以平均数为基础的各种时序预测法

第一节 时间序列市场预测法的步骤

时间序列市场预测法，是一类重要的定量预测方法。时间序列预测法是根据市场现象的历史资料，运用科学的数学方法建立预测模型，使市场现象的数量向未来延伸，预测市场现象未来的发展变化趋势，预计或估计市场现象未来表现的数量。时间序列市场预测法又称历史延伸法或趋势外推法。

时间序列市场预测法中所依据的时间序列，是对市场现象过去表现的资料整理和积累的结果。时间序列就是将市场现象或影响市场各种因素的某种统计指标数值，按时间先后顺序排列而成的数列。时间序列也称动态数列或时间数列。时间序列中各指标数值在市场预测时被称为实际观察值。时间序列有很多种类，按时间序列排列指标的时间周期不同，时间序列可分为年时间序列，季度时间序列，月时间序列等；时间序列按其所排列的市场现象指标种类不同，可分为绝对数时间序列，相对数时间序列，平均数时间序列等等。

时间序列市场预测法，是通过对市场现象时间序列的分析和研究，根据市场现象历史的发展变化规律，推测市场现象依此规律发展到未来所能达到的水平，这实际上是对市场现象时间序列的数量及其变动规律延伸。时间序列市场预测法的理论依据，是唯物辩证法中的基本观点，即认为一切事物都是发展变化的，事物的发展变化在时间上具有连续性，市场现象也是这样。市场现象过去和现在的发展变化规律和发展水平，会影响到市场现象未来的发展变化规律和规模水平；市场现象未来的变化规律和水平，是市场现象过去和现在变化规律和发展水平的结果。因此，时间序列市场预测法具有认识论上的科学性。

在应用时间序列法进行预测时，还应特别注意另一方面的问题，即市场现象未来发展变化规律和发展水平，不一定与其历史和现在的发展变化规律完全一致。随着市场现象的发展，它还会出现一些新的特点。因此，在时间序列市场预测中，绝不能机械地按市场现象过去和现在的规律向外延伸。必须要研究分析市场现象变化的新特点，新表现，并且将这些新特点和新表现充分考虑在预测值内。这样才能对市场现象做出既延续其历史变化规律，又符合其现实表现的可靠的预测结果。

市场预测所研究的市场现象，一般都受到多种因素发展变化的影响。这些影响因素，有些是确定的，有些是不确定的；有些比较易于取得量化资料，有些难以或根本无法取得量化资料。对不确定性因素的研究与难以确定性因素的预测；对不易或不能取得量化资料因素的研究与预测难以可取得量化资料的因素是必然的。对确定性和不确定性可量化因素的影响，当然可以采取相关回归分析市场预测法进行研究。但不论是确定的还是不确定的，不论是易于量化的还是难以量化的因素，都会对市场现象发生影响，这种影响表现为综合的。而不论市场现象表现得多么复杂，不论有多少影响因素，最终都集中或综合表现为市场现象随时间的延续而发展变化。时间序列预测法即定时间量研究市场现象变动的方法。

　　时间序列是市场现象指标数值按时间先后顺序排列而成的，其序列中各指标是各种因素综合影响后的结果，其中所表现出的市场现象的发展变化规律也是各种因素综合影响的反映。所以说时间序列预测法，实际上是考虑了所有影响因素综合影响的预测方法。在市场预测中，研究市场现象总变动的趋势及其规律性，应用时间序列预测法无疑是很有效的。这一类方法克服了市场现象各影响因素中不能量化的因素，无法应用相关回归分析市场预测法解决问题的不足。

　　时间序列市场预测法，是一类定量预测法。它与相关回归分析预测法的不同在于，相关回归分析预测方法所定的，是市场现象的自变量，即以确定的自变量去预测市场现象因变量。而时间序列法所确定的是市场现象发展的时间量，即根据市场现象过去的发展变化规律，确定时间变动的条件下，估计市场现象未来变动趋势或所达到的水平，随着所确定的预测时间不同，预测值也就不同。由于时间序列是受多种因素综合影响的，所以由此决定或取得的市场现象预测值，也是未来市场现象在各种因素综合影响下的结果。一般来说，时间序列市场预测法很适用于短期和近期市场预测。应用时间序列法做长期和中期市场预测，则需要考虑得更周到，客观依据要更充分。只有当肯定市场现象在中、长期内发展变化的规律，与其过去和现在基本一致，或对预测期的现象新特点能确定的条件下，才能应用时间序列市场预测法，对市场现象未来的发展变化趋势做出预测。

　　时间序列市场预测法的步骤，与市场预测的一般步骤具有共同之处，又有其特点。

一、搜集、整理市场现象的历史资料，编制时间序列，并根据时间序列绘制图形

时间序列市场预测法，必须以市场现象较长时期的历史资料为依据。预测者所搜集的资料越完整，对现象从时间上观察得越充分；对市场现象的发展变化趋势和规律的分析就越深入，预测结果就越准确。如果仅仅用五六个数字，就画一条直线，建立起一个预测模型就进行预测，这种做法是绝对不可取的。因为市场现象发展变化的趋势和规律，不可能根据短时期内的几个数字就表现出来，而必须要在较长的时间内才能反映出来。市场现象发展变化的趋势和规律也不是一成不变的，在市场现象所处的各种不同历史时期，其规律和特点会有不同表现；尤其是对市场现象发展变化过程的转折点，就更必须通过长期资料的观察才能发现。通过市场现象较长时期的历史资料可以看出，市场现象在不同的历史时期，往往表现出不同的发展变化规律或趋势。我国很多历史统计资料，如商品销售额，农副产品收购额，居民收入水平，居民消费水平的时间序列等等，都可表现出在第一个五年计划时期，在"大跃进"时期，在3年自然灾害时期，在"文化大革命"时期，在我国经济体制改革后等等不同的历史时期，市场现象的发展具有不同的变化趋势和特点。在应用这些历史资料时，预测者必须对长期的市场现象资料进行分析研究，才能对市场现象在不同时期的变化规律和特点有正确的认识；也才能根据市场现象过去和现在的发展变化规律，对其未来的表现做出准确的预测。

在编制或应用市场现象历史资料的时间序列时，应特别注意现象各时期统计指标的可比性问题。在较长时期内，同一市场现象或同一名称的统计指标，往往在口径等方面不完全相同。如：

由于统计方法制度的改进，由于对市场现象分组分类标准的不同，由于行政区划的变动，由于国民经济部门隶属关系的调整等都会造成统计指标在性质、内容、范围等方面的不可比。在编制和应用时间序列时，必须保证各时间的统计指标数值在指标性质、口径范围、计算方法、计量单位、时间长短等等各方面都保持一致。若搜集到的历史资料存在不可比的情况，预测者应先对指标加以调整，使之具有可比性后，才能编制时间序列，用于时间序列市场预测法。

为了能够更加直观地观察市场现象的变化规律，利用时间序列进行市场预测，常常要将市场现象时间序列的指标绘制成图形。绘制图形的方法，是以时间变量 t 为横坐标，以被研究的市场现象观察值 y 为纵坐标，绘制成散点图或折线图。这个步骤很重要，利用图形观察市场现象的发展变化趋势或规律，是非常直观和奏效的。通过对图形的观察，可以清楚地观察到市场现象是呈直线还是呈某种曲线，为分析时间序列建立基础。

二、对时间序列进行分析

在编制了时间序列，并绘制了图形之后，预测者必须对现象进行深入分析，才能确定采用什么具体方法进行预测。市场现象时间序列观察值，是影响市场变化的各因素共同作用的结果。传统的时间序列分析法，把影响市场现象变动的各因素，按其特点和综合影响结果分为四种类型，即长期趋势变动、季节变动、循环变动、不规则变动。

1. 长期趋势变动

长期趋势是指时间序列观察值即市场现象，在较长时期内持续存在的总势态，反映市场预测对象在长时期内的变动趋势。

长期趋势的具体表现有：水平型变动、趋势型变动，在趋势型变动中又分为上升、下降两种趋势。见图 10 - 1、图 10 - 2。

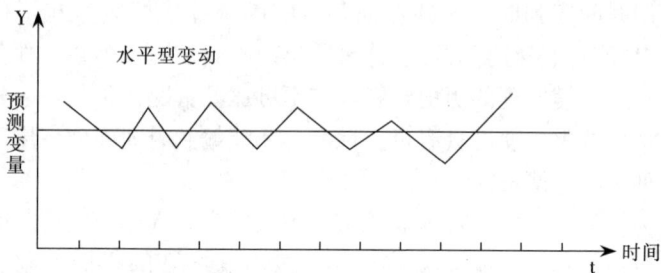

图 10 - 1

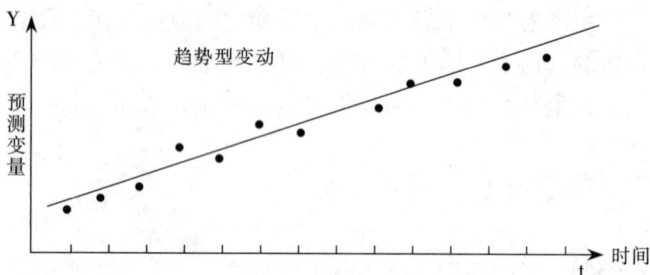

图 10 - 2

习惯上，常常把水平型发展趋势的现象，称为无明显趋势变动，而把具有上升、下降变动的现象，称为有明显趋势变动。在市场预测中，对水平型变动和趋势型变动的不同市场现象，必须按其不同的变动规律，采用不同的方法进行市场预测。

长期趋势变动，是现象发展的必然趋势，是现象不依人的意志为转移的客观表现。这种变动是大多数现象所具有的特点，也是分析时间序列，进行市场预测首先应该考虑的现象变动规律。

在时间序列市场预测这类方法中，为研究市场现象趋势变动的具体方法是最多的。

2. 季节变动

季节变动一般是指市场现象以年度为周期，随着自然季节的变化，每年都呈现的有规律的循环变动。广义的季节变动还包括以季度、月份以至更短时间为周期的循环变动。见图10 – 3。

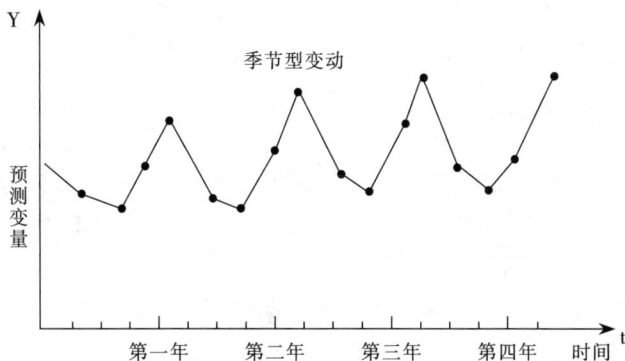

图 10 – 3

市场现象季节变动主要是由自然气候、风俗习惯、地理环境等因素引起的。我国地域广阔，大多数地区的四季变化很明显，这就使许多季节性生产或季节性消费的商品供求，呈现出明显的季节性规律变动。如我国民间对春节、端午节、中秋节、元旦、"十一"等节日，使一些节日消费的商品供求呈现明显的季节变动；一些鲜活商品，大部分农产品的生产或上市销售呈现明显的季节性。此外，20世纪90年代末至今所出现的假日消费现象也是广义上季节变动的内容。在各种经济现象中，市场现象的季节性变动是最明显的。

对于季节性变动的现象，有专门的季节变动预测法加以具体研究，反映和描述其变动特点和规律。

3. 循环变动

循环变动原指资本主义经济，由于自由竞争和生产无政府状态引起的经济危机，间隔数年就出现一次的循环现象。它使时间序列形成循环变动规律。

循环变动也可泛指间隔数年就出现一次的市场现象变动规律。市场现象的循环变动形成的原因是多方面的，根本上是由经济运行周期决定的。

4. 不规则变动

不规则变动是指现象由偶然因素引起的无规律的变动。如：自然灾害、地震、战争、政治运动等偶然因素对市场现象时间序列的影响。对于这些因素的影响，预测者虽然可以辨别，但对其发生时间和影响量却难以确定。所谓偶然因素也就是说这些因素发生的时间和影响量是偶然的，是不确定的。

当对时间序列进行分析，采取某种方法预测时，往往是采取剔除偶然因素的影响，来观察现象的各种规律性变动。

上面所谈的四种变动形式的影响因素不同，时间序列的变动也就呈现出不同的变动规律。有些时间序列受某种变动因素的影响比较强，而其他因素变动对它的影响不明显。如某些现象仅呈现明显的趋势变动；有些现象仅呈现明显的季节变动。大多数时间序列则是受多种变动因素的影响，表现出比较复杂的变动规律。如有些现象既存在明显的季节变动，又有明显的趋势变动，还夹杂着不规则变动的影响。对时间序列进行分析，就是要观察其主要变动规律，运用适当的数学方法建立预测模型，以便预测市场的未来表现。对于受多种变动因素影响的时间序列，分析过程往往是较复杂的。有时由于各种变动对时间序列的影响都混在一起，就很难从时间序列本身直接找出其变化规律，必须通过图形来观察分析。可以利用计算机对各影响因素进行分解，观察时间序列的各种变动规律。

三、选择预测方法，建立预测模型

根据对时间序列的认真分析，选择与时间序列变动规律相适应的预测方法，并建立相应的预测模型。在本章和下一章介绍各种预测方法时，都着重说明各种方法所适应的市场现象变动规律。

四、测算预测误差，确定预测值

对于所建立的预测模型，通过测算其预测误差，可以判定模型是否能用于实际预测。若其误差值在研究问题所允许的范围内，即可应用预测模型确定市场现象的预测值。反之亦反。

第二节　简易平均数市场预测法

简易平均数市场预测法，是在对时间序列进行分析研究的基础上，计算时间序列观察值的某种平均数，并以此平均数为基础确定预测模型或预测值的市场预测方法。

这种方法的计算过程比较简单，具有简便易行的特点。方法虽然简单，但只要使用得当，既符合市场现象本身的规律，也可以取得准确的预测效果。

简易平均数市场预测法由于所计算的平均数不同，可以具体分为以下几种方法：

一、时间序列序时平均数预测法

序时平均数，是对时间序列观察值计算的动态平均数。其平均数将现象在不同时间发展水平的差异抽象掉，表现某种现象在某段时期发展的一般水平。序列平均数预测法就是把这个动态平均数，作为预测值的基础。

序时平均数的计算，是以市场现象观察值数据之和除以观察值的期数。其公式为：

$$\overline{Y} = \frac{\sum\limits_{t=1}^{n} Y_t}{n} \quad 或简写为 \quad \overline{Y} = \frac{\sum Y}{n}$$

式中：$\overline{Y}$ 为序时平均数；

Y_t 为各期观察值（$t = 1, 2, \cdots, n$）；

$\sum Y_t$ 为各期观察值之和；

n 为观察期数。

序时平均法适用于两种情况。一种是市场现象时间序列呈水平型发展趋势，不规则变动即随机因素的影响非常小。这种情况下应用此方法，实际上是进一步消除不规则变动的影响，将水平型变动规律更清楚地反映出来。

[例] 对某地区若干年某种商品销售量进行预测，资料及计算见表 10 - 1。根据资料分几步进行计算。

1. 根据时间序列资料计算序时平均数

$$\overline{Y} = \frac{\sum Y}{n} = \frac{127.6}{12} = 10.63（百吨）$$

2. 测算预测误差

用标准差指标测算预测误差。

$$RMSE = \sqrt{\frac{1}{n}\sum e_t^2} = \sqrt{\frac{0.6671}{12}} = \sqrt{0.0556}$$
$$= 0.2358 \text{（百吨）}$$

预测误差相对观察值来看很小，说明序时平均数预测值可以采纳。

3. 确定预测值

若通过具体分析，下期市场对此商品的需求变化无异常情况，则可以用序时平均数作为下期的预测值。即：

$$\hat{Y}_{13} = 10.63 \text{（百吨）}$$

若根据对具体情况的了解，认为下期市场有一定变化，则可在序时平均数基础上，加以调整后再确定预测值。

显然，若市场现象时间序列资料是以季或月为时间单位，且观察值无季节变动，则可以计算季或月的序时平均数，并用序时平均数预测下季或月的预测值。

序时平均数预测法适用的另一种情况，是市场现象在一年中各月的观察值有明显季节变动，而在几年之间不存在明显的趋势变动，且不规则变动即偶然因素的影响很小。

［例］对某企业某种商品销售额进行预测，其资料和计算见表 10 - 2。

根据表 10 - 2 中的观察值可见，该商品销售额在年内有明显季节变动，但在年度间呈水平型趋势，可以用序时平均数法进行预测。根据各月市场现象时间序列资料计算。

表 10 - 1　某种商品销售量历年资料

单位：百吨

观察期	1	2	3	4	5	6	7	8	9	10	11	12	合计
观察值 Y_t	10.2	10.6	10.5	10.9	10.9	10.8	10.4	10.5	11.0	10.5	10.6	10.7	127.6
$e_t = (Y_t - \hat{Y})$	-0.43	-0.03	-0.13	0.27	0.27	0.17	-0.23	-0.13	0.37	-0.13	-0.03	0.07	—
e_t^2	0.1849	0.009	0.0169	0.0729	0.0729	0.0289	0.0529	0.0169	0.1369	0.0169	0.009	0.049	0.6671

表 10 - 2　某商品三年各月销售额资料

单位：万元

年＼月	1	2	3	4	5	6	7	8	9	10	11	12
第一年	1.0	1.2	1.6	2.0	2.7	3.0	4.1	3.8	3.1	2.9	2.4	1.4
第二年	1.2	1.3	1.7	2.1	2.6	3.1	4.3	3.7	3.2	2.8	2.2	1.3
第三年	1.1	1.4	1.8	2.2	2.5	3.2	4.5	3.9	3.0	2.7	2.3	1.2
三年各月平均	1.1	1.3	1.7	2.1	2.6	3.1	4.3	3.8	3.1	2.8	2.3	1.3
各月 MAE	0.067	0.067	0.067	0.067	0.067	0.067	0.13	0.067	0.067	0.067	0.067	0.067

1. 计算序时平均数

由于所要预测的是下年各月的销售额，所以这里所计算的序时平均数应是 3 年各月平均数。

$$\overline{Y}_1 = \frac{\sum Y}{n} = \frac{1.0 + 1.2 + 1.1}{3} = 1.1(万元)$$

$$\overline{Y}_2 = \frac{\sum Y}{n} = \frac{1.2 + 1.3 + 1.4}{3} = 1.3(万元)$$

……

$$\overline{Y}_{12} = \frac{\sum Y}{n} = \frac{1.4 + 1.3 + 1.2}{3} = 1.3(万元)$$

2. 计算各月平均绝对误差

$$
\begin{aligned}
MAE_1 &= \frac{\sum |e_t|}{n} \\
&= \frac{|1.0 - 1.1| + |1.2 - 1.1| + |1.1 - 1.1|}{3} \\
&= 0.067(万元)
\end{aligned}
$$

$$
\begin{aligned}
MAE_2 &= \frac{\sum |e_t|}{n} \\
&= \frac{|1.2 - 1.3| + |1.3 - 1.3| + |1.4 - 1.3|}{3} \\
&= 0.067(万元)
\end{aligned}
$$

……

$$
\begin{aligned}
MAE_{12} &= \frac{\sum |e_t|}{n} \\
&= \frac{|1.4 - 1.3| + |1.3 - 1.3| + |1.2 - 1.3|}{3} \\
&= 0.067(万元)
\end{aligned}
$$

各月的平均绝对误差相对实际观察值来说很小，可以用各月序时平均数作为下年各月的预测值。

序时平均数法具有计算简单，方便易行等特点。但其适用现象比较窄，如若市场现象有明显趋势变动，用序时平均数法就无法解决问题了。

二、时间序列平均增减量市场预测法

平均增减量是时间序列各环比增减量的平均数。平均增减量预测法，就是当时间序列环比增减量相差不大的情况下，以平均增减量为依据，建立预测模型计算预测值的方法。

环比增减量的公式为：

$$Y_2 - Y_1, \ Y_3 - Y_2, \ \cdots, \ Y_{n-1} - Y_{n-2}, \ Y_n - Y_{n-1}$$

即：$Y_t - Y_{t-1}$

平均增减量的公式为：

$$平均增减量 = \frac{各环比增减量之和}{环比增减量个数}$$

$$= \frac{(Y_2 - Y_1) + (Y_3 - Y_2) + \cdots + (Y_{n-1} - Y_{n-2}) + (Y_n - Y_{n-1})}{n-1}$$

$$= \frac{Y_n - Y_1}{n-1}$$

平均增减的预测模型为：

$$\hat{Y}_t = \hat{Y}_{t-1} + \frac{Y_n - Y_1}{n-1}$$

式中：$\hat{Y}_t$ 各期预测值或趋势值；

$\dfrac{Y_n - Y_1}{n-1}$ 平均增减量。

〔例〕对某地区某种商品社会收购量进行预测，其资料和数值计数见表 10 - 3。

表 10 - 3 　　　　　　　**某商品社会收购量资料**　　　　　单位：百吨

观察期	收购量	逐期增减量 $Y_t - Y_{t-1}$	$\hat{Y}_t$	$\|e_t\| = \|Y_t - \hat{Y}_t\|$
1	14.6	—	14.6	—
2	15.7	1.1	15.7	0
3	16.9	1.2	16.8	0.1
4	17.8	0.9	17.9	0.1
5	18.8	1.0	19.0	0.2
6	19.9	1.1	20.1	0.2
7	21.1	1.2	21.2	0.1
8	22.4	1.3	22.3	0.1
9	23.6	1.2	23.4	0.2
10	24.6	1.0	24.5	0.1
合　计	—	10.0	—	1.1

根据表 10 - 3 中资料建立预测模型。

1. 计算环比增减量

从表 10 - 3 中环比增减量的计算结果看，各年增减大致相同，所以可以考虑用平均增减量预测法。

2. 计算平均增减量

$$平均增减量 = \frac{Y_n - Y_1}{n - 1} \text{ 或 } = \frac{\sum (Y_t - Y_{t-1})}{n - 1}$$

$$(t = 1, 2, \cdots, 10)$$

$$= \frac{10.0}{10 - 1} = 1.1 \text{（百吨）}$$

3. 计算各期趋势值

$$\hat{Y}_2 = \hat{Y}_1 + \frac{Y_n - Y_1}{n - 1} = 14.6 + 1.1 = 15.7 \text{（百吨）}$$

$$\hat{Y}_3 = \hat{Y}_2 + 1.1 = 15.7 + 1.1 = 16.8 \text{（百吨）}$$

......

$$\hat{Y}_{10} = \hat{Y}_9 + 1.1 = 23.4 + 1.1 = 24.5 \text{（百吨）}$$

4. 计算平均绝对误差

$$\text{MAE} = \frac{\sum |e_t|}{n} = \frac{1.1}{9} = 0.12 \text{（百吨）}$$

预测误差较小，说明可采用此方法预测。

5. 确定第 11 期的收购量

$$\hat{Y}_{11} = 24.5 + 1.1 = 25.6 \text{（百吨）}$$

平均增减量预测法，适用有趋势变动的市场现象时间序列，其趋势变动规律表现为环比增减量基本相同。

三、时间序列平均发展速度市场预测法

平均发展速度，是对时间序列环比发展速度的连乘积开高次方，求出市场现象在一定时期内发展速度的一般水平。平均发展速度一般用几何平均法计算。平均发展速度预测法，是当市场现象时间序列的环比发展速度基本一致情况下，以平均发展速度为依据建立预测模型，并对市场现象估计预测值的方法。

时间序列环比发展速度，是各观察值与前一期观察值之比，其公式为：

$$\frac{Y_2}{Y_1}, \frac{Y_3}{Y_2}, \cdots \frac{Y_{n-1}}{Y_{n-2}}, \frac{Y_n}{Y_{n-1}} \quad 即: \frac{Y_t}{Y_{t-1}}$$

平均发展速度的公式为：

$$\overline{X} = \sqrt[n]{X_1 \cdot X_2 \cdot X_n} = \sqrt[n]{\Pi X_t}$$

式中：X_t 为观察值的环比发展速度（$t = 1, 2, \cdots n$）；

ΠX_t 为环比发展速度的连乘积。

平均发展速度的计算方法，一般是用几何平均法，即对环比发展速度的连乘积开高次方。开高次方如使用计算器专用功能，是很方便的，也可以用对数法来计算。

用对数法计算时，是对平均发展速度计算公式两边同时取对数，即：

$$\lg \overline{X} = \lg \sqrt[n]{\Pi X_t}$$

根据对数的运算原理，上式可变形为：

$$\lg \overline{X} = \frac{1}{n} \sum_{t=1}^{n} \lg X_t$$

若求 $\overline{X}$，还要取反对数，即：

$$\overline{X} = \text{antilg} \frac{\sum_{t=1}^{n} \lg X_t}{n}$$

〔例〕对某地区某行业国内生产总值进行预测，其资料和计算见表 10 – 4。

根据表 10 – 4 中国内生产总值的观察值，计算有关数据，建立预测模型。

1. 计算观察值的环比发展速度

根据表 10 – 4 中环比发展速度的计算结果，各期发展速度基本一致，判断可以用平均发展速度预测法进行预测。

表 10-4　　　　　　　某行业某地区国内生产总值资料　　　　单位：百万元

观察期	国内生产总值 Y_t	环比发展速度 X_t（%）	lgX_t	$\hat{Y}_t$	e_t^2
1	412	—	—		
2	450	109.2	0.0382	445.4	21.16
3	476	105.8	0.0245	481.5	30.25
4	511	107.4	0.0311	520.4	88.36
5	552	108.0	0.0334	565.6	112.36
6	597	108.2	0.0342	608.2	125.44
7	650	108.9	0.0371	657.4	54.76
8	710	109.2	0.0382	710.7	0.49
9	770	108.5	0.0355	768.2	3.24
合　计	—	—	0.2722	—	436.06

2. 计算观察值的平均发展速度

根据表 10-4 中计算出来的环比发展速度的各对数值之和。代入公式：

$$\overline{X} = antilg \frac{\sum\limits_{t=1}^{n} lgX_t}{n}$$

$$= antilg \frac{0.2722}{8}$$

$$= antilg\ 0.034$$

$$= 1.081\ （或 108.1\%）$$

3. 计算各期的值

平均发展速度预测法的预测模型为：

$$\hat{Y}_t = \hat{Y}_{t-1} \times \overline{X}$$

表 10-4 中 $\hat{Y}_t$ 一栏的计算过程为：

$\hat{Y}_2 = 412 \times 1.081 = 445.4$（百万元）

$\hat{Y}_3 = 445.4 \times 1.081 = 481.5$（百万元）

......

$\hat{Y}_9 = 710.7 \times 1.081 = 768.2$（百万元）

4. 测定预测误差

用标准差指标测定该模型的预测误差。根据表 $10-4$ 中 e_t^2 之和。

$$RMSE = \sqrt{\frac{1}{n}\sum e_t^2}$$

$$= \sqrt{\frac{436.06}{8}} = \sqrt{54.51} = 7.38 \ （百万元）$$

预测误差为 7.38 百万元，相对于各观察值来说很小。故预测模型可以采用。对第 10 期、11 期国内生产总值进行预测：

$\hat{Y}_{10} = 768.2 \times 1.081 = 830.4$（百万元）

$\hat{Y}_{11} = 830.4 \times 1.081 = 897.7$（百万元）

平均发展速度预测法，适用于有明显趋势的市场现象时间序列。其趋势变动规律表现为发展速度大致相同，并且随机因素的影响不明显。此预测模型用于近期预测比较适合，若用于中期预测则必须充分考虑现象在预测期的变化情况，对预测值加以调整。

四、加权平均市场预测法

采取时间序列预测法，时间序列中各期市场现象观察值，都会对预测值产生影响。但事实上各观察值并不是以相同的程度对预测值产生影响。一般说来，距预测期远的观察值对预测值的影响小一些；距预测期近的观察值对预测值的影响大些。基于这种考虑，预测者可以用大小不同的权数，将市场现象观察值对预测值的不同影响程度加以量化。对影响大的近期观察值给予较大的权数，对远期影响小的观察值则给予较小的权数。这种根据观察值的重要性不同，分别给予相应的权数后，再计算加权平均数作为建立预测模型和计算预测值依据的方法，称加权平均预测法。

加权平均预测法，通常采用加权算术平均法来计算平均值。其公式为：

$$\overline{Y} = \frac{\sum\limits_{t=1}^{n} Y_t W_t}{\sum\limits_{t=1}^{n} W_t}$$

或简写为：
$$\overline{Y} = \frac{\sum YW}{\sum W}$$

式中：Y_t 为各期实际观察值（$t = 1, 2, \cdots n$）；

W_t 为各期权数。

加权平均预测法，必须确定适当的权数，才能得到满意的预测值。而权数的确定，只是根据预测者对时间序列的观察分析而定，尚无科学的数学方法。一般考虑两点，首先是考虑距预测期的远近，远期观察值权数小些，近期观察值权数大些。其次是考虑时间序列本身的变动幅度大小，对于波动幅度较大的时间序列，给予的权数差异就大些，而对于变动幅度小的时间序列，权数的差异就可以小些。

权数的取法，可以取小数，并使 $\sum W_t = 1$，这样就使 $\overline{Y} = \sum Y_t W_t$，计算简便。也可以取等差，等比数列的权数。在预测者不能肯定如何分配权数最佳时，可以同时采用几个权数计算，最后视误差大小选择最适当的权数值。

这种方法是一种考虑问题的思路，它为一些时间序列具体预测方法的建立提供了一定的基础。但在实践中一般不直接应用这种方法。这是因为：对于无趋势变动的时间序列，可以采用序时平均数法进行预测；而对于趋势变动明显的时间序列，无论怎样加大权数，$\overline{Y}$ 也跟不上实际值的变动，它低于后期的实际观察值，更不能作为预测值。根据加权平均法的思路，再进行相应的转换，才能建立应用性强的预测方法。

第三节　移动平均市场预测法

移动平均市场预测法，是对时间序列观察值，由远向近按一定跨越期计算平均值的一种预测方法。随着观察值向后推移，平均值也跟着向后移动，形成一个由平均值组成的新的时间序列。对新时间序列中平均值加以一定调整后，可作为观察期内的估计值，最后一个移动平均值则是预测值计算的依据。

移动平均法有两个显著特点：第一，对于较长观察期内，时间序列的观察值变动方向和程度不尽一致，呈现波动状态，或受随机因素影响比较明显时，移动平均法能够在消除不规则变动的同时，又对其波动有所反映。也就是说，移动平均法在反映现象变动方面是较敏感的。第二，移动平均预测法所需贮存的观察值比较少，因为随着移动，远期的观察值对预测期数值的确定就不必要了，这一点使得移动平均法可长期用于同一问题的连续研究，而不论延续多长时间，所保留的观察值是不必增加的，只需保留跨越期个观察值就可以了。这不论是对于手工计算还是计算机计算都是有益的。

移动平均法的准确程度，主要取决于跨越期选择得是否合理。预测者确定跨越期长短要根据两点：一是要根据时间序列本身的特点；二是要根据研究问题的需要。如果时间序列的波动主要不是由随机因素引起的，而是现象本身的变化规律，这就需要预测值充分表现这种波动，把跨越期取得短些。这样既消除了一部分随机因素的影响，又表现了现象特有的变动规律。如果时间序列观察值的波动，主要是由随机因素引起的，研究问题的目的是观察预测事物的长期趋势值，则可以把跨越期取长些。

移动平均预测法，适合于既有趋势变动又有波动的时间序列。也适合有波动的季节变动现象的预测。其主要作用，是消除随机因素引起的不规则变动对市场现象时间序列的影响。移动平均的具体方法，有一次移动平均法，二次移动平均法，加权移动平均法之分。

一、一次移动平均预测法

一次移动平均法，是对时间序列按一定跨越期，移动计算观察值的算术平均数，其平均数随着观察值的移动而向后移动。一次移动平均值的计算公式为：

$$M_{t+1}^{(1)} = \frac{Y_t + Y_{t-1} + \cdots + Y_{t-n+1}}{n}$$

式中：$M_{t+1}^{(1)}$ 为第 $t+1$ 期的一次移动平均值；

Y_t 为第 t 期的观察值（$t=1$，2，$\cdots N$）；

n 为跨越期数（$1 \leqslant n \leqslant N$）。

可见，一次移动平均值，表面上是一个简单算术平均数，而事实上它是给时间序列中最近几个观察值以相同的权数，而对以前的观察值则不给任何权数；还可以看出，计算一次移动平均值，只需有最近几个观察值就够了。在实际计算中，如 n 即计算移动平均值的跨越期取得比较大，还可对上式再行简化成下面的形式。

因为第 t 期的一次移动平均值为：

$$M_t^{(1)} = \frac{Y_{t-1} + Y_{t-2} + \cdots + Y_{t-n}}{n}$$

所以第 t + 1 期的移动平均值可以简化为：

$$M_{t+1}^{(1)} = M_t^{(1)} + \frac{Y_t - Y_{t-n}}{n}$$

由简化式明显看出，每个新的移动平均值，是对前一个移动平均值的调整。还可看出，当 n 越增大时，移动平均值序列表现得越平滑，只在每个移动平均值之间作了很小的调整。用简化公式计算，只需在前期移动平均预测值上加一个调整值 $\frac{Y_t - Y_{t-n}}{n}$ 即可。

〔例〕对某商业企业季末库存进行预测，其资料和计算见表 10 – 5。

表 10 – 5　　　　　某商业企业季末库存资料　　　　单位：万元

观察期	观察值 Y_t	n = 3		n = 5	
		$M_{t+1}^{(1)}$	$\mid e_t \mid$	$M_{t+1}^{(1)}$	$\mid e_t \mid$
1	10.6	—	—	—	—
2	10.8	—	—	—	—
3	11.1	—	—	—	—
4	10.4	10.83	0.43	—	—
5	11.2	10.77	0.43	—	—
6	12.0	10.90	1.10	10.82	1.18
7	11.8	11.20	0.60	11.10	0.70
8	11.5	11.67	0.17	11.30	0.20
9	11.9	11.77	0.13	11.38	0.52
10	12.0	11.73	0.27	11.68	0.32
11	12.2	11.80	0.40	11.84	0.36
12	10.7	12.03	1.33	11.88	1.18
13	10.4	11.63	1.23	11.66	1.26
14	11.2	11.10	0.10	11.44	0.24
合　计	—	—	6.19	—	5.96

由表 10 - 5 观察资料可以看出，季末库存额总的来说无趋势变动，但有些小的波动。为了消除随机因素引起的不规则变动，对观察值做一次移动平均。并以移动平均值为依据预测库存额的未来变化。为了对比预测误差的大小，分别取跨越期 n = 3，n = 5 同时计算。

当 n = 3 时；

1. 计算一次移动平均值

$$M_4^{(1)} = \frac{Y_3 + Y_2 + Y_1}{n} = \frac{1.11 + 10.8 + 10.6}{3}$$
$$= 10.83 （万元）$$

……

$$M_{14}^{(1)} = \frac{Y_{13} + Y_{12} + Y_{11}}{n} = \frac{10.4 + 10.7 + 12.2}{3}$$
$$= 1.11 （万元）$$

2. 计算各期移动平均值与实际观察值的离差绝对值，并计算平均绝对误差

$$|e_4| = |10.4 - 10.83| = 0.43 （万元）$$
$$|e_5| = |11.2 - 10.7| = 0.43 （万元）$$

……

$$|e_{14}| = |11.2 - 11.1| = 0.1 （万元）$$

$$MAE = \frac{\sum |e_t|}{n} = \frac{6.19}{11} = 0.563 （万元）$$

当 n = 5 时，根据表 10 - 5 中计算结果。

$$MAE = \frac{\sum |e_t|}{n} = \frac{5.96}{9} = 0.662 （万元）$$

由于 n = 5 时的预测误差明显大于 n = 3 时的误差，所以舍弃

n = 5 条件下的设想，确定采用 n = 3 时的结果进行预测。

3. 对下期库存额进行预测

第 15 期季末库存额预测值为：

$$M_{15}^{(1)} = \frac{Y_{14} + Y_{13} + Y_{12}}{n} = \frac{11.2 + 10.4 + 10.7}{3}$$

$$= 10.77（万元）$$

若了解到下期会有特殊变化，可对此预测值再行调整。

从这个例子可以看出，一次移动平均可以消除由于偶然因素引起的不规则变动，同时又保留了原时间序列的波动规律。而不是像简易平均法那样，仅用若干个观察值的一个平均数作为预测值。另外，每一个移动平均值只需几个观察值就可计算，需要贮存的数据很少。

但是一次移动平均市场预测法，显然也有其局限性。一方面，这种方法只能向未来预测一期；另一方面，对于有明显趋势变动的市场现象时间序列，一次移动平均法是不适合的，它只适用于基本呈水平型变动，又有些波动的时间序列，可以消除不规则变动的影响。

二、二次移动平均市场预测法

二次移动平均预测法，是对一次移动平均值再进行第二次移动平均，并在此基础上建立预测模型，进行预测方法。

由于一次移动平均法不适用于趋势变动时间序列，因为一次移动平均值大大滞后于实际观察值。为了解决这个矛盾，就在一次移动平均的基础上，建立了二次移动平均的方法，二次移动平均预测法解决了预测值滞后于实际观察值的矛盾，适用于有明显趋势变动的市场现象时间序列进行预测，同时它还保留了一次移动平均法的优点。

二次移动平均值的公式为：

$$M_t^{(1)} = \frac{Y_t + Y_{t-1} + \cdots + Y_{t-n+1}}{n}$$

$$M_t^{(2)} = \frac{M_t^{(1)} + M_{t-1}^{(1)} + \cdots + M_{t-n+1}^{(1)}}{n}$$

式中：$M_t^{(1)}$ 为第 t 期的一次移动平均值；

$M_t^{(2)}$ 为第 t 期的二次移动平均值；

n 为计算移动平均值的跨越期。

二次移动平均预测法的预测模型为：

$$F_{t+T} = a_t + b_t T$$

式中：T   向未来预测的期数；

a_t 截距，即第 t 期现象的基础水平；

b_t 斜率，即第 t 期单位时间变化量。

式中：$a_t = 2M_t^{(1)} - M_t^{(2)}$

$$b_t = \frac{2}{n-1}(M_t^{(1)} - M_t^{(2)})$$

这就是说，二次移动平均预测模型，其截距和斜率的确定，是以一次和二次移动平均值为依据的，且各期的截距、斜率是变化的。

［例］对某地区某种商品的销售量进行预测。其资料和相关数据计算见表 10 - 6。

1. 计算一次和二次移动平均值

根据资料用二次移动平均法进行预测。表 10 - 6 中一次移动平均值为：

表 10 – 6　　　　　　　　二次移动平均预测计算表　　　　　　　单位：吨

t	观察值 Y_t（吨）	n = 3 $M_t^{(1)}$	n = 3 $M_t^{(2)}$	a_t	b_t	F_{t+1}	$Y_t - F_t$	$(Y_t - F_t)^2$
1	10	—	—	—	—	—	—	—
2	12	—	—	—	—	—	—	—
3	17	13.00	—	—	—	—	—	—
4	20	16.33	—	—	—	—	—	—
5	22	19.66	16.33	22.99	3.33	—	—	—
6	27	23.00	19.66	26.34	3.34	26.32	0.68	0.4624
7	25	24.67	22.44	26.90	2.23	29.68	-4.68	21.9024
8	29	27.00	24.89	29.11	2.11	29.13	-0.13	0.0169
9	30	28.00	26.56	29.44	1.44	31.22	-1.22	1.4884
10	34	31.00	28.67	33.33	2.33	30.88	3.12	9.7344
11	33	32.33	30.44	34.22	1.89	35.66	-2.66	7.0756
12	37	34.67	32.67	36.67	2.00	36.11	0.89	0.7921
合计	—	—	—	—	—			41.4722

$$M_3^{(1)} = \frac{Y_3 + Y_2 + Y_1}{3} = \frac{17 + 12 + 10}{3} = 13 \ （吨）$$

……

$$M_6^{(1)} = \frac{Y_6 + Y_5 + Y_4}{3} = \frac{27 + 22 + 20}{3} = 23 \ （吨）$$

……

$$M_{12}^{(1)} = \frac{Y_{12} + Y_{11} + Y_{10}}{3} = \frac{37 + 33 + 34}{3}$$

$$= 34.67 \ （吨）$$

二次移动平均各值的计算为：

$$M_5^{(2)} = \frac{M_5^{(1)} + M_4^{(1)} + M_3^{(1)}}{3}$$

$$= \frac{19.66 + 16.33 + 13.00}{3} = 16.33 \ (吨)$$

……

$$M_9^{(2)} = \frac{M_9^{(1)} + M_8^{(1)} + M_7^{(1)}}{3}$$

$$= \frac{28 + 27 + 24.67}{3} = 26.56 \ (吨)$$

……

$$M_{12}^{(2)} = \frac{M_{12}^{(1)} + M_{11}^{(1)} + M_{10}^{(1)}}{3}$$

$$= \frac{34.67 + 32.33 + 31.00}{3} = 32.67 \ (吨)$$

2. 计算各期 a、b 值

截距和斜率各值为：

$$a_5 = 2M_5^{(1)} - M_5^{(2)} = 19.66 \times 2 - 16.33 = 22.99 \ (吨)$$

……

$$a_{12} = 2M_{12}^{(1)} - M_{12}^{(2)} = 34.67 \times 2 - 32.67 = 36.67 (吨)$$

$$b_5 = \frac{2}{n-1}(M_5^{(1)} - M_5^{(2)}) = 19.66 - 16.33 = 3.33$$

……

$$b_{12} = \frac{2}{n-1}(M_{12}^{(1)} - M_{12}^{(2)}) = 34.67 - 32.67 = 2$$

3. 计算观察期内估计值

$$F_6 = a_5 + b_5 \times 1 = 22.99 + 3.33 \times 1 = 26.32 \ (吨)$$

……

$$F_{12} = a_{11} + b_{11} \times 1 = 34.22 + 1.89 \times 1 = 36.11 \ (吨)$$

4. 应用预测模型计算预测值

$$F_{13} = a_{12} + b_{12} \times 1 = 36.67 + 2 \times 1 = 38.67 \quad （吨）$$

……

$$F_{15} = a_{12} + b_{12} \times 2 = 36.67 + 2 \times 3 = 42.67 \quad （吨）$$

应该注意的是，观察期内各期估计值的 a、b 值不同。而在预测期各预测值的 a、b 值是一致的，即最后一个观察期的 a、b 值。具体上例中 a = 36.67，b = 2。

对预测误差进行测算：

$$标准差 \ RMSE = \sqrt{\frac{1}{n} \sum (Y_t - F_t)^2} = \sqrt{\frac{41.4722}{7}}$$

$$= \sqrt{5.9246} = 2.434 \quad （吨）$$

预测误差为 2.434 吨，与实际观察值比较小。预测结果可以采纳。

由二次移动平均的预测过程可以看出，对于具有明显上升趋势的市场现象，二次移动平均预测法同样是很适应的。但它不是用一个固定的 a_t、b_t 值，各期的 a_t、b_t 值是有所变化的，这样就保留了市场现象客观存在的波动。最后一个 a_t、b_t 值是固定的，不但可以用于短期预测，也可用于近期预测，向未来预测若干期。二次移动平均法比一次移动平均法的适用面更广，在实践中应用较多。

三、加权移动平均法

加权移动平均法，是对市场现象观察值按距预测期的远近，给予不同的权数，并求其按加权计算的移动平均值，以移动平均值为基础进行预测的方法。

权数的确定与前面所说加权平均法一样，对距预测期近的观察值给予较大权数，对距预测期远的观察值给予小些的权数，借以调节各观察值对预测值的影响作用，使市场预测值能更好地反映市场现象未来的实际变化。

加权移动平均法的公式为：

$$F_{t+1} = \frac{W_t Y_t + W_t Y_{t-1} + \cdots + W_t Y_{t-n+1}}{\sum W_t}$$

式中：F_{t+1} 为加权移动平均预测值；

$\quad$ Y_t 为时间序列中第 t 期观察值；

$\quad$ W_t 为移动平均的权数 t = 1，2，…n；

$\quad$ n 为跨越期。

现仍以一次移动平均例中的观察值，令 n = 3，权数由远到近分别为 0.1、0.2、0.7。计算结果见表 10 - 7。

表 10 - 7 加权移动平均法计算表

观察期	观察值（万元）Y_t	F_{t+1}（n = 3）	$\mid Y_t - F_{t+1} \mid$
1	10.6	—	—
2	10.8	—	—
3	11.1	—	—
4	10.4	10.99	0.59
5	11.2	10.58	0.62
6	12.0	11.03	0.97
7	11.8	11.68	0.12
8	11.5	11.78	0.28
9	11.9	11.61	0.29
10	12.0	11.81	0.19
11	12.2	11.93	0.27
12	10.7	12.13	1.43
13	10.4	11.13	0.73
14	11.2	10.64	0.56
合　计	—	—	6.05

表 10 – 7 中

$$F_4 = F_{3+1} = \frac{W_3 Y_3 + W_2 Y_2 + W_1 Y_1}{W_3 + W_2 + W_1}$$

$$= \frac{0.7 \times 11.1 + 0.2 \times 10.8 + 0.1 \times 10.6}{0.7 + 0.2 + 0.1}$$

$$= 10.99 \ （万元）$$

……

$$F_{14} = F_{13+1} = \frac{W_3 Y_{13} + W_2 Y_{12} + W_1 Y_{11}}{W_3 + W_2 + W_1}$$

$$= \frac{0.7 \times 10.4 + 0.2 \times 10.7 + 0.1 \times 12.2}{0.7 + 0.2 + 0.1}$$

$$= 10.64 \ （万元）$$

$$F_{15} = F_{14+1} = \frac{W_3 Y_{14} + W_2 Y_{13} + W_1 Y_{12}}{W_3 + W_2 + W_1}$$

$$= \frac{0.7 \times 11.2 + 0.2 \times 10.4 + 0.1 \times 10.7}{0.7 + 0.2 + 0.1}$$

$$= 10.99 \ （万元）$$

F_{15} 为下期预测值。

根据表 10 – 7 中计算的数据，此问题的预测误差为：

$$MAE = \frac{1}{n} \sum |e_t| = \frac{6.05}{11} = 0.55 （万元）$$

可见，其误差小于用一次移动平均法计算的结果。这说明对于这个问题，用加权移动平均法预测更符合实际。

加权移动平均法，不但可如上例与一次移动平均法结合应用，同样也可与二次移动平均法结合应用。即计算二次移动平均值时用加权移动平均。

第四节　指数平滑市场预测法

应用一、二次移动平均和加权移动平均市场预测法，虽然能解决不少市场现象的预测问题，但至少在两方面不能令预测者十分满意。一是，计算一个移动平均值，必须贮存几个观察期，也就是必须贮存跨越期个观察值，这就必然加大了市场预测的计算工作量。二是，一、二次移动平均法，对市场现象时间序列最近几个观察值都给予相同的权数，即对每个观察值都给予 $\frac{1}{n}$ 的权数。加权移动平均法，虽然对最近 n 个观察值给予不同的权数，但它对（t－n）期的观察值是完全不予考虑的，即给予的权数为0。指数平滑法则克服了上述不足，所得出的预测值能更合理更客观。

指数平滑法，实际上是一种特殊的加权移动平均法。它的特点在于，其一，对离预测期最近的市场现象观察值，给予最大的权数，而对离预测期渐远的观察值给予递减的权数。使市场预测值能够在不完全忽视远期观察值影响的情况下，又能敏感地反映市场现象变化，减小了市场预测误差。其二，对于同一市场现象连续计算其指数平滑值，对较早期的市场现象观察值不是一概不予考虑，而是给予递减的权数。市场现象观察值对预测值的影响，由近向远按等比级数减小，其级数首项是 α，公比为 1－α。这种市场预测法之所以被称为指数平滑市场预测法，就是因为如若将市场现象观察值对预测值的影响，按等比级数绘成曲线，所呈现的是一条指数曲线。而并不是说这种预测法的预测模型是指数形式。其三，指数平滑法中的 α 值，是一个可调节的权数值，它是一个 $0 \leqslant \alpha \leqslant 1$ 的值。指数平滑法中的 α 值越小时，市场现象观察值对预测值的影响自近向远越缓慢减弱；当 α 值越大时，市场现象观察值对预测值的影响自近向远越迅速减弱。预测者可以通过调整 α 的大小，来调节近期观察值和远期观察值对预测值的不同影响程度。

指数平滑法按市场现象观察值被平滑的次数不同，可分为单重指数平滑法和多重指数平滑法。

一、单重指数平滑法

单重指数平滑法，也称一次指数平滑法。它是指对市场现象观察值计算一次平滑值，并以一次指数平滑值为基础，估计市场现象预测值的方法。

一次指数平滑法中平滑值的计算公式为：

$$S_{t+1}^{(1)} = S_t^{(1)} + \alpha \ (Y_t - S_t^{(1)})$$

式中：α 为平滑常数（$0 \leq \alpha \leq 1$）；

$S_t^{(1)}$ 为第 t 期的一次指数平滑值；

Y_t 为第 t 期的实际观察值。

一次指数平滑值公式的实际意义是，被研究市场现象某一期的预测值，等于它前一期的一次指数平滑值，加上以平滑系数调整后的，市场现象前一期的实际观察值与一次平滑值的离差。由此公式，可以直接地观察到，一次指数平滑法具有移动平均值的特点。

在实际应用一次指数平滑法计算时，为了简化计算过程，常常将一次指数平滑值计算公式，变形为一次指数平滑的预测模型。其公式为：

$$S_{t+1}^{(1)} = \alpha Yt + (1 - \alpha) S_t^{(1)}$$

一次指数平滑预测模型的实际意义是，某期市场现象预测值，等于以权数 α 调整的前一期市场现象实际观察值，加上以剩余权数（1-α）调整的前一期市场现象一次平滑值。一次指数平滑预测模型更直接地体现了，指数平滑法可以通过调整 α 的大小，来调整市场现象近期观察值和远期观察值对预测值的不同影响权数。

从一次指数平滑值公式和一次指数预测模型可见，指数平滑法是依次以旧平滑值或预测值，计算新平滑值或预测值的过程。它所需贮存的数据只有 Y_t、S_t，这使预测过程得到简化。它克服了移动平均法中至少需要 n 个观察值的不足，但实质上它仍是一种以平均值为基础，对市场现象进行预测的方法。一次指数平滑公式和预测模型吸收了一次移动平均预测法的基本理论，可以通过以下分析反映出来。

一次算术移动平均的简化公式为：

$$M_{t+1}^{(1)} = M_t^{(1)} + \frac{Y_t - Y_{t-n}}{n}$$

在上式中，若以 $M_t^{(1)}$ 近似地代替 Y_{t-n}，因为 $M_t^{(1)}$ 的计算公式为：$M_t^{(1)} = \dfrac{Y_{t-1} + Y_{t-2} + \cdots Y_{t-n}}{n}$。则一次算术移动平均的简化公式为：

$$M_{t+1}^{(1)} = M_t^{(1)} + \frac{Y_t - M_t^{(1)}}{n}$$

$$= M_t^{(1)} + \frac{1}{n}(Y_t - M_t^{(1)})$$

$$= \frac{1}{n}Y_t + (1 - \frac{1}{n})M_t^{(1)}$$

再令 $\alpha = \dfrac{1}{n}$，$S_t^{(1)} = M_t^{(1)}$

则得到一次指数平滑公式：

$$S_{t+1}^{(1)} = S_t^{(1)} + \alpha(Y_t - S_t^{(1)})$$

或得到一次指数平滑的预测模型：

$$S_{t+1}^{(1)} = \alpha Y_t + (1-\alpha) S_t^{(1)}$$

由此证明，一次指数平滑法是一种用平均值作为预测值基础的方法，它是一种特殊的移动平均值，而并不是指数值。它是用旧预测值计算新预测值的方法，它必然遇到第一个一次指数平滑值如何计算的问题。对于第一个指数平滑值 $S_1^{(1)}$，一般是采用下面两种方法之一来确定。一是令 $S_1^{(1)} = Y_1$，即采用市场现象的最初实际观察值，作为最初的一次指数平滑值。二是令 $S_1^{(1)} = \dfrac{Y_1 + Y_2 + Y_3}{3}$，即用市场现象时间序列的前三个观察值的算术平均数，作为最初的一次指数平滑值。这样的处理方法，虽然不是采用经严格数学证明的公式，但它给实际市场预测工作解决了一个必须解决的现实问题。

在一次指数平滑方法中，平滑常数 α 是一个非常重要的数值。此值的变动区间为 $0 \leqslant \alpha \leqslant 1$。$\alpha$ 值的大小，直接决定着市场现象各期实际观察值对预测值的影响作用，因为：

$$\begin{aligned}
S_{t+1}^{(1)} &= \alpha Y_t + (1-\alpha) S_t^{(1)} \\
&= \alpha Y_t + (1-\alpha)\left[\alpha Y_{t-1} + (1-\alpha) S_{t-1}^{(1)}\right] \\
&= \alpha Y_t + \alpha(1-\alpha) Y_{t-1} + (1-\alpha)^2 S_{t-1}^{(1)}
\end{aligned}$$

若进一步展开：

$$\begin{aligned}
S_{t+1}^{(1)} &= \alpha Y_t + \alpha(1-\alpha) Y_{t-1} + \alpha(1-\alpha)^2 Y_{t-2} \\
&\quad \alpha(1-\alpha)^3 Y_{t-3} + \cdots
\end{aligned}$$

一次指数平滑各值，克服一次移动平均值计算中，将（$t-n$）期以前的各市场现象实际观察值，完全给予零权数的不足。在一次指数平滑各值中，离预测期越远的市场现象实际观察值对预测值影响越小，呈减递规律。但其影响不论多小，还是认为它是存在的。当 α 值越接近于 1 时，远期市场现象实际观察值对预测值的影响作用递减得越迅速；相对而言，最近期的市场现象实际观察值对预测值影响作用迅速加大。当 α 值越接近 0 时，市场现象各远期实际观察值对预测值的影响作用缓慢减弱，相对地市场现象近期实际观察值对预测值的影响作用逐渐加大。

α 值在理论上是一个 $0 \leqslant \alpha \leqslant 1$ 的值，在每一次应用一次指数平滑的市场预测中，α 则是一个该区间内的确定值。由市场预测者确定出一个 α 值是非常重要的，它决定着市场预测误差的大小。预测者在确定 α 值时，必须根据市场现象时间序列本身的发展变化规律而定。当预测者并不能事先确定 α 值在多大时最合适，通常是对同一市场现象的预测中，同时选择几个 α 值进行测算，并分别测算出各 α 值预测结果的预测误差。最后通过预测结果误差大小的比较，选择误差最小时的 α 值，并对市场现象进行预测。在一次指数平滑预测中，通过用不同的 α 值对一次指数平滑值的测算，可以明确两个问题。一是可确定被研究市场现象是否适合用一次指数平滑法进行预测；二是可以通过误差大小的比较，提供最优 α 值作为确定的平滑系数。

现仍以前面所用的某企业季末库存资料，用一次指数平滑法对其做预测，并对不同 α 值情况的预测误差进行测算。

［例］对某企业季末库存进行预测，其资料和计算见表 10 - 8。

在表 10 - 8 中，采用一次指数平滑法对某企业的季末商品库存额进行预测。

1. 确定平滑系数 α

预测者选择了不同的平滑系数 α 值，分别取为 0.3、0.5、0.9。

2. 确定第一个平滑值

确定出最初的 $S_1^{(1)}$ 值，在此采取将前三期库存额实际观察值简单平均的方法，即令：

表 10 – 8　　　　　　　一次指数平滑计算表　　　　　　　单位：万元

观察期	观察值 Y_t（万元）	$\alpha = 0.3$		$\alpha = 0.5$		$\alpha = 0.9$	
		$S_{t+1}^{(1)}$	$\mid e_t \mid$	$S_{t+1}^{(1)}$	$\mid e_t \mid$	$S_{t+1}^{(1)}$	$\mid e_t \mid$
1	10.6	10.83	0.23	10.83	0.23	10.83	0.23
2	10.8	10.76	0.64	10.72	0.08	10.62	0.18
3	11.1	10.77	0.33	10.76	0.34	10.78	0.32
4	10.4	10.87	0.47	10.93	0.43	11.07	0.67
5	11.2	10.73	0.47	10.67	0.53	10.46	0.74
6	12.0	10.87	1.13	10.93	1.07	11.13	0.87
7	11.8	11.21	0.59	11.47	0.33	11.91	0.11
8	11.5	11.39	0.11	11.64	0.14	11.81	0.31
9	11.9	11.42	0.48	11.57	0.33	11.53	0.37
10	12.0	11.56	0.44	11.74	0.26	11.86	0.14
11	12.2	11.70	0.50	11.87	0.33	11.99	0.21
12	10.7	11.85	1.15	12.03	1.33	12.18	1.48
13	10.4	11.51	1.11	11.37	0.97	10.85	0.45
14	11.2	11.18	0.02	10.89	0.31	10.45	0.75
合　计	—	—	7.07	—	6.68	—	6.83

$$S_1^{(1)} = \frac{Y_1 + Y_2 + Y_3}{3}$$

$$= \frac{10.6 + 10.8 + 11.1}{3} = 10.83 \text{（万元）}$$

3. 计算一次指数平滑值

测算各期的一次指数平滑值。在表 10 – 8 中，是在三种 α 值情况下来测算一次指数半滑值。

如：当 $\alpha = 0.5$ 时，

$$S_2^{(1)} = 0.5 \times 10.6 + 0.5 \times 10.83 = 10.72 \text{（万元）}$$

……

$$S_8^{(1)} = 0.5 \times 11.8 + 0.5 \times 11.47 = 11.64 \text{（万元）}$$

……

$$S_{14}^{(1)} = 0.5 \times 10.4 + 0.5 \times 11.37 = 10.89 \text{（万元）}$$

当 $\alpha = 0.3$，$\alpha = 0.9$ 时与此类同。

4. 测算预测误差，比较误差大小

测算各 α 值情况下的预测误差值。

如，当 $\alpha = 0.5$ 时，

$$\left| e_2 \right| = \left| Y_2 - S_2^{(1)} \right| = \left| 10.8 - 10.72 \right| = 0.08 \text{（万元）}$$

……

$$\left| e_8 \right| = \left| 11.5 - 11.64 \right| = 0.14 \text{（万元）}$$

……

$$\left| e_{14} \right| = \left| 11.2 - 10.89 \right| = 0.31 \text{（万元）}$$

比较不同 α 值时的平均绝对误差：

$\alpha = 0.3$ 时，

$$\text{MAE} = \frac{1}{n} \left| e_t \right| = \frac{7.07}{14} = 0.505 \text{（万元）}$$

$\alpha = 0.5$ 时，

$$\text{MAE} = \frac{6.68}{14} = 0.477 \text{（万元）}$$

$\alpha = 0.9$ 时，

$$\text{MAE} = \frac{6.83}{14} = 0.498 \text{（万元）}$$

可见，当 $\alpha = 0.5$ 时，预测误差值最小，故选择 $\alpha = 0.5$ 为一次指数平滑预测模型的平滑系数，其预测模型确定为：

$$S_{t+1}^{(1)} = 0.5 Y_t + (1 - 0.5) S_t^{(1)}$$

5. 计算预测值

$$S_{14+1}^{(1)} = 0.5 \times 11.2 + 0.5 \times 10.89 = 11.045 \text{（万元）}$$

通过上例，可说明一次指数平滑法几个基本特点：

首先，一次指数平滑法实际上是一种特殊的加权移动平均法，是用预测期前一期市场现象实际观察值与平滑值的离差，对前一期的平滑值进行修正，得到新的一次平滑值。其修正数值的大小在很大程度上取决于 α 的大小。

若 $\alpha = 0$，则 $S_{t+1}^{(1)} = S_t^{(1)}$，从一次平滑公式的角度看，就是对前一期的一次指数平滑值不用误差修正；从一次指数平滑模型的角度看，即完全不相信上一期市场现象实际观察值。

若 $\alpha = 1$，则 $S_{t+1}^{(1)} = S_t^{(1)} + e_t$，其中 $e_t = Y_t - S_t^{(1)}$。从一次指数平滑公式的角度看，就是用全部误差修正上期的平滑值；从一次指数平滑模型的角度看，即完全相信上期市场现象的实际观察值 Y_t。

若 $0 < \alpha < 1$，表示用部分误差修正前一期的一次指数平滑值。根据市场现象观察值的发展变化规律，选择适当的 α 值，使远期和近期市场现象实际观察值，都对预测值产生合理的影响。

其次，一次指数平滑法在计算每一个平滑值时，只需用一个实际观察值和一个上期平滑值就可以了，它需要贮存的数据量很小。对于一种被连续观察预测的市场现象来说，甚至只要保留一期实际观察值就可进行预测。被保留的实际观察值用来表现最近期观察值对预测值的影响；被保留的上期平滑值用来表现以前各期观察值对市场预测的影响。一次指数平滑法的这种特点，不论是用手工计算还是用计算机计算，都省去了由于贮存数据过多带来的不便，计算过程简便，计算工作量不会过大。

再次，一次指数平滑法只能向未来预测一期市场现象的表现，这在很多情况下造成了预测的局限性，不能满足市场预测者的需要。此外，一次指数平滑预测模型中的第一个平滑值 $S_1^{(1)}$ 和平滑系数 α，在被确定时只是根据经验，尚无严格的数学理论加以证明。从前例的测算中可以看出，一次指数平滑法对无明显趋势变动的市场现象进行预测是适合的，但对于有趋势变动的市场现象则不适合。当市场现象存在明显趋势时，不论 α 值取多大，其一次指数平滑值也会滞后于实际观察值。

可见，一次指数平滑法既具有明显的优点，也存在明显的不足。预测者在选用此方法时，应该充分利用它的优点，避免其不足对预测的限制和影响。对于一次指数平滑法中存在的不足，用多重指数平滑法是可以弥补的。

二、多重指数平滑预测法

多重指数平滑法，是对市场现象的实际观察值，计算二次或二次以上的指数平滑值，再以指数平滑值为基础建立预测模型，对市场现象进行预测的方法。

以二次指数平滑法为重点，说明多重指数平滑法的特点和应用过程。二次指数平滑市场预测法，即指对市场现象实际观察值测算两次平滑值，并在此为基础上建立预测模型，对市场现象进行预测的方法。二次指数平滑法与一次指数平滑法有着紧密的联系，二次指数平滑值必须在一次平滑值基础上计算。更主要的是，二次指数平滑法解决了一次指数平滑法不能解决的两个问题。一是解决了一次指数平滑不能用于有明显趋势变动的市场现象；二是解决了一次指数平滑只能向未来预测一期的不足。

二次指数平滑法在其应用中，首先是计算出市场现象时间序列的一次，二次指数平滑值；然后在此基础上建立二次指数平滑预测模型；最后利用预测模型进行预测，并进行误差测算。二次指数平滑法的一次、二次指数平滑值的计算公式为：

$$S_t^{(1)} = \alpha Y_t + (1 - \alpha) S_{t-1}^{(1)}$$
$$S_t^{(2)} = \alpha S_t^{(1)} + (1 - \alpha) S_{t-1}^{(2)}$$

式中：$S_t^{(1)}$ 为第 t 期的一次指数平滑值；

　　　$S_t^{(2)}$ 为第 t 期的二次指数平滑值；

　　　α 为平滑系数。

从上式可看出，二次指数平滑值是在一次指数平滑值基础上测算的。其计算公式与一次指数平滑值的原理一样。二次指数平滑值公式，是将一次指数平滑公式中的有关项目替换，即用 $S_t^{(1)}$ 替换 Y_t，用 $S_{t-1}^{(2)}$ 替换 $S_{t-1}^{(1)}$。

二次指数平滑法的预测模型为：

$$F_{t+T} = a_t + b_t T$$

式中：F_{t+T} 为第 t + T 期预测值；

　　　T 为向未来预测的期数；

　　　a_t 为模型参数；

　　　b_t 为模型参数。

二次指数平滑法预测模型，实际上是近似的线性方程形式，a_t 是截距，b_t 是斜率。a_t、b_t 值在这里是用一次、二次指数平滑值确定的，用公式表示为：

$$a_t = 2S_t^{(1)} - S_t^{(2)}$$

$$b_t = \frac{\alpha}{1-\alpha} \ (S_t^{(1)} - S_t^{(2)})$$

二次指数平滑这种线性平滑模型，在市场现象的观察期内，第 t 期的模型参数 a_t、b_t，是随着市场现象观察值 Y_t 和一次、二次指数平滑值 $S_t^{(1)}$、$S_t^{(2)}$ 的变动而变动的，由此保留了市场现象的一些波动。在预测期内，a_t、b_t 则是固定的，即以观察期内最后一期的 a_t、b_t 值。根据二次指数平滑预测模型，预测者不仅可向未来预测一期，还可根据需要对市场现象向未来预测两期或两期以上，在预测期内采用固定的 a_t、b_t 参数值。显然，二次指数平滑预测模型克服了一次指数平滑法的明显不足，二次指数平滑预测模型，适用于具有明显趋势变动的市场现象的预测；可对市场现象向后预测两期或两期以上，它不但可用于短期市场预测，而且可用于近期或中期市场预测，向未来预测多期。它是比一次指数平滑法更进步的方法。

如果将二次指数平滑法与二次移动平均法相比较，二次指数平滑法克服了二次移动平均法中的不足之处。二次移动平均法必须具备最近 n 个市场现象实际观察值，才能测算市场预测值；而二次指数平滑法只需最近一期的实际观察值即可测算预测值。二次移动平均法对 n 个市场现象实际观察值给予相同的权数，对 (t − n) 期以前的实际观察值则完全不考虑（即给予零权数）；二次指数平滑法则考虑任何一期实际观察值，按其离预测期远近分别给予大小不同的权数。可见，二次指数平滑法也是比二次移动平均法更先进的预测方法。同时，也可将二次指数平滑法看做是一种特殊的移动平均法。

应用二次指数平滑公式计算平滑值时，其平滑系数 α 的确定原则与一次指数平滑值计算一致。在不知 α 取何值最合适的情况下，一般也是采用几个 α 值对同一市场现象进行测算。二次指数平滑初始值 $S_1^{(2)}$ 的确定也与一次指数平滑法相似，其确定方法也有两种，一种是以第一期的市场现象实际观察值代替，即令：$S_1^{(2)} = S_1^{(1)} = Y_1$；另一种方法是，在令 $S_1^{(1)} = \dfrac{Y_1 + Y_2 + Y_3}{3}$ 的同时，令 $S_1^{(2)} = \dfrac{S_1^{(1)} + S_2^{(1)} + S_3^{(1)}}{3}$。

［例］现有我国某种商品人均年消费量的资料，用二次指数平滑法进行预测。选用不同的 α 值对一次、二次指数平滑值进行测算。资料和计算见表 10 − 9、表 10 − 10、表 10 − 11。

1. 计算一、二次指数平滑值

表 10 − 9 中各值的计算，$S_t^{(1)}$ 的计算采用一次指数平滑值

公式。

表 10 - 9 $\alpha = 0.3$ 二次指数平滑值计算表   单位：公斤

观察期 t	观察值 Y_t（公斤）	$S_t^{(1)}$	$S_t^{(2)}$	a_t	b_t	F_{t+T}	$\lvert Y_t - F_{t+T} \rvert$
1	214	214.0	214.0	—	—	—	—
2	219	215.5	214.5	216.5	0.43	—	—
3	226	218.7	215.7	221.7	1.29	216.9	9.1
4	232	222.7	217.8	227.6	2.09	222.9	9.1
5	251	231.2	221.8	240.6	4.03	229.7	21.3
6	254	238.0	226.7	249.3	4.84	244.6	9.4
7	256	243.4	231.7	255.1	5.01	254.1	1.9
合计	—	—	—	—	—	—	50.8

第一个一次指数平滑值，采用 Y_1 代替，这是因为实际观察值有明显的趋势变动。

$S_1^{(1)} = 214$（公斤）

$S_2^{(1)} = 0.3 \times 219 + 0.7 \times 214 = 215.5$（公斤）

……

$S_7^{(1)} = 0.3 \times 256 + 0.7 \times 238 = 243.4$（公斤）

表 10 - 9 中二次指数平滑值 $S_t^{(2)}$ 的测定如下：

$S_1^{(2)} = S_1^{(1)} = Y_1 = 214$（公斤）

$S_2^{(2)} = 0.3 \times 215.5 + 0.7 \times 214 = 214.5$（公斤）

……

$S_7^{(2)} = 0.3 \times 243.4 + 0.7 \times 226.7 = 231.7$（公斤）

2. 计算 a、b 值

表 10 - 9 中，a_t、b_t 值的测算如下：

$a_2 = 2S_2^{(1)} - S_2^{(2)} = 2 \times 215.5 - 214.5 = 216.5$

······

$a_7 = 2 \times 243.4 - 231.7 = 255.1$

b_t 值测算为：

$b_2 = \dfrac{0.3}{1-0.3}\ (S_2^{(1)} - S_2^{(2)}) = \dfrac{0.3}{0.7}\ (215.5 - 214.5)$

$\qquad = 0.43$

······

$b_7 = \dfrac{0.3}{0.7}\ (243.4 - 231.7) = 5.01$

下面再取 $\alpha = 0.5$，测算二次指数平滑各值。见表 10 – 10。

表 10 – 10　　　　$\alpha = 0.5$　　二次指数平滑计算表　　　　单位：公斤

观察期 t	观察值 Y_t	$S_t^{(1)}$	$S_t^{(2)}$	a_t	b_t	F_{t+T}	$\lvert Y_t - F_{t+T} \rvert$
1	214	214.0	214.0	—	—	—	—
2	219	216.5	215.3	217.7	1.2	—	—
3	226	221.3	218.3	224.3	3.0	218.9	7.1
4	232	226.6	222.4	230.8	4.2	227.3	4.7
5	251	238.8	230.6	247.0	8.2	235.0	16.0
6	254	246.4	238.5	254.3	7.9	255.2	1.2
7	256	251.2	244.9	257.5	6.3	262.2	6.2
合计	—	—	—	—	—	—	35.2

表 10 – 10 中各值计算过程与表 10 – 9 中的一样。

再取 $\alpha = 0.9$，测算二次指数平滑各值，见表 10 – 11。

表 10 – 11 中各值的计算过程也与表 10 – 9 中的一样。

表 10 – 11　　　　α = 0.9　　二次指数平滑值计算表　　　　单位：公斤

观察期 t	观察值 Y_t	$S_t^{(1)}$	$S_t^{(2)}$	a_t	b_t	F_{t+T}	$\lvert Y_t - F_{t+T} \rvert$
1	214	214.0	214.0	—	—	—	—
2	219	218.5	218.1	218.9	3.6	—	—
3	226	225.3	224.6	226.0	6.3	222.5	3.5
4	232	231.3	230.6	232.0	6.3	232.3	0.3
5	251	249.0	247.2	250.8	16.2	238.3	12.7
6	254	253.5	252.9	254.1	5.4	267.0	13.0
7	256	255.8	255.5	256.1	2.7	259.5	3.5
合计	—	—	—	—	—	—	33.0

3. 测算并比较预测误差

在表 10 – 9、表 10 – 10、表 10 – 11 中，分别采用三个不同的 α 值测算二次指数平滑预测值和预测误差，要决定最终确立预测模型时采用哪个 α 值，就必须对不同 α 值时的预测误差加以比较。

α = 0.3 时，平均绝对误差　$MAE = \dfrac{50.8}{5} = 10.16$（公斤）

α = 0.5 时，$MAE = \dfrac{35.2}{5} = 7.04$（公斤）

α = 0.9 时，$MAE = \dfrac{33}{5} = 6.6$（公斤）

可见，当 α = 0.9 时，预测误差最小。由此建立二次指数平滑预测模型为：

$$F_{t+T} = 256.1 + 2.7T$$

4. 计算预测值

利用此预测模型对今后三年该商品的人均年消费量进行预

测，其预测值为：

$F_{7+1} = 256.1 + 2.7 \times 1 = 258.8$（公斤）

$F_{7+2} = 256.1 + 2.7 \times 2 = 261.5$（公斤）

$F_{7+3} = 256.1 + 2.7 \times 3 = 264.2$（公斤）

就此问题来说，当 $\alpha = 0.3$、$\alpha = 0.5$、$\alpha = 0.9$ 时预测误差都不大，是可以接受的。可以根据实际问题加以挑选。

从以上二次指数平滑的测算过程和结果，可以看到二次指数平滑预测法的特点。

首先，二次指数平滑法，可以完成一次指数平滑法不能解决的带趋势变动的市场现象的预测。二次指数平滑法是一种线性趋势方程，预测模型中的参数，又是根据一次、二次指数平滑值计算出来的。在观察期内，二次指数平滑法是以变化的斜率 b_t 和变化的截距 a_t，反映市场现象的线性变动趋势；在预测期内，则用一个不变的斜率和截距，以一条直线预测市场现象的未来表现。由此可见，二次指数平滑法既有移动平均法的特点，又有趋势预测法的特点。

其次，二次指数平滑法，可用于一期以上预测值的计算。

一次指数平滑法只能向未来预测一期，给预测者带来一些不便。而二次指数平滑预测模型，很好地解决了这个问题，它可以向未来预测两期以致两期以上的市场现象值。当然，在应用二次指数平滑法做两期以上的预测时，也和运用其他趋势预测法一样，要特别注意研究市场现象在预测期内有无新的变化特点，而不能仅仅依赖预测模型。只有当市场现象在预测期与实际观察期的变化规律基本一致时，用二次指数平滑法去做两期以上的预测才是比较有把握的；如果市场现象的实际情况有变化，则不能盲目地应用预测模型做多期预测。

最后二次指数平滑法与一次指数平滑法一样，也具有贮存数据少的优点，给预测者带来很大方便。

在运用二次指数平滑法时，特别要注意具体问题具体分析，合理地使用所掌握的资料。例如：现有几年中我国人均年购买消费品支出额资料，见表 10 - 12。

表 10 - 12　　我国某地区人均年购买消费品支出额资料　　单位：元

观察期 t	1	2	3	4	5	6	7
观察值 Y_t	4 338	4 539	4 656	4 861	5 143	6 215	7 346

从表 10 - 12 资料可以看出，此现象具有明显的上升趋势，但前几年的上升幅度显然慢于后几年。若采用二次指数平滑法做预测，用同一个 α 值，不容易使预测值与实际值之间前后都拟合得很理想。又考虑到远期的观察值对预测值影响较小，在实际预测中可以从第 4 期资料开始使用，用二次指数平滑法对该现象进行预测。其资料和所需数据计算见表 10 - 13。

表 10 - 13　　　　α = 0.9　二次指数平滑计算表　　单位：元

观察期 t	观察值 Y_t	$S_t^{(1)}$	$S_t^{(2)}$	a_t	b_t	$F_t + T$
1	4 861	4 861	4 861	—	—	—
2	5 143	5 115	5 089	5 141	234	—
3	6 215	6 104	6 003	6 203	900	5 375
4	7 346	7 222	7 100	7 344	1 098	7 112

根据表 10 - 13 中有关数据，二次指数平滑的预测模型为：

$$F_{t+T} = 7\ 344 + 1\ 098T$$

由预测模型对未来二期的预测值推算为：

$$F_{4+1} = 7\ 344 + 1\ 098 \times 1 = 8\ 442\ （元）$$

$$F_{4+2} = 7\ 344 + 1\ 098 \times 2 = 9\ 540\ （元）$$

$$F_{4+3} = 7\ 344 + 1\ 098 \times 3 = 10\ 638\ （元）$$

　　本章各节所介绍的方法，其共同特点是：以某种平均值为基础，建立预测模型，估计市场现象未来表现。适合研究市场现象趋势变动的方法有以下几种：平均增减量法、平均发展速度法、二次移动平均法、二次指数平滑法。而这几种方法所适用的现象趋势变动又各有其特定的规律。

第十一章　时间序列市场预测法（二）

——趋势模型和季节变动模型

第十章主要介绍了以不同的平均值为基础，来预测市场现象未来表现的各种具体方法。时间序列市场预测法还有很多其他具体方法，要在本章中加以介绍。这些方法主要用于研究市场现象的趋势变动和季节变动等。

第一节　直线趋势市场预测法

市场现象时间序列的一种重要变动规律，就是长期趋势变动，它比较普遍存在于许多市场现象之中。对市场现象的趋势变动进行研究，就成为市场预测的重要任务之一。在市场预测法中，趋势延伸市场预测法是专门用来研究市场现象趋势变动规律的一类方法。直线趋势延伸法，是研究市场现象趋势变动的最基本的方法之一。

直线趋势延伸市场预测法，是以直线模型研究市场现象趋势变动的方法。如若市场现象时间序列具有长期趋势变动，而且呈现直线变化规律，即直线上升趋势或直线卜降趋势，就配合直线方程，用直线趋势延伸法进行预测。判断时间序列趋势变动是否直线趋势，可以用时间序列图形判断，也可以用时间序列环比增长量（一次差）判断。若时间序列环比增长量接近于一个常数或差异不大，即可用直线趋势法。直线趋势延伸法的一般方程式为：

$$\hat{Y} = a + bt$$

式中：$\hat{Y}$ 为第 t 期的趋势值（或预测值）；

　　　a 为直线方程参数，即 Y 轴上的截距；

　　　b 为直线的斜率，是单位时间变化量；

　　　t 为时间序号。

在直线趋势方程中，关键是确定直线中参数 a、b 的值，建立直线预测模型。然后再应用预测模型定时间变化量 t，对市场现象做出预测。直线趋势延伸预测法确定 a、b 值的常用方法有直观法和最小平方法。下面分别说明这两种方法的应用过程。

[例] 现有某地区社会商品零售额资料，对此进行预测。资料见表 11 – 1。

表 11 –1　　　　　某地区社会商品零售额资料　　　　单位：亿元

年份序号	1	2	3	4	5	6	7	8	9	10	11
零售额 Y_t	30	34	39	43	46	50	53	57	61	65	68

1. 用散点图观察现象的变化规律

由该现象的散点图图 11 –1 观察，现象基本上呈现直线上升趋势。可用直线趋势延伸法来预测。

2. 建立直线趋势预测模型

这里所说的建立直线趋势预测模型，主要是求出直线方程式中的 a、b 值，以直线方程作为预测模型。下面用两种不同方法求 a、b 值。

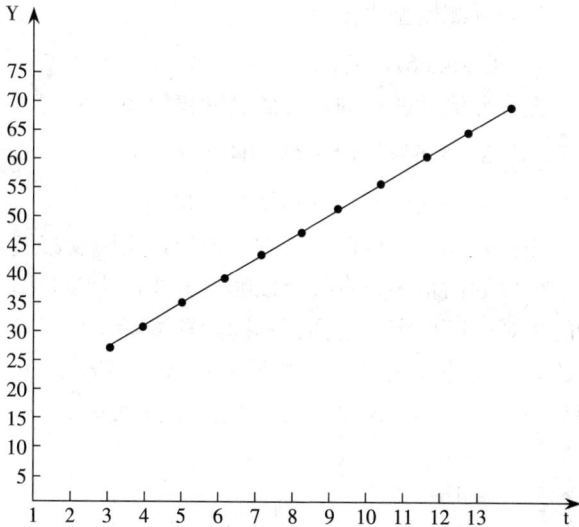

图 11 –1

（1）用直观法建立数学模型。通过对散点图的观察，决定
用直线趋势方程来描述该市场现象的变化。用直观法建立数学模
型，就是根据预测者的认识，在市场现象时间序列观察值散点图
中，划出一条最有代表性的直线。此直线可通过一个或两个实际
观察值的点，也可不通过任何实际观察值点，用随手划的办法将
直线确定出来。某预测者将点（3，39）和点（6，50）连成一
条直线，将两点值代入直线方程，解方程组确定 a、b 值。其方
程组应为：

$$\begin{cases} 39 = a + 3b \\ 50 = a + 6b \end{cases}$$

解方程组得：

$$a = 28$$

$$b = 3.667$$

则直线趋势预测模型为：

$$\hat{Y}_A = 28 + 3.667t$$

根据此方程预测后两年的社会商品零售额为：

$$\hat{Y}_{12} = 28 + 3.667 \times 12 = 72.004 \text{（亿元）}$$

$$\hat{Y}_{13} = 28 + 3.667 \times 13 = 75.671 \text{（亿元）}$$

这种方法比较简单，也比较节省。但穿过实际观察值点或不穿过散点，可以划出很多条直线，以哪条直线作为预测模型，是由预测者的主观判断而定。这样，不同的预测者，会划出不同的直线，即建立不同的预测模型。若另一位预测者选定（4，43）和（7，53）两点，连结成为一条直线，则得到求 a、b 值的方程组：

$$\begin{cases} 43 = a + 4b \\ 53 = a + 7b \end{cases}$$

解方程：

$$a = 29.668$$

$$b = 3.333$$

则直线趋势预测模型为：

$$\hat{Y}_B = 29.668 + 3.333t$$

根据此方程预测后两年的社会商品零售额为：

$$\hat{Y}_{12} = 29.668 + 3.333 \times 12 = 69.664 \text{（亿元）}$$

$$\hat{Y}_{13} = 29.668 + 3.333 \times 13 = 72.997 \text{（亿元）}$$

这样就得到了两个不同的预测模型，在实际应用时选择哪个，必须通过计算预测误差，并对预测误差加以比较，选择误差较小的直线方程作为预测模型。预测误差的计算过程和结果见表 11-2。

根据表 11-2 中数据，计算 Y_A、Y_B 两直线的平均绝对误差。

表 11 - 2　　　　　　　**直线模型零售额预测误差计算表**　　　单位：亿元

年序号 t	观察值 Y	Y_A	Y_B	$|Y - Y_A|$	$|Y - Y_B|$
1	30	31.667	33.001	1.667	3.001
2	34	35.334	36.334	1.334	2.334
3	39	39.001	39.667	0.001	0.667
4	43	42.668	43.000	0.332	0.000
5	46	46.335	46.333	0.335	0.333
6	50	50.002	49.666	0.002	0.334
7	53	53.669	52.999	0.669	0.001
8	57	57.336	56.332	0.336	0.668
9	61	61.003	59.665	0.003	1.335
10	65	64.670	62.998	0.330	2.002
11	68	68.337	66.331	0.337	1.669
合　计	—	—	—	5.346	12.344

直线 Y_A 的平均差 $MAE = \dfrac{5.346}{11} = 0.486$（亿元）

直线 Y_B 的平均差 $MAE = \dfrac{12.344}{11} = 1.122$（亿元）

可见，直线 Y_A 的误差比直线 Y_B 的误差小，所以可采纳直线 Y_A 作为预测模型，即：

$$\hat{Y}_A = 28 + 3.667t$$

对其后三年的社会商品零售额分别预测为：

$$\hat{Y}_{12} = 28 + 3.667 \times 12 = 72.004 \text{（亿元）}$$

$$\hat{Y}_{13} = 28 + 3.667 \times 13 = 75.671 \text{（亿元）}$$

$$\hat{Y}_{14} = 28 + 3.667 \times 14 = 79.338 \text{（亿元）}$$

上例中，只对随手划的两条直线做了比较，事实上还可能产生很多条直线，但并不能把它们都划出来，也无法对它们一一比较。到底能否找到一条与实际值误差最小的直线呢？这个问题用直观法不能解决，而用最小平方法则可以解决。通常，这种直观法并不用于实际预测，而只是用于一些问题的辅助性分析。

（2）用最小平方法建立预测模型。最小平方法，也称最小二乘法。它是一种对市场现象时间序列配合数字方程式，建立市场预测模型，用来确定方程中参数 a、b 的方法。

最小平方法的基本思想是，在对市场现象时间序列配合一条最理想的趋势线时，若以 Y 表示市场现象时间序列中各期实际观察值，以 $\hat{Y}$ 表示市场现象趋势值（在预测期内则称预测值）。如果对市场现象时间序列配合的趋势线满足两点：①时间序列实际观察值与趋势线各值的离差平方之和为最小，即 $\sum (y - \hat{y})^2$ 最小；②时间序列实际观察值与趋势线各值离差之和为零，即 $\sum (Y - \hat{Y}) = 0$。则该直线是最理想的，是对市场现象实际观察值代表性最高的直线。

根据最小平方法配合趋势线的条件要求，必须做到：

$$\sum (Y - \hat{Y})^2 = 最小值$$

$$\hat{Y} = a + bt$$

$$\sum (Y - \hat{Y})^2 = \sum (Y - a - bt)^2$$

令：$Q = \sum (Y - a - bt)^2$

将 Q 看做是两个变量 a、b 的函数，为使 Q 为最小值，则 Q 对 a、b 的偏导数应等于 0，即：

$$\frac{\partial Q}{a} = -2 \sum (Y - a - bt) = 0$$

$$\frac{\partial Q}{b} = 2 \sum (Y - a - bt)(t) = 0$$

整理后得：

$$\sum Y - na - b \sum t = 0$$

$$\sum tY - a\sum t - b\sum t^2 = 0$$

由此得到求解 a、b 的两个标准方程式：

$$\sum Y = na + b\sum t$$

$$\sum tY = a\sum t + b\sum t^2$$

在这两方程中，t 是观察期序号，Y 是市场现象实际观察值，将其各期数值代入由最小平方法原理建立的标准方程，就可求解出直线方程参数 a、b 的值。

在求解 a、b 时，也可先对标准方程求解，再代入实际数据，直接求得 a、b。解得公式为：

$$b = \frac{\sum tY - \dfrac{1}{n}\sum t \sum Y}{\sum t^2 - \dfrac{1}{n}(\sum t)^2}$$

$$a = \overline{Y} - b\overline{t}$$

在实践中应用解得方程求 a、b 更方便、更快捷。

［例］对某地区社会商品零售额用最小平方法求直线方程参数，建立预测模型进行预测。其计算见表 11 – 3。

将表 11 – 3 中的有关数据代入求解 a、b 的标准方程：

$$\begin{cases} 546 = 11a + 66b \\ 3\ 691 = 66a + 506b \end{cases}$$

解方程：　　$a = 26.998$

　　　　　　$b = 3.773$

若直接代入解得方程求 a、b，则

$$b = \frac{3\ 691 - \dfrac{1}{11} \times 66 \times 546}{506 - \dfrac{1}{11} \times (66)^2}$$

$$= 3.773$$

表 11 – 3　　　　　最小平方法直线趋势模型计算表　　　　单位：亿元

年序号 t	观察值 Y	tY_t	t^2	Y_C	$\lvert Y - Y_C \rvert$
1	30	30	1	30.771	0.771
2	34	68	4	34.544	0.544
3	39	117	9	38.317	0.683
4	43	172	16	42.090	0.910
5	46	230	25	45.863	0.137
6	50	300	36	49.636	0.364
7	53	371	49	53.409	0.409
8	57	456	64	57.182	0.182
9	61	549	81	60.955	0.045
10	65	650	100	64.728	0.272
11	68	748	121	68.501	0.501
66	546	3 691	506	—	4.818

$$a = \frac{546}{11} - 3.773 \times \frac{66}{11}$$

$$= 26.998$$

其计算结果与标准方程一样。

则直线方程为：

$$\hat{Y}_c = 26.998 + 3.773t$$

以此直线方程为预测模型，计算出各观察期的。趋势值为：

$$\hat{Y}_1 = 26.998 + 3.773 \times 1 = 30.771 \text{（亿元）}$$

$$\hat{Y}_2 = 26.998 + 3.773 \times 2 = 34.544 \text{（亿元）}$$

……

$$\hat{Y}_{11} = 26.998 + 3.773 \times 11 = 68.501 \text{（亿元）}$$

由表 11 – 3 中有关数据，其预测误差平均绝对误差为：

$$MAE = \frac{\sum \lvert e_t \rvert}{n} = \frac{4.818}{11} = 0.438 \text{（亿元）}$$

若将 $\hat{Y}=26.998+3.773$ 称为直线 Y_C，显然直线 Y_C 与直线 Y_A 和直线 Y_B 相比，其预测误差是最小的。由此可见，以最小平方方法确定直线方程中的 a、b 参数值，所建立的直线预测模型，是通过市场现象实际观察值散点或不通过散点所能划出的所有直线中，与市场现象实际观察值之间误差最小的一条，即这条直线对实际观察值的代表性最大。

在根据最小平方方法的标准方程，用市场现象实际观察值和观察期序号建立直线模型时，时间序列观察期 t（t = 1，2，3，…，n – 1，n）是一个等差数列。即按年、季、月为周期建立的时间序列的观察期，以一个公差为 1 的等差数列表示出来。在实际资料中它是实际的年份、季度或月份。在求解直线方程参数 a、b 时，有 $\sum t$ 的数据。根据 t 是一个等差数列的特点，可以人为地令 $\sum t = 0$，从而大大简化求解 a、b 的过程。在令 $\sum t = 0$ 时，t 仍然是一个等差数列，这样即能达到简化计算过程的目的，又能按市场现象时间序列原有的观察期规律，对市场现象做出预测。我们将这种考虑称为直线趋势模型的简化法。

若令 $\sum t = 0$，必须考虑到市场现象时间序列观察期 n，是奇数还是偶数。当 n 为奇数时，取 $\dfrac{n+1}{2}$ 观察期为原点，令原点为 0。原点之前各观察期序号为 –1，–2，–3…，而原点之后各观察期序号为 1，2，3…，时间序列序号这样所形成的数列仍然是一个公差为 1 的等差数列，且达到了 $\sum t = 0$ 的目的。

当 n 为偶数时，则取前 $\dfrac{n}{2}$ 各项为 –0.5，–1.5，–2.5，…；再取后 $\dfrac{n}{2}$ 各项序号为 0.5，1.5，3.5，…这样排列的时间序列各项序号，虽然保证了排列后的数列仍然是公差为 1 的等差数列，但由于序号带有小数会给其计算参数 a、b 的过程带来不便，则可将各项序号数乘 2，使之都成为整数。即将市场现象时间序列观察期序号按… –7，–5，–3，–1，1，3，5，7，…排列。这个数列仍然是一个等差数列，只不过公差是 2 而不是 1，但它同样达到了使 $\sum t = 0$ 的目的。在实践中，预测者可以根据需要，有意地取 n 为奇数。因此，n 为偶数的情况分析只是一种理论上的说法。

以简化方法计算出的直线趋势方程的 a 值，与标准方程解出的不同，a 值不相同，而 b 值是相同的。当 $\sum t = 0$ 时，原求 a、b 参数的标准方程简化为：

$$a = \overline{Y}$$

$$b = \frac{\sum tY}{\sum t^2}$$

下面将前例中的问题，用简化方法来确定直线方程参数值 a、b，并建立预测模型。资料和所需数据计算见表 11 – 4。

表 11 – 4　　　　简化方法直线方程参数计算表　　　　单位：亿元

t	Y	t^2	tY	$\widehat{Y}$
–5	30	25	–150	30.771
–4	34	16	–136	34.544
–3	39	9	–117	38.317
–2	43	4	–86	42.090
–1	46	1	–46	45.863
0	50	0	0	49.636
1	53	1	53	53.409
2	57	4	114	57.182
3	61	9	183	60.955
4	65	16	260	64.728
5	68	25	340	68.501
0	546	110	415	—

根据表 11－4 中的有关数据，预测模型中参数 a、b 值的计算结果为：

$$a = \overline{Y} = \frac{\sum Y}{n} = \frac{546}{11} = 49.636$$

$$b = \frac{\sum tY}{\sum t^2} = \frac{415}{110} = 3.773$$

则直线方程为：

$$\hat{Y} = 49.636 + 3.773t$$

根据此直线方程为预测模型，对该地区年商品零售额计算其观察期趋势值为：

$$\hat{Y}_1 = 49.636 + 3.773 \times (-5) = 30.771 \text{（亿元）}$$

……

$$\hat{Y}_6 = 49.636 + 3.773 \times 0 = 49.636 \text{（亿元）}$$

……

$$\hat{Y}_{11} = 49.636 + 3.773 \times 5 = 68.501 \text{（亿元）}$$

其预测期为 12 的预测值为：

$$\hat{Y}_{12} = 49.636 + 3.773 \times 6 = 72.274 \text{（亿元）}$$

用简化方法计算 a、b 所建立的预测模型，求出的预测值与不简化方法完全一样。特别要注意的是，在应用简化法预测模型计算预测值时，必须按新建立的 t 序号代入预测模型，而不能按原有的 t 序号。如对于简化法建立的预测模型来说，第 12 期的序号为 6，第 13 期的序号为 7，第 14 期的序号为 8 等等。

实际上，不论用标准方程还是用简化方程求 a、b 值，其中 t 序号都是假设的，用来代表年、季度、月。在用预测模型进行预测值计算时，必须做到，怎样设的 t 就怎样顺序代入 t，并且与实际时间单位相对应。

3. 对预测模型进行误差检验

在上例问题的测算中，我们已经知道，应用最小平方方法建立的模型，其误差最小。

4. 进行预测

$$\hat{Y}_{13} = 26.998 + 3.773 \times 13 = 76.047 \ （亿元）$$

或 $\hat{Y}_{13} = 49.636 + 3.773 \times 7 = 76.047 \ （亿元）$

在直线趋势方程中，a 是截距，b 是斜率。b 表示当时间每变化一期，市场现象平均增（b 为正）或减（b 为负）的数量。

第二节　非线性趋势市场预测法

在本章第一节中，介绍了市场现象直线趋势预测法。但在众多的市场现象中，其发展变化规律表现为非线性趋势的也很多，即表现为各种曲线发展变化趋势。其实直线趋势只是曲线中的一种特殊表现。对于非线性趋势变化的市场现象，必须配合各种曲线预测模型对其进行预测。曲线的具体形式有很多，本节介绍几种最常见的曲线趋势预测模型。

一、二次曲线趋势市场预测模型

二次曲线市场预测模型的一般形式为：

$$\hat{Y}_t = a + bt + ct^2$$

式中：$\hat{Y}_t$ 为趋势值或预测值；

　　　a、b、c 为二次曲线参数；

t 为时间序列各观察期序号。

二次曲线预测模型中有三个参数，其参数的测定是用最小平方方法的标准方程。根据最小平方方法的基本条件，必须满足 $\sum (Y-\hat{Y})^2 =$ 最小，即 $\sum (Y-a-bt-ct^2) = G$（最小）。则二次曲线中 a、b、c 三个参数必须满足下面三个方程。

$$\frac{\partial Q}{\partial a} = \sum 2(Y-a-bt-ct^2)(-1) = 0$$

$$\frac{\partial Q}{\partial b} = \sum 2(Y-a-bt-ct^2)(-t) = 0$$

$$\frac{\partial Q}{\partial c} = \sum 2(Y-a-bt-ct^2)(-t^2) = 0$$

对上面三式整理后得到求解二次曲线方程参数的标准方程：

$$\begin{cases} \sum Y = na + b\sum t + c\sum t^2 \\ \sum tY = a\sum t + b\sum t^2 + c\sum t^3 \\ \sum t^2Y = a\sum t^2 + b\sum t^3 + c\sum t^4 \end{cases}$$

将市场现象实际观察值 Y 和观察期序号 t 有关数据，代入标准方程求解，即可得到 a、b、c 三个参数的值。由于 t 是一个代替实际年、季、月时间的等差数列，若人为地令 $\sum t = 0$，则可使计算过程得到简化。将时间序列正中间一期为原点，其前半部分时间序号为负，后半部分时间序号为正。这样就能使 t 的奇数次方之和等于零，即 $\sum t = 0$，$\sum t^3 = 0$，则求参数的标准方程可简化为：

$$\begin{cases} \sum Y = na + c\sum t^2 \\ \sum tY = b\sum t^2 \\ \sum t^2Y = a\sum t^2 + c\sum t^4 \end{cases}$$

在市场预测的实践中，当预测者搜集到市场现象的资料，并将其编制成时间序列后，必须对时间序列进行分析，观察其趋势变动规律，以便决定所采用趋势预测模型的形式。观察时间序列变动规律的方法有两种，一种是采取图形观察，一种是计算阶差判断法。图形法是将时间序列绘制成图形，这种方法在前两节中被较多地采用过。计算阶差判断法，则是通过计算市场现象时间序列实际观察值的环比增减量（也称阶差），来判断现象变动的规律，若时间序列各期实际观察值的一次差，接近于一个常数，即可用直线趋势模型对市场现象进行预测；若时间序列各期实际观察值的二次差，接近于一个常数，即可用二次曲线模型对市场现象进行预测；若时间序列的三次差接近于一个常数，则可用三次曲线模型进行预测。若时间序列的一次比率接近于一个常数，则可用指数曲线模型进行预测等等。

　　［例］现有某种商品 11 年生产量的资料，将其编制成时间序列，并用阶差法判断是否可用二次曲线模型进行预测。阶差计算见表 11 – 5。

表 11 –5　　　　　　　生产量二次差计算表　　　　　　单位：万台

年　　份	生产量 Y_t（万台）	一次差 $Y_t - Y_{t-1}$	二次差 $(Y_t - Y_{t-1}) - (Y_{t-1} - Y_{t-2})$
1	200	—	—
2	225	25	—
3	250	25	0
4	280	30	5
5	310	30	0
6	345	35	5
7	380	35	0
8	405	25	– 10
9	440	35	10
10	480	40	5
11	520	40	0

1. 用图形或阶差法判断模型形式

观察表 11 – 5 中二次差的计算结果，其二次差的值在 ± 10 之间，即二次差的变动相对实际观察值来说不大，可将它看做接近于一个常数。因此，可决定建立二次曲线模型进行预测。

2. 计算二次曲线参数，建立趋势模型

该市场现象时间序列资料共有 11 期，若以第 6 期时间序号为原点，其前 5 期时间序号为负，其后 5 期时间序号为正，则可使二次曲线模型中对参数 a、b、c 的计算简化，即令 $\sum t = 0$，从而 $\sum t^3 = 0$ 也等于零。

二次曲线模型建立中所需数据，见表 11 – 6。

表 11 – 6　　　　　**生产量二次曲线计算表**　　　　单位：万台

年份	序号 t	Y_t	t^2	t^4	tY_t	t^2Y	趋势值 $\hat{Y}_t$	$\lvert Y_t - \hat{Y}_t \rvert$
1	− 5	200	25	625	− 1 000	5 000	198.94	1.06
2	− 4	225	16	256	− 900	3 600	224.91	0.09
3	− 3	250	9	81	− 750	2 250	252.20	2.20
4	− 2	280	4	16	− 560	1 120	280.81	0.81
5	− 1	310	1	1	− 310	310	310.74	0.74
6	0	345	0	0	0	0	341.99	3.01
7	1	380	1	1	380	380	374.56	5.44
8	2	405	4	16	810	1 620	408.43	3.43
9	3	440	9	81	1 320	3 960	443.66	3.66
10	4	480	16	256	1 320	7 680	480.19	0.19
11	5	520	25	625	2 600	13 000	518.04	1.96
合计	0	3 835	110	1 958	3 510	38 920	—	22.59

根据表 11 – 6 中有关数据，求二次曲线模型中参数值 a、b、c。

$$\begin{cases} 3\ 835 = 11a + 110c \\ 3\ 510 = 110b \\ 38\ 920 = 110a + 1\ 958c \end{cases}$$

解方程，则：

a = 341.99

b = 31.91

c = 0.66

二次曲线预测模型为：

$$\hat{Y} = 341.99 + 31.9t + 0.66t^2$$

3. 对趋势模型进行误差检验

根据此预测模型计算：

$$\begin{aligned} \hat{Y}_1 &= 341.99 + 31.9 \times (-5) + 0.66(-5)^2 \\ &= 198.94 \ (万台) \end{aligned}$$

……

$$\begin{aligned} \hat{Y}_6 &= 341.99 + 31.9 \times 0 + 0.66 \times 0^2 \\ &= 341.99 \ (万台) \end{aligned}$$

……

$$\begin{aligned} \hat{Y}_{11} &= 341.99 + 31.9 \times 5 + 0.66 \times 5^2 \\ &= 518.04 \ (万台) \end{aligned}$$

对预测模型测算预测误差：

$$MAE = \frac{\sum |Y_t - \hat{Y}_t|}{n} = \frac{22.59}{11} = 2.054 (万台)$$

误差很小，说明对该现象用二次曲线模型进行预测是适合的。

4. 利用趋势模型进行预测

对商品生产量第 12、13 年预测为：

$$\hat{Y}_{12} = 341.99 + 31.91 \times 6 + 0.66 \times 6^2$$
$$= 557.21 \text{（万台）}$$

$$\hat{Y}_{13} = 341.99 + 31.91 \times 7 + 0.66 \times 7^2$$
$$= 597.70 \text{（万台）}$$

二、三次曲线市场预测模型

三次曲线预测模型的形式为：

$$\hat{Y}_t = a + bt + ct^2 + dt^3$$

式中：$\hat{Y}_t$ 为趋势值或预测值；

a、b、c、d 为三次曲线参数；

t 为时间序列各期序号。

三次曲线预测模型中有四个参数，其参数的求取也是用最小平方法的标准方程。其标准方程为：

$$\begin{cases} \sum Y = na + b\sum t + c\sum t^2 + d\sum t^3 \\ \sum tY = a\sum t + b\sum t^2 + c\sum t^3 + d\sum t^4 \\ \sum t^2Y = a\sum t^2 + b\sum t^3 + c\sum t^4 + d\sum t^5 \\ \sum t^3Y = a\sum t^3 + b\sum t^4 + c\sum t^5 + d\sum t^6 \end{cases}$$

若将时间序列序号分为正负两段排列，则上面标准方程中的 $\sum t = 0$，$\sum t^3 = 0$，$\sum t^5 = 0$。求参数的方程组可简化为：

$$\begin{cases} \sum Y = na + c \sum t^2 \\ \sum tY = b \sum t^2 + d \sum t^4 \\ \sum t^2 Y = a \sum t^3 + c \sum t^4 \\ \sum t^3 Y = b \sum t^4 + d \sum t^6 \end{cases}$$

在研究市场现象时，若市场现象时间序列的三次差，差异不大或接近于一个常数，则可决定采用三次曲线市场预测模型对其进行预测。三次曲线所描述的现象变动比二次曲线表现的现象变动还要快。

[例] 现有某地区某类商品销售额 11 年的资料，将其编制为时间序列，并计算时间序列的三次差，看是否适合用三次曲线预测模型。三次差计算见表 11 – 7。

表 11 – 7　　　　　商品销售额三次差计算表　　　　单位：万元

年份	销售额（万元）Y_t	一次差 $Y_i - Y_{t-1}$	二　次　差 $(Y_t - Y_{t-1}) - (Y_{t-1} - Y_{t-2})$	三次差
1	29	—	—	—
2	32	3	—	—
3	37	5	2	—
4	45	8	3	1
5	56	11	3	0
6	70	14	3	0
7	86	16	2	– 1
8	104	18	2	0
9	122	18	0	– 2
10	138	16	– 2	– 2
11	154	16	0	+ 2

根据表 11 – 7 中三次差计算的结果，可以观察到销售额的三次差在 ± 2 之间，其变动幅度较小。认为可以建立三次曲线预测模型对该现象进行预测。

1. 建立三次曲线模型

此市场现象的观察期为 11 期，若将时间序列序号的第 6 期为原点，前 5 期以负表示，后 5 期以正表示，则可以使 $\sum t = 0$，$\sum t^3 = 0$，$\sum t^5 = 0$，则可应用求三次曲线模型中参数 a、b、c、d 的简化方程组，求出四个参数。

计算三次曲线模型参数所需的数据，见表 11 – 8。

表 11 – 8　　　　　　三次曲线模型计算表　　　　　单位：万元

年份	销售额 Y_t	序号 t	t^2	t^3	t^4	t^6	tY	t^2Y	t^3Y	$\hat{Y}_t$
1	29	– 5	25	– 125	625	15 626	– 145	725	– 3 625	29. 61
2	32	– 4	16	– 64	256	4 096	– 128	512	– 2 048	30. 81
3	37	– 3	9	– 27	81	729	– 111	333	– 999	36. 13
4	45	– 2	4	– 8	16	64	– 90	180	– 360	44. 97
5	56	– 1	1	– 1	1	1	– 56	56	– 56	56. 73
6	70	0	0	0	0	0	0	0	0	70. 81
7	86	1	1	1	1	1	86	86	86	86. 61
8	104	2	4	8	16	64	208	416	832	103. 53
9	122	3	9	27	81	729	366	1 098	3 294	120. 97
10	138	4	16	64	256	4 096	552	2 208	8 832	138. 33
11	154	5	25	125	625	15 625	770	3 850	19 250	155. 01
合计	873	0	110	0	1 958	41 030	1 452	9 464	25 206	—

根据表 11 – 8 中测算的有关数据，代入求三次曲线参数的简化方程组：

$$\begin{cases} 873 = 11a + 110c \\ 1\ 452 = 110b + 1\ 958d \\ 9\ 464 = 110a + 1\ 958c \\ 25\ 206 = 1\ 958b + 41\ 030d \end{cases}$$

解方程组：

a = 70.81

b = 15.04

c = 0.86

d = −0.10

则三次曲线预测模型为：

$$\hat{Y}_t = 70.81 + 15.04t + 0.86t^2 - 0.1t^3$$

2. 对三次曲线模型进行误差检验

根据预测模型计算的各观察期趋势值为：

$$\hat{Y}_1 = 70.81 + 15.04 \times (-5) + 0.86(-5)^2$$
$$- 0.1(-5)^3 = 29.61 \text{（万元）}$$

······

$$\hat{Y}_6 = 70.81 + 15.04 \times 0 + 0.86 \times 0^2 - 0.1 \times 0^3$$
$$= 70.81 \text{（万元）}$$

······

$$\hat{Y}_{11} = 70.81 + 15.04 \times 5 + 0.86 \times 5^2 - 0.1 \times 5^3$$
$$= 155.01 \text{（万元）}$$

对该预测模型进行预测误差测算，见表 11 −9。

根据表 11 −9 中有关数据，计算三次曲线预测模型的平均绝对误差：

$$\text{MAE} = \frac{\sum |Y_t - \hat{Y}_t|}{n} = \frac{7.69}{11} = 0.699 \text{（万元）}$$

三次曲线市场预测模型的预测误差很小，只有 0.699 万元，说明预测模型对此现象是很适合的。

表 11 - 9　　　　　　　预测误差计算表　　　　　　单位：万元

年　份	实际值 Y_t	趋势值 $\hat{Y}$	$\lvert Y_t - \hat{Y}_t \rvert$
1	29	29.61	0.61
2	32	30.81	1.19
3	37	36.13	0.87
4	45	44.97	0.03
5	56	56.73	0.73
6	70	70.81	0.81
7	86	86.61	0.61
8	104	103.53	0.47
9	122	120.97	1.03
10	138	138.33	0.33
11	154	155.01	1.01
合　计	—	—	7.69

3. 利用曲线模型进行预测

利用预测模型对第 12、13 年销售额进行预测。

$$\hat{Y}_{12} = 70.81 + 15.04 \times 6 + 0.86 \times 6^2 - 0.1 \times 6^3$$
$$= 170.41 \ （万元）$$

$$\hat{Y}_{13} = 70.81 + 15.04 \times 7 + 0.86 \times 7^2 - 0.1 \times 7^3$$
$$= 183.93 \ （万元）$$

三、指数曲线市场预测模型

指数曲线市场预测的模型为：

$$\hat{Y}_t = ae^{at}$$

或：
$$\hat{Y}_t = ab^t$$

为了能运用最小平方法标准方程，求得模型中的参数 a、b，通常是对指数曲线预测模型两边取对数：

$$\lg \hat{y}_t = \lg a + t \lg b$$

令： $Y_t' = \lg Y_t$

　　$A = \lg a$

　　$B = \lg b$

则： $\qquad\qquad\qquad Y_t' = A + Bt$

此形式就可以利用最小平方法求解参数的标准方程了。

在市场预测实践中，若市场现象时间序列的一次比率值（即现象的环比发展速度）比较接近，就可采用指数曲线预测模型进行预测。

［例］现有我国某几年农副产品收购额资料，将其编制成时间序列。并对时间序列用一次比率进行观察，同时也计算其三次差以便比较：计算见表 11 - 10。

表 11 - 10　　　　　收购额一次比和三次差计算表　　　　单位：亿元

年序号	收购额（亿元）Y_t	一次比	一次差	二次差	三次差
1	469. 8	—	—	—	—
2	494. 6	1. 053	24. 8	—	—
3	557. 9	1. 128	63. 3	38. 5	—
4	713. 6	1. 279	155. 7	92. 4	53. 9
5	842. 2	1. 180	128. 6	− 27. 1	119. 5
6	955. 0	1. 134	112. 8	− 15. 8	11. 3
7	1 083. 0	1. 134	128. 0	15. 2	31. 0
8	1 265. 0	1. 168	182. 0	54. 0	38. 8
9	1 440. 0	1. 138	175. 0	− 7. 0	61. 0
10	1 680. 0	1. 167	240. 0	65. 0	72. 0
11	1 990. 0	1. 185	310. 0	70. 0	5. 0

由表 11 - 10 的计算结果观察，农副产品收购额的时间序列一次比值比较接近，其三次差除个别年份也比较接近。收购额的上升趋势变动是非常明显的。决定分别用指数曲线预测模型和三

次曲线预测模型，对它进行预测，并对两种模型的预测误差进行比较。

1. 计算模型参数建立曲线模型

先用指数曲线模型进行预测，计算见表 11 – 11。

表 11 – 11　　　　　　收购额指数曲线计算表　　　　　单位：亿元

时序号	实际值 Y_t	$Y_t' = \lg Y_t$	tY_t'	t^2	$\hat{Y}_t$	$\left\| \dfrac{Y_t - \hat{Y}_t}{Y_t} \right\|$
– 5	469.8	2.6919	– 13.4595	25	453.6	0.034
– 4	494.6	2.6942	– 10.7768	16	524.0	0.059
– 3	557.9	2.7466	– 8.2398	9	606.5	0.087
– 2	713.6	2.8535	– 5.7070	4	703.3	0.014
– 1	842.2	2.9256	– 2.9256	1	814.0	0.034
0	955.0	2.9800	0	0	941.2	0.015
1	1 083.0	3.0346	3.0346	1	1 090.0	0.006
2	1 265.0	3.1021	6.2042	4	1 261.0	0.003
3	1 440.0	3.1584	9.4752	9	1 460.0	0.014
4	1 680.0	3.2253	12.9012	16	1 691.0	0.007
5	1 990.0	3.2989	16.4945	25	1 958.0	0.016
合计	11 491.1	32.7111	7.0010	110	—	0.289

根据表 11 – 11 中的数据，计算得：

$$A = \frac{\sum Y'}{n} = \frac{32.7111}{11} = 2.9737$$

$$B = \frac{\sum tY'}{\sum t^2} = \frac{7.001}{110} = 0.0636$$

则：

$$\hat{Y}_t' = 2.9737 + 0.0636t$$

$$\hat{Y}_t = \lg^{-1} \hat{Y}' = \lg^{-1}(2.9737 + 0.0636t)$$

根据指数模型：

$$\hat{Y}_1 = \lg^{-1}\left[2.9737 + 0.0636 \times (-5)\right]$$
$$= 453.6 \text{（亿元）}$$

......

$$\hat{Y}_6 = \lg^{-1}\left[2.9737 + 0.0636 \times 0\right] = 941.2 \text{（亿元）}$$

......

$$\hat{Y}_{11} = \lg^{-1}\left(2.9737 + 0.0636 \times 5\right) = 1958.0 \text{（亿元）}$$

对此问题同时也用三次曲线进行预测，计算见表 11 – 12。

根据表 11 – 12 中有关数据，代入求三次曲线参数的简化方程组：

$$\begin{cases} 11\,491.1 = 11a + 110c \\ 16\,332.5 = 110b + 1\,958d \\ 124\,109.3 = 110a + 1\,958c \\ 294\,359.3 = 1\,958b + 41\,030d \end{cases}$$

解方程组，得：

$$a = 859.6$$
$$b = 138$$
$$c = 18.5$$
$$d = 0.59$$

则三次曲线预测模型为：

$$\hat{Y}_t = 859.6 + 138t + 18.5t^2 + 0.59t^3$$

根据三次曲线模型得到的趋势值为：

$$\hat{Y}_1 = 859.6 + 138 \times (-5) + 18.5 \times (-5)^2 + 0.59$$
$$\times (-5)^3 = 558.35 \text{（亿元）}$$

......

$$\hat{Y}_6 = 859.6 + 138 \times 0 + 18.5 \times 0^2 + 0.59 \times 0^3$$
$$= 859.6 \text{（亿元）}$$

表 11-12

三次曲线计算表

单位：亿元

时序号	实际值 Y_t（亿元）	t^2	t^3	t^4	t^6	tY_t	t^2Y_t	t^3Y_t	$\hat{Y}_t$	$\left|\dfrac{Y_t - \hat{Y}_t}{Y_t}\right|$
-5	469.8	25	-125	625	15 625	-2 349.0	11 745.0	-58 725.0	558.35	0.188
-4	494.6	16	-64	256	4 096	-1 978.4	7 913.6	-3 165.4	565.84	0.144
-3	557.9	9	-27	81	729	-1 673.7	5 021.1	-15 063.3	596.17	0.068
-2	713.6	4	-8	16	64	-1 427.2	2 854.4	-5 708.8	652.88	0.085
-1	842.2	1	-1	1	1	-842.2	842.2	-842.2	739.51	0.125
0	955.0	0	0	0	0	0	0	0	859.60	0.099
1	1 083.0	1	1	1	1	1 083	1 083	1 083	1 016.69	0.061
2	1 265.0	4	8	16	64	2 530	5 060	10 120	1 214.32	0.040
3	1 440.0	9	27	81	729	4 320	12 960	38 880	1 456.03	0.011
4	1 680.0	16	64	256	4 096	6 720	26 880	107 520	1 745.36	0.038
5	1 990.0	25	125	625	15 625	9 950	49 750	248 750	2 085.85	0.048
合计	11 491.1	110	0	1 958	41 030	16 332.5	124 109.3	294 359.3	—	0.907

......

$$\hat{Y}_{11} = 859.6 + 138 \times 5 + 18.5 \times 5^2 + 0.59 \times 5^3$$
$$= 2\ 085.85\ （亿元）$$

2. 对曲线模型进行误差检验和比较

对于所建立的指数曲线模型和三次曲线模型，必须通过对其预测误差的比较，才能决定在预测中用哪种模型。根据表 11 - 11 和表 11 - 12 中有关数据，指数曲线预测模型的预测误差为：

$$MAPE = \frac{\left|\dfrac{Y_t - \hat{Y}_t}{Y_i}\right|}{n} = \frac{0.289}{11} = 0.0263\ （或 2.63\%）$$

三次曲线预测模型的预测误差为：

$$MAPE = \frac{\left|\dfrac{Y_t - \hat{Y}_t}{Y_t}\right|}{11} = \frac{0.907}{11} = 0.0825\ （或 8.25\%）$$

3. 进行预测

二者比较，指数曲线预测模型的误差小于三次曲线模型的预测误差。因此，决定采用指数曲线模型进行预测。其第 12、13 年的预测值为：

$$\hat{Y}_{12} = \lg^{-1}\ (2.9737 + 0.0636 \times 6) = \lg^{-1} 3.3553$$
$$= 2\ 266\ （亿元）$$

$$\hat{Y}_{13} = \lg^{-1}\ (2.9737 + 0.0636 \times 7) = \lg^{-1} 3.4189$$
$$= 2\ 623\ （亿元）$$

四、龚伯兹曲线市场预测模型

龚伯兹曲线，适用于市场现象一样常见的发展趋势，即现象在其发展初期速度较慢，随后增长速度加快，达到一定程度后，现象的增长量虽然还有，但增长速度减低，最终达到平稳发展。市场现象中商品的寿命周期就表现为这种规律的发展变化趋势。新产品在其试生产阶段，产量和销售量增长不大，在正式投产后销售阶段，产量和销售量的增长速度加快，到达一定程度后又进入稳定时期，增长速度减慢，直到最终不再增长。

龚伯兹曲线预测模型为：

$$Y_t = ka^{bt}$$

对数形式为：

$$\lg Y_t = \lg k + b^t \lg a$$

求解参数 k、a、b 的公式为：

$$b^n = \frac{\sum_3 \lg Y - \sum_2 \lg Y}{\sum_2 \lg Y - \sum_1 \lg Y}$$

$$b = \sqrt[n]{b^n}$$

$$\lg a = \left(\sum_2 \lg Y - \sum_1 \lg Y \right) \frac{b-1}{(b^n - 1)^2}$$

$$\lg k = \frac{1}{n} \left[\sum_1 \lg Y - \frac{b^n - 1}{b - 1}(\lg a) \right]$$

式中：n 为观察期期数的 1/3；

$\sum_1 \lg Y$ 为观察期第一个 1/3 期数观察值的对数之和；

$\sum_2 \lg Y$ 为观察期第二个 1/3 期数观察值的对数之和；

$\sum_3 \lg Y$ 为观察期第三个 1/3 期数观察值的对数之和。

［例］现有某种产品 9 年的销售量资料，对其进行增长速度变化的观察分析，见表 11 - 13。

表 11 –13   商品销售量增长速度计算

观察期 t	销售量（万件） Y^t	增长速度 %	增长量（万件）
1	9.8	—	—
2	12.0	22.5	2.2
3	14.4	20.0	2.4
4	15.2	5.6	0.8
5	16.8	10.5	1.6
6	17.0	1.2	0.2
7	17.2	1.2	0.2
8	18.4	6.9	1.2
9	18.0	-2.2	-0.4

由表 11 – 13 中增长速度的计算结果可见，该产品在刚投放市场的前几年中，增长速度比较快，后几年则增长较慢，最后不再增长，是一种典型的用龚伯兹曲线描述其变化规律的现象。用于建立龚伯兹曲线的数据计算见表 11 – 14。

表 11 –14   销售量龚伯兹曲线计算表   单位：万件

观察期 t	观察值 Y_t	$\lg Y_t$	$\sum \lg Y$	b^t	$(\lg a)b^t$	$\lg \hat{Y}_t$	$\hat{Y}_t$
1	9.8	0.9912		1.0000	-0.2739	1.0867	12.21
2	12.0	1.0792	3.2288	0.6608	-0.1809	1.1481	14.06
3	14.4	1.1584		0.4366	-0.1195	1.1887	15.44
4	15.2	1.1818		0.2885	-0.0790	1.2155	16.42
5	16.8	1.2253	3.6376	0.1906	-0.0522	1.2332	17.11
6	17.0	1.2304		0.1259	-0.0344	1.2449	17.58
7	17.2	1.2355		0.0832	-0.0227	1.2526	17.89
8	18.4	1.2648	3.7556	0.0550	-0.0150	1.2577	18.10
9	18.0	1.2553		0.0363	-0.0099	1.2611	18.24

1. 建立预测模型

根据表 11 - 14 中的有关数据，计算得：

$$n = \frac{1}{3} \times 9 = 3$$

$$b^3 = \frac{3.7556 - 3.6376}{3.6376 - 3.2288} = \frac{0.118}{0.4088} = 0.2886$$

$$b = \sqrt[3]{b^3} = \sqrt[3]{0.2886} = 0.6608$$

$$lga = (3.6376 - 3.2288) \times \frac{0.6608 - 1}{(0.2886 - 1)^2}$$

$$= 0.4088 \times \frac{-0.3392}{0.5061}$$

$$= 0.4088 \times (-0.6702)$$

$$= -0.2739$$

$$lgk = \frac{1}{3}\left[3.2288 - \frac{0.2886 - 1}{0.6608 - 1} \times (-0.2739)\right]$$

$$= \frac{1}{3}\left[3.2288 - (-0.5744)\right]$$

$$= \frac{1}{3} \times 3.8032$$

$$= 1.2677$$

$k = antilg1.2677 = 18.52$（万件）

即本产品销售量上限为 18.52 万件。

由此建立龚伯兹曲线对数形式预测模型：

$$lg \hat{Y}_t = 1.2677 + (-0.2739)(0.6608)^t$$

根据此预测模型得到趋势值为：

$$lg \hat{Y}_1 = 1.2677 + (-0.2739)(0.6608)^1$$
$$= 1.0867$$

......

$$\lg \hat{Y}_5 = 1.2677 + (-0.2739)(0.6608)^5$$
$$= 1.2332$$

......

$$\lg \hat{Y}_9 = 1.2677 + (-0.2739)(0.6608)^9$$
$$= 1.2611$$

再对各 $\lg \hat{Y}_t$ 取反对数，求出趋势值 $\hat{Y}_t$

$$\hat{Y}_1 = \text{antilg}1.0867 = 12.21 \text{（万件）}$$

......

$$\hat{Y}_5 = \text{antilg}1.2332 = 17.11 \text{（万件）}$$

......

$$\hat{Y}_9 = \text{antilg}1.2611 = 18.24 \text{（万件）}$$

2. 对预测模型进行检验

对龚伯兹曲线预测模型的预测误差进行检验，才可最终用于预测。其预测误差计算见表 11 – 15。

表 11 – 15 　　　　　　龚伯兹曲线预测误差计算表 　　　　单位：万件

观察期 t	观察值 Y_t	$\hat{Y}_t$	$\left\| \dfrac{Y_t - \hat{Y}_t}{Y_t} \right\|$
1	9.8	12.21	0.25
2	12.0	14.06	0.17
3	14.4	15.44	0.07
4	15.2	16.42	0.08
5	16.8	17.11	0.02
6	17.0	17.58	0.03
7	17.2	17.89	0.04
8	18.4	18.10	0.02
9	18.0	18.24	0.01
合　计	—	—	0.69

根据表 11 – 15 中数据，计算销售量的平均绝对百分误差：

$$\text{MAPE} = \frac{1}{n} \left| \frac{Y_t - \hat{Y}_t}{Y_t} \right| = \frac{0.69}{9} = 0.076 \ (7.7\%)$$

预测误差仅为 7.7%，明显小于 10%，预测结果十分满意。

3. 应用模型进行预测

应用预测模型对第 10、11 年销售量进行预测：

$$\lg \hat{Y}_{10} = 1.2677 + (-0.2739) \times (0.6608)^{10}$$
$$= 1.2677 - 0.0043$$
$$= 1.2634$$

$$\text{antilg} \ \hat{Y}_{10} = 18.34 \ （万件）$$

$$\lg \hat{Y}_{11} = 1.2677 + (-0.2739) \times (0.6608)^{11}$$
$$= 1.2677 - 0.0029$$
$$= 1.2648$$

$$\text{antilg} \ \hat{Y}_{11} = 18.40 \ （万件）$$

由于产品存在寿命周期，其销售量最高不会超过 18.52 万件，因此在今后几年不会再出现高速增长。

第三节 季节变动模型市场预测法

一、季节变动与季节变动模型

季节变动是市场现象时间序列较普遍存在的一种变动规律。季节变动是指某些市场现象的时间序列，由于受自然气候、生产条件、生活习惯等因素的影响，在若干年中每一年随季节的变化都呈现出的周期性变动。如某些商品的生产，包括蛋、奶、水果、蔬菜等鲜活商品，受自然气候变化影响，形成这些类商品的市场供应量的季节性变动；如某些商品的销售，包括汗衫、毛衣、呢绒等等，受自然气候变化的影响，形成这些类商品需求量的季节性变动；再如某些商品的需求量，包括节日商品、礼品性商品等，受传统民间节日的影响，其销售量呈现明显的季节变动。与此同时，市场的商品价格受供求关系的影响也常会呈现季节性变动。对这些市场现象中客观存在的季节变动进行分析研究，可以掌握其季节变动规律；并根据市场现象过去的季节变动规律，对其预测期内的季节变动值做出预测。

市场现象时间序列的季节变动一般表现得比较复杂，多数情况下并非表现为单纯的季节变动。有些市场现象时间序列表现为以季节变动为主，同时含有不规则变动因素；有些市场现象时间序列则表现为季节变动、长期趋势变动和不规则变动混合在一起。各种市场现象季节变动的特点也各不相同。市场现象的复杂性要求预测者根据需要，采用不同的预测模型和方法，对其进行分析研究和预测。

研究市场现象季节变动，所搜集的市场现象时间序列资料一般必须是以月（或季）为单位时间；为研究某市场现象的季节变动规律，必须具有 3 年或 3 年以上的市场现象各月（或季）的资料。

研究市场现象季节变动和对其进行预测的方法，是由市场现象季节变动的特点决定的。季节变动的主要特点是，每年均会重复出现，各年同月（或季）具有相同的变动方向，变动幅度一般相差不大。若将这种逐年各期重复出现的季节变动的方向和幅度加以归纳，则形成季节变动模型。所谓季节变动模型，反映的是市场现象时间序列在一年内季节变动的典型状况，或称为其季节变动的代表性水平。季节变动模型由一套指标组成，若市场现象时间序列的资料是以月为时间单位，则季节变动模型由 12 个指标组成；若市场现象时间序列的资料以季为时间单位，则季节变动模型由 4 个指标组成。季节变动模型的指标有两种，一种是以相对数表示的季节比率，一种是以绝对数表示的季节变差。

1. 季节比率

季节比率也称为季节指数或季节系数。季节比率是以相对数形式表现的季节变动指标，一般用百分数或系数表示。季节比率根据市场现象时间序列中所含变动规律种类的不同，其指标计算的公式也会有所不同。

对于不含长期趋势变动的市场现象时间序列的季节变动，测算季节比率的公式为：

$$季节比率 = \frac{各月（或季）实际观察值}{月（或季）平均值}$$

对于既含季节变动又含长期趋势变动的市场现象时间序列，季节比率的测算公式为：

$$季节比率 = \frac{各月（或季）实际观察值}{月（或季）趋势值}$$

市场现象时间序列全年 12 个月的季节比率之和应为 1 200%，4 个季度的季节比率之和为 400%，其全年 12 个月或 4 个季度的季节比率平均值为 100%。季节比率指标所反映的，是市场现象时间序列中各月（或季）的实际观察值，围绕季节比率平均值 100% 上下波动的状况。季节比率值偏离 100% 的程度大，说明季节变动的幅度大；季节比率值偏离 100% 的程度小，说明市场现象季节变动的幅度小。

2. 季节变差

季节变差是以绝对数表现的季节变动指标，其计量单位与市场现象时间序列观察值的计量单位相同。季节变差根据市场现象时间序列中所含变动规律的种类不同，其指标计算的公式也会有所不同。

对于不含长期趋势变动的市场现象时间序列的季节变动，测算季节变差的公式为：

$$季节变差 = \frac{各月（或季）}{实际观察值} - \frac{月（或季）}{平均值}$$

对于既含季节变动又含长期趋势变动的市场现象时间序列，季节变差的计算公式为：

$$季节变差 = \frac{各月（或季）}{实际观察值} - \frac{各月（或季）}{趋势值}$$

在实际研究市场现象季节变动规律时，不是根据某一年12个月或4个季度的实际观察值，而是根据3年至5年市场现象实际分月（或季）的时间序列资料。这是因为只根据市场现象实际观察值一、两年的各月（或季）时间序列资料，会带有较大的偶然性，谈不上是季节变动的一般规律。若只用一、两年资料计算的季节变动模型就对市场做预测，其结果也是不可靠的。因此，必须根据市场现象3年至5年的时间序列分月（或季）的资料，来建立季节变动的模型，减少偶然性，客观地反映市场现象的季节变动规律。由于这种原因，上述季节比率和季节变差的测算公式，都应进一步改写为能应用多年资料计算的公式。其季节比率计算公式应为：

$$季节比率 = \frac{同月（或季）实际观察值平均值}{总平均数}$$

或：

$$季节比率 = \frac{同月（或季）实际观察值平均值}{趋势值}$$

其季节变差的计算公式应为：

$$季节变差 = \frac{同月（或季）实际观察值平均值}{} - 总平均数$$

或：

$$季节变差 = \frac{同月（或季）实际观察值平均值}{} - 趋势值$$

在市场预测的实践中，对市场现象时间序列是以季节比率指标还是以季节变差指标来反映，或是用季节比率和季节变差指标结合来反映其季节变动，必须根据时间序列的变动特点和研究问题的需要来确定。下面分别几种不同的情况，来说明市场现象季节变动的预测过程。

二、无趋势变动市场现象季节变动预测

对于不含长期趋势变动，只含季节变动的市场现象时间序列，一般采取季节水平模型对其进行预测。季节水平模型预测法，是先直接对市场现象时间序列中各年同月（或季）的实际观察值加以平均；再将各年同月（或季）平均数与各年时间序列总平均数进行比较，即求出季节比率，或将各年同月（或季）平均数与时间序列各年总平均数相减，即求出季节变差；并在此基础对市场现象的季节变动做出预测。

［例］现有某企业某种商品销售量 4 年的分月资料，用季节水平模型，对其季节变动规律进行描述，并对企业某商品销售量做预测。其资料和有关数据计算见表 11 – 16。

1. 求各年同月的平均数

求各年同月的平均数，即将 4 年中各年同 1 月份的实际销售量加以平均，采用简单算术平均方法计算。

$$1 \text{ 月平均销售量} = \frac{23 + 30 + 18 + 22}{4} = \frac{93}{4}$$
$$= 23.25 \text{（百公斤）}$$

……

$$6 \text{ 月平均销售量} = \frac{348 + 334 + 343 + 324}{4} = \frac{1\ 349}{4}$$

$$= 337.25 \text{（百公斤）}$$

……

$$12 \text{月平均销售量} = \frac{27 + 16 + 13 + 46}{4} = \frac{102}{4}$$

$$= 25.50 \text{（百公斤）}$$

2. 求时间序列 4 年全部数据的总平均数

总平均数即将 4 年共 48 个月的实际销售量资料，计算出总平均数。

根据表 11 − 16 中数据，总平均数可有三种途径测算：

$$\text{总平均数} = \frac{5\,842}{48} = 121.7 \text{（百公斤）}$$

或： $$\text{总平均数} = \frac{1\,460.5}{12} = 121.7 \text{（百公斤）}$$

或： $$\text{总平均数} = \frac{486.9}{4} = 121.7 \text{（百公斤）}$$

3. 求各月季节比率和季节变差

计算各月季节比率的公式为：

$$\text{季节比率} = \frac{\text{各年同月平均数}}{\text{总平均数}}$$

根据表 11 − 16 中数据，各月季节比率为：

$$1 \text{月份季节比率} = \frac{23.25}{121.7} = 19.1\%$$

……

$$6 \text{月份季节比率} = \frac{337.25}{121.7} = 277.1\%$$

……

$$12 \text{月份季节比率} = \frac{25.50}{121.7} = 20.9\%$$

单位：百公斤

表 11－16　季节水平预测模型计算表

年份＼月份	1	2	3	4	5	6	7	8	9	10	11	12	合计	平均
第一年	23	33	69	91	192	348	254	122	59	34	19	27	1 271	105.9
第二年	30	37	59	120	311	334	270	122	70	33	23	16	1 425	118.8
第三年	18	20	92	139	324	343	271	193	62	27	17	13	1 519	126.6
第四年	22	32	102	155	372	324	290	153	77	17	37	46	1 627	135.6
合　计	93	122	322	505	1 199	1 349	1 085	590	268	111	96	102	5 842	486.9
同月平均	23.25	30.50	80.50	126.25	299.75	337.25	271.25	147.50	67.00	27.75	24.00	25.50	1 460.5	121.7
季节比率%	19.1	25.1	66.2	103.7	246.3	277.1	222.8	121.2	55.1	22.8	19.7	20.9	1 200.0	100.0
季节变差	-98.45	-91.2	-41.2	4.55	178.05	215.55	149.55	25.8	-54.7	-93.95	-97.7	-96.2	—	—

计算各月季节变差的公式为：

$$季节变差 = 各年同月平均数 - 总平均数$$

则根据表 11 – 16 中数据计算各月季节变差为：

1 月份季节变差 = 23. 25 – 121. 7 = – 98. 45（百公斤）

……

6 月份季节变差 = 337. 25 – 121. 7 = 215. 55（百公斤）

……

12 月季节变差 = 25. 50 – 121. 7 = – 96. 2（百公斤）

若将所计算出的各月季节比率绘成图形，可十分清楚地观察到该商品销售量季节变动的规律，见图 11 – 2。

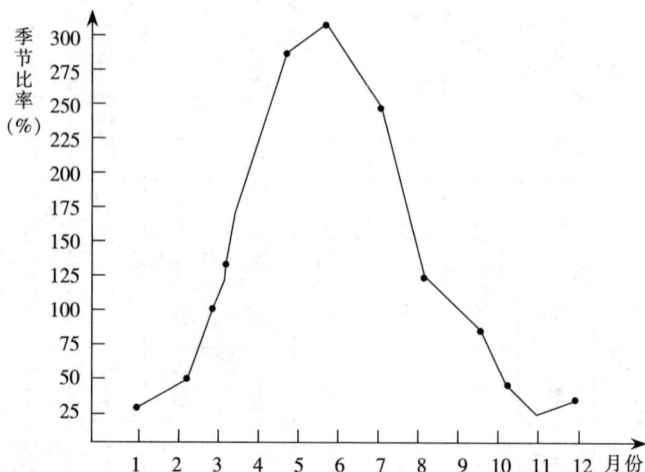

图 11 – 2

通过图 11 – 2 可明显看出，该商品的销售量明显很高的是5、6、7 三个月，这几个月的季节比率大于 100% 的程度也就很高，季节变差大于零的程度很高。销售量明显很低的是 1、2、

10、11、12 五个月。这几个月的季节比率小于 100% 的程度很高，季节变差小于零的程度很高。这种季节变动规律不是根据某一年的时间序列资料得出的，而是根据四年的各月实际观察值的分析和测算得出的，具有较强的代表性。

我们计算出的各月季节比率，说明各年同月平均销售量水平，比总平均水平高或低的程度，或说是各月销售量比全年平均月销售量高或低的程度。所计算出的各月季节变差，说明各月销售量较全年月平均销售量多或少的数量。这两种反映季节变动的指标所建立的预测模型，都可以用来说明该现象的季节变动规律。

4. 对市场现象进行预测

对市场现象进行预测，即根据已经计算出的季节比率或季节变差，对下年各月销售量进行预测。其预测结果见表 11–17。

表 11–17　　　　　　　**第五年销售量预测值**　　　　单位：百公斤

月　份	1	2	3	4	5	6	7	8	9	10	11	12	合　计
季节比率预测	25.9	34.0	89.8	140.6	333.9	375.7	302.1	164.3	74.7	30.9	26.7	28.3	1 626.9
季节变差预测	37.2	44.4	94.4	140.2	313.7	351.2	285.2	161.4	80.9	41.7	37.9	39.4	1 627.6

表 11–17 中，分别用季节比率和季节变差对第五年各月的销售量做出了预测。其中：

季节比率预测值 = 上年的月平均数 × 各月季节比率

若用数学模型则表示为：

$$\hat{Y}_t = \overline{Y} \cdot f_t$$

式中：Y_t 为预测值；

$\overline{Y}$ 为上年月平均值；

f_t 为各月季节比率。

根据此预测模型所计算出的各月销售量预测值为：

1 月份预测值 = 135.6 × 19.1% = 25.9（百公斤）

……

6 月份预测值 = 135.6 × 277.1% = 375.7（百公斤）

……

12 月预测值 = 135.6 × 20.9% = 28.3（百公斤）

表 11 - 17 中季节变差预测值的公式为：

季节变差预测值 = 上年月平均数 + 各月季节变差

则：1 月份预测值 = 135.6 - 98.45 = 37.2（百公斤）

……

6 月份预测值 = 135.6 + 215.55 = 351.2（百公斤）

……

12 月预测值 = 135.6 - 96.2 = 39.4（百公斤）

以上对无趋势变动市场现象用季节水平模型法进行了分析研究和预测。从这个分析和预测过程来看，它是以计算市场现象时间序列的平均值为基础，即以各年同月平均值和全部数据平均为基础；以季节比率和季节变差为模型对市场现象进行预测这种方法只适用于无趋势变动市场现象季节变动的预测。如若将前面所分析的市场现象 4 年各月的时间序列资料，绘制成图形进行观察，则对现象的变动规律看得更清楚。见图 11 - 3。

从图 11 - 3 可见，该市场现象的季节变动在 4 年中每年都重复出现，其每年季节变动的幅度和规律也大致相同，这其中不含趋势变动。对于存在这种变动规律的市场现象，采用季节水平模型，找出现象在几年内反复出现的季节变动典型水平，就可对现象未来的状况做出预测。

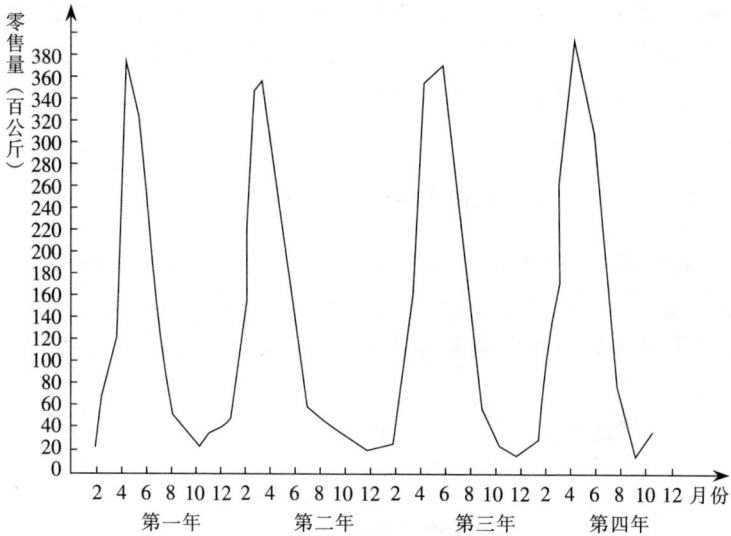

图 11－3

　　大量的市场现象在具有季节变动的同时，还包含长期趋势变动，对此则必须采取另外的季节变动方法加以研究。

三、含趋势变动市场现象季节变动的预测

　　在大量含季节变动明显的市场现象中，单纯表现为季节变动的只是少数情况，大部分市场现象的季节变动是与长期趋势变动交织在一起的。对这些市场现象在研究其季节变动的同时，还必须要考虑其长期趋势变动。即采用含趋势变动市场现象季节变动预测模型，将现象的季节变动和长期趋势变动同时加以测定，并且将市场现象的两种变动规律联系起来对其未来表现进行预测。由于这类预测模型虽然也反映市场现象的长期

趋势变动规律，但它还是以研究市场现象的季节变动为主，所以将它作为季节变动预测模型的一种形式。含趋势变动市场现象季节变动规律也是不尽相同的，在研究时采取不同的具体方法。

1. 季节性迭加趋势预测模型

若所研究和预测的市场现象时间序列，既有季节变动又含趋势变动，其每年都出现的季节变动幅度，并不随市场现象的趋势变动而加大时，需要采取季节性迭加趋势预测模型进行研究预测。

季节性迭加趋势预测模型为：

$$\hat{Y}_t = a + bt + d_i$$

式中：a + bt 为现象趋势值部分；

a、b 为趋势方程参数；

t 为时间序列观察期序号；

d_i 为平均季节变差。

［例］现有某地某几年各月社会商品零售额资料，将时间序列各值绘制成图 11 - 4 观察，该现象不仅有明显的季节变动，还含有一定的上升趋势，各年季节变动的程度基本相同，因此，可采用季节性迭加趋势模型进行预测。

（1）建立趋势变动模型。根据图 11 - 4 观察，该现象适合用季节性迭加趋势模型，来综合反映和预测其长期趋势变动和季节变动。这就必须根据时间序列资料，测定其趋势值和季节变动程度。其趋势值的测定是采用最小平方法求直线趋势方程参数a、b 的公式；其季节变动程度和规律用平均季节变差来反映。求趋势方程的资料和数据见表 11 - 18。

根据表 11 - 18 中有关数据，根据最小平方法标准方程：

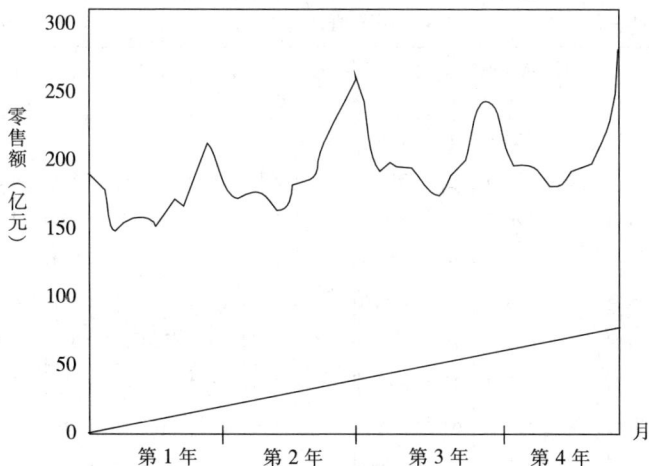

图 11 - 4

$$\begin{cases} \sum Y_t = na + b\sum t \\ \sum Y_t t = a\sum t + b\sum t^2 \end{cases}$$

则趋势方程参数：

$$a = 135.3537$$
$$b = 1.2797$$

趋势直线方程为：

$$V_t = 135.3537 + 1.2797t$$

（2）计算各期季节变差。根据直线趋势方程可求出四年各观察期的 48 个趋势值，并可求出实际值与趋势值之差即季节变差。再将季节变差平均化，将平均季节变差作为季节变动典型水平，反映季节变动规律。其计算见表 11 - 19。

表 11 - 18　　　　　趋势值计算表　　　　　单位：亿元

年　　月	序号 t	实际值 Y_t	t^2	tY_t	年　　月	序号 t	实际值 Y_t	t^2	tY_t
第一年 1 月	1	168.7	1	168.7	第三年 1 月	25	215.7	625	5 392.5
2 月	2	158.4	4	316.8	2 月	26	156.0	676	4 056.0
3 月	3	126.5	9	379.5	3 月	27	165.3	729	4 463.1
4 月	4	130.7	16	522.8	4 月	28	161.8	784	4 530.4
5 月	5	133.8	25	669.0	5 月	29	163.9	841	4 753.1
6 月	6	134.4	36	806.4	6 月	30	163.2	900	4 896.0
7 月	7	128.2	49	897.4	7 月	31	152.8	961	4 736.8
8 月	8	129.7	64	1 037.6	8 月	32	151.1	1 024	4 835.2
9 月	9	143.7	81	1 293.3	9 月	33	167.1	1 089	5 514.3
10 月	10	142.6	100	1 426.0	10 月	34	171.0	1 156	5 814.0
11 月	11	154.0	121	1 694.0	11 月	35	182.8	1 225	6 398.0
12 月	12	174.3	144	2 091.6	12 月	36	220.0	1 296	7 920.0
第二年 1 月	13	193.0	169	2 509.0	第四年 1 月	37	220.5	1 369	8 158.5
2 月	14	158.7	196	2 221.8	2 月	38	198.5	1 444	7 543.0
3 月	15	145.3	225	2 179.5	3 月	39	181.4	1 521	7 074.6
4 月	16	146.8	256	2 348.8	4 月	40	177.4	1 600	7 096.0
5 月	17	149.8	289	2 546.6	5 月	41	179.2	1 681	7 347.2
6 月	18	148.0	324	2 664.0	6 月	42	177.3	1 764	7 446.6
7 月	19	140.0	361	2 660.0	7 月	43	165.5	1 849	7 116.5
8 月	20	140.2	400	2 804.0	8 月	44	167.2	1 936	7 356.8
9 月	21	156.6	441	3 288.6	9 月	45	183.4	2 025	8 253.0
10 月	22	161.0	484	3 542.0	10 月	46	185.0	2 116	8 510.0
11 月	23	174.2	529	4 006.6	11 月	47	208.1	2 209	9 780.7
12 月	24	199.5	576	4 788.0	12 月	48	249.6	2 304	11 980.8
合　　计	—	—	—	—	合　　计	1 176	8 001.9	38 024	207 835.1

表 11－19　季节变差计算表

单位：亿元

月份	第一年 实际值 Y_t	第一年 趋势值 V_t	第一年 季节变差 D_t	第二年 实际值 Y_t	第二年 趋势值 V_t	第二年 季节变差 D_t	第三年 实际值 Y_t	第三年 趋势值 V_t	第三年 季节变差 D_t	第四年 实际值 Y_t	第四年 趋势值 V_t	第四年 季节变差 D_t	平均季节变差 d_i
1	168.7	136.63	32.07	193.0	151.98	41.01	215.7	167.35	48.35	220.5	182.70	37.79	39.81
2	158.4	137.91	20.49	158.7	153.27	5.43	156.0	168.63	-12.63	198.5	183.98	14.52	6.96
3	126.5	139.19	-12.69	145.3	154.55	-9.25	165.3	169.91	-4.61	181.4	185.26	-3.86	-7.60
4	130.7	140.47	-9.77	146.8	155.83	-9.03	161.8	171.19	-9.39	177.4	186.54	-9.14	-9.33
5	133.8	141.75	-7.95	149.8	157.11	-7.31	163.9	172.46	-8.56	179.2	187.82	-8.62	-8.11
6	134.4	143.03	-8.63	148.0	158.39	-10.38	163.2	173.74	-10.54	177.3	189.10	-11.80	-10.34
7	128.2	144.31	-16.11	140.0	159.67	-19.67	152.8	175.02	-22.22	165.5	190.38	-24.88	-20.72
8	129.7	145.59	-15.89	140.2	160.95	-20.75	151.1	176.30	-25.20	167.2	191.66	-24.46	-21.57
9	-43.7	146.87	-3.17	156.6	162.23	-5.63	167.1	177.58	-10.48	183.4	192.94	-9.54	-7.21
10	142.6	148.15	-55.55	160.0	163.51	-2.51	171.0	178.86	-7.86	185.0	194.22	-9.22	-6.28
11	154.0	149.43	4.57	174.2	164.79	9.41	182.8	180.14	2.66	208.1	195.50	12.60	7.31
12	174.3	150.71	23.59	199.5	166.07	33.43	220.0	181.42	38.57	249.6	196.78	52.82	37.10

表 11 – 19 中，趋势值 V_t 是根据前面确定出的趋势方程计算出来的，即：

$$V_t = 135.3537 + 1.2797t$$

则：$V_1 = 135.3537 + 1.2797 \times 1 = 136.63$（亿元）

……

$V_6 = 135.3537 + 1.2797 \times 6 = 143.03$（亿元）

……

$V_{12} = 135.3537 + 1.2797 \times 12 = 150.71$（亿元）

……

$V_{24} = 135.3537 + 1.2797 \times 24 = 166.07$（亿元）

……

$V_{36} = 135.3537 + 1.2797 \times 36 = 181.42$（亿元）

……

$V_{48} = 135.3537 + 1.2797 \times 48 = 196.78$（亿元）

表 11 – 19 中季节变差是市场现象实际观察值与趋势值之差，其公式为：

$$D_t = Y_t - V_t$$

则：$D_1 = 168.7 - 136.63 = 32.07$（亿元）

……

$D_6 = 134.4 - 143.03 = -8.63$（亿元）

……

$D_{12} = 174.3 - 150.71 = 23.59$（亿元）

……

$D_{24} = 199.5 - 166.07 = 33.43$（亿元）

……

$D_{36} = 220.0 - 181.42 = 38.57$（亿元）

……

$D_{48} = 249.6 - 196.78 = 52.82$（亿元）

为了从 4 年季节变差资料中，找到市场现象季节变差的典型水平，发现季节变动规律必须计算平均季节变差，即将各年同月的季节变差平均化。其计算公式为：

$$d_i = \frac{D_i + D_{i+T} + \cdots + D_{i+(m-1)T}}{m}$$

式中：d_i 为平均季节变差；

T 为季节变动周期，月资料 T = 12，季资料 T = 4；

m 为资料年数。

i = 1，2，3…，T

根据公式计算各年同月季节变差平均值为：

$$d_i = \frac{D_1 + D_{13} + D_{25} + D_{37}}{4}$$

$$= \frac{32.07 + 41.01 + 48.35 + 37.79}{4}$$

$$= 39.81 （亿元）$$

……

$$d_6 = \frac{D_6 + D_{18} + D_{30} + D_{42}}{4}$$

$$= \frac{(-8.63) + (-10.38) + (-10.54) + (-11.80)}{4}$$

$$= -10.34 （亿元）$$

……

$$d_{12} = \frac{D_{12} + D_{24} + D_{36} + D_{48}}{4}$$

$$= \frac{23.59 + 33.43 + 38.57 + 52.82}{4}$$

$$= 37.10 （亿元）$$

（3）建立季节迭加预测模型进行预测。根据直线趋势方程和平均季节变差，此市场现象的预测模型应为：

$$\hat{Y}_t = a + bt + d_i$$
$$= 135.3537 + 1.2797t + d_i$$

依此预测模型，商品零售额第五年各月的预测值计算结果见表 11 – 20。

表 11 – 20　　　　　季节迭加趋势模型预测值表　　　　　单位：亿元

月　份	预测值 $\hat{Y}_t$	月　份	预测值 $\hat{Y}_t$
1	237.8690	7	185.0172
2	206.2987	8	185.4469
3	193.0184	9	201.0866
4	192.5681	10	203.2963
5	195.0678	11	218.1660
6	194.1175	12	249.2357

表 11 – 20 中各预测值的测算过程为：

$$\hat{Y}_{49} = 135.3537 + 1.2797 \times 49 + 39.81$$
$$= 237.8690 \text{（亿元）}$$

……

$$\hat{Y}_{54} = 135.3537 + 1.2797 \times 54 + (-10.34)$$
$$= 194.1175 \text{（亿元）}$$

……

$$\hat{Y}_{60} = 135.3537 + 1.2797 \times 60 + 37.10$$
$$= 249.2357 \text{（亿元）}$$

根据预测模型还可对第六年各月的商品零售额进行预测，其预测值必须将长期趋势变动和季节变动共同考虑在内。

2. 季节性交乘趋势预测模型

有些市场现象时间序列，既存在明显的季节变动又含有长期趋势变动，而且时间序列的季节变动幅度，随现象的趋势变动而加大。对于这样的市场现象，在预测时必须采用季节性交乘趋势预测模型。

季节性交乘趋势预测模型为：

$$\hat{Y} = (a + bt)f_i$$

式中：$\hat{Y}$ 为预测值；

　　　$a + bt$ 为趋势值部分；

　　　a、b 为趋势直线参数；

　　　t 为时间序列观察期序号；

　　　f_i 为平均季节比率。

显然，季节交乘趋势预测模型，既能反映市场现象的长期趋势变动，又能反映其季节变动。其中，市场现象的趋势变动规律用直线方程来描述，现象的季节变动规律用平均季节比率来反映。

　［例］现有某地区某种产品产量 3 年分月的资料，将该现象编制成时间序列，并绘制时间序列的图形，观察其季节变动和趋势变动的状况。见图 11 - 5。

　根据图 11 - 5 中的描述，该现象既有明显的每年都出现的季节变动，也含明显的趋势变动，而且现象季节变动的幅度随趋势值增加而加大，用季节交乘趋势预测模型对它进行预测是适合的。

　（1）建立趋势模型。在季节交乘趋势模型中，其趋势部分仍然采用最小平方法建立直线方程。最小平方法的标准方程为：

$$\begin{cases} \sum Y_t = na + h\sum t \\ \sum Y_t t = a\sum t + b\sum t^2 \end{cases}$$

根据市场现象 3 年的实际观察值，建立直线方程，其资料和计算见表 11 - 21。

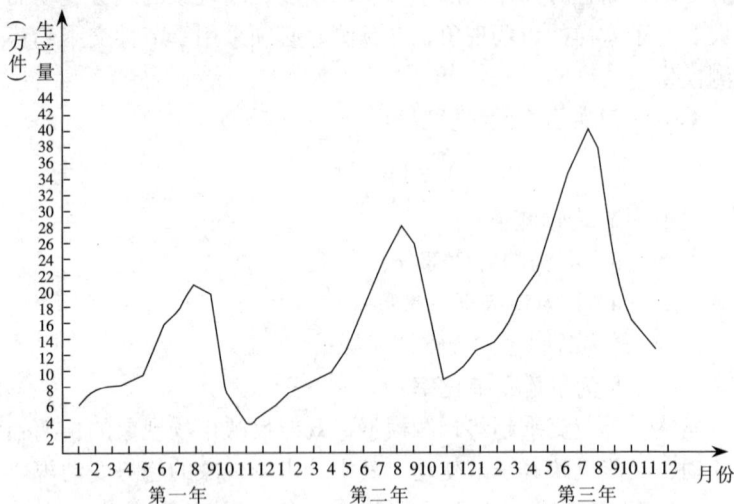

图 11 – 5

根据表 11 – 21 中测算的有关数据，代入标准方程，计算趋势直线方程中参数 a、b。

$$\begin{cases} 601 = 36a + 666b \\ 13\,090 = 666a + 16\,206b \end{cases}$$

则：a = 7. 3063

b = 0. 5075

趋势方程为：

$$V_t = 7.\,3063 + 0.\,5075t$$

（2）计算各期的季节比率。根据直线趋势方程可计算出各月的趋势值，并可根据实际观察值与趋势值算出各观察期的季节比率，并求出三年各月平均季节比率。其计算过程和结果见表 11 – 22。

表 11 – 21　　　　　　**季节交乘模型趋势值计算表**　　　　　单位：万件

年　　月	序号 t	实际值 Y_t	t^2	$Y_t t$	年　　月	序号 t	实际值 Y_t	t^2	$Y_t t$
第一年 1	1	6	1	6	7	19	24	361	456
2	2	7	4	14	8	20	29	400	580
3	3	8	9	24	9	21	26	441	546
4	4	8	16	32	10	22	15	484	330
5	5	10	25	50	11	23	9	529	207
6	6	14	36	84	12	24	10	576	240
7	7	16	49	112	第三年 1	25	12	625	300
8	8	22	64	176	2	26	15	676	390
9	9	20	81	180	3	27	17	729	459
10	10	10	100	100	4	28	19	784	532
11	11	5	121	55	5	29	21	841	609
12	12	6	144	72	6	30	25	900	750
第二年 1	13	9	169	117	7	31	36	961	1 116
2	14	10	196	140	8	32	42	1 024	1 344
3	15	12	225	180	9	33	38	1 089	1 254
4	16	13	256	208	10	34	22	1 156	748
5	17	15	289	255	11	35	16	1 225	560
6	18	20	324	360	12	36	14	1 296	504
合　计	—	—	—	—	合　计	666	601	16 206	13 090

表 11 – 22 中，各期趋势值是根据趋势方程计算出来的。

$$V_t = 7.3063 + 0.5075t$$

则：$V_1 = 7.3063 + 0.5075 \times 1 = 7.8$（万件）

……

$V_6 = 7.3063 + 0.5075 \times 6 = 10.3$（万件）

……

$V_{12} = 7.3063 + 0.5075 \times 12 = 13.3$（万件）

……

$V_{24} = 7.3063 + 0.5075 \times 24 = 19.4$（万件）

……

表 11 – 22   季节比率计算表

月	第一年			第二年			第三年			平均季节比率 f_i
	Y_t	V_t	$F_t = \dfrac{Y_t}{V_t}$	Y_t	V_t	$F_t = \dfrac{Y_t}{V_t}$	$F_t = Y_t$	V_t	$F_t = \dfrac{Y_t}{V_t}$	
1	6	7.8	0.77	9	13.9	0.65	12	19.9	0.60	0.67
2	7	8.3	0.84	10	14.4	0.69	15	20.5	0.73	0.75
3	8	8.8	0.90	12	14.9	0.80	17	21.0	0.81	0.84
4	8	9.3	0.86	13	15.4	0.84	19	21.5	0.88	0.86
5	10	9.8	1.02	15	15.9	0.94	21	22.0	0.95	0.97
6	14	10.3	1.35	20	16.4	1.21	25	22.5	1.11	1.22
7	16	10.8	1.48	24	16.9	1.42	36	23.0	1.56	1.49
8	22	11.3	1.94	29	17.4	1.67	42	23.5	1.78	1.79
9	20	11.8	1.69	26	17.9	1.45	38	24.0	1.58	1.57
10	10	12.3	0.81	15	18.4	0.81	22	24.5	0.89	0.83
11	5	12.8	0.39	9	18.9	0.47	16	25.0	0.64	0.50
12	6	13.3	0.45	10	19.4	0.51	14	25.5	0.54	0.50

$$V_{36} = 7.3063 + 0.5075 \times 36 = 25.5 \text{（万件）}$$

表 11 – 22 中，季节比率是市场现象各期实际观察值与趋势值之比，其公式为：

$$F_t = \frac{Y_t}{V_t}$$

则：$F_1 = \dfrac{Y_1}{V_1} = \dfrac{6}{7.8} = 0.77$

……

$$F_{12} = \frac{Y_{12}}{V_{12}} = \frac{6}{13.3} = 0.45$$

……

$$F_{24} = \frac{Y_{24}}{V_{24}} = \frac{10}{19.4} = 0.51$$

……

$$F_{36} = \frac{Y_{36}}{V_{36}} = \frac{14}{25.5} = 0.54$$

表 11 - 22 中，平均季节比率 f_i 的计算公式为：

$$f_1 = \frac{F_i + F_{i+T} + \cdots + F_{i+(m-1)T}}{m}$$

式中：f_i 为平均季节比率；

　　　T 为季节变动周期；

　　　m 为资料年数；

　　　$i = 1, 2, 3\cdots, T$。

根据平均季节比率公式计算：

$$f_1 = \frac{F_1 + F_{1+12} + F_{1+2\times12}}{3}$$

$$= \frac{0.77 + 0.65 + 0.60}{3} = 0.67$$

$$f_6 = \frac{F_6 + F_{6+12} + F_{6+2\times12}}{3}$$

$$= \frac{1.35 + 1.21 + 1.11}{3} = 1.22$$

$$f_{12} = \frac{F_{12} + F_{12+12} + F_{12+2\times12}}{3}$$

$$= \frac{0.45 + 0.51 + 0.54}{3} = 0.5$$

（3）建立季节预测模型并进行预测。根据趋势方程和平均季节比率建立预测模型为：

$$\hat{Y}_t = (7.3063 + 0.5075t) f_i$$

应用预测模型对下年各月生产量进行预测，计算结果见表 11 - 23。

表 11 − 23　　　　　　　　　**预测值计算表**　　　　　　单位：万件

月　份	预测值 $\hat{Y}$	月　份	预测值 $\hat{Y}_1$
1	17. 476	7	43. 402
2	19. 943	8	53. 049
3	22. 763	9	47. 326
4	23. 741	10	25. 441
5	27. 270	11	15. 579
6	34. 918	12	15. 833

表 11 − 23 中预测值的计算过程为：

$$\hat{Y}_{37} = (7.3063 + 0.5075 \times 37) \times 0.67$$
$$= 17.476 （万件）$$

$$\hat{Y}_{42} = (7.3063 + 0.5075 \times 42) \times 1.22$$
$$= 34.918 （万件）$$

$$\hat{Y}_{48} = (7.3063 + 0.5075 \times 48) \times 0.55$$
$$= 15.833 （万件）$$

四、移动平均季节预测模型

移动平均季节预测模型，是以市场现象时间序列 12 个月（或 4 个季度）的移动平均值来反映其趋势变动规律；以实际观察值除以移动平均值得到移动平均系数；再将移动平均系数加以平均和调整，得到季节比率。建立预测模型对市场现象进行预测。

移动平均季节预测模型，也是适用于既有季节变动又含趋势变动的市场现象预测。它与季节趋势预测模型的不同之处在于，它不是用最小平方法的标准方程求参数 a、b，并建立直线方程来反映现象的长期趋势变动，而是用移动平均值来反映现象的长期趋势变动规律。

　　［例］现有某种农副产品几年收购量的分月资料，用移动平均季节预测模型对它进行预测，时间序列资料和所需数据的计算见表 11－24。

表 11－24　　　　　季节变动移动平均值计算表　　　　单位：百斤

年月 (1)	收购量（百斤）Y_t (2)	12 个月移动总数 (3)	相邻两个移动总数之和 (4)	12 个月移动平均数 (5)＝(4)÷24	季节比率 f_t (6)＝(2)÷(5)
第一年 7	24	—	—	—	—
8	80	—	—	—	—
9	28	—	—	—	—
10	20	—	—	—	—
11	12	—	—	—	—
12	14	—	—	—	—
第二年 1	9	322	650	27.1	0.33
2	10	328	662	27.6	0.36
3	36	334	677	28.2	1.28
4	14	343	678	28.3	0.50
5	32	335	676	28.2	0.84
6	43	341	683	28.4	1.51
7	30	342	698	29.1	1.03
8	86	356	732	30.5	2.82
9	28	376	759	31.6	0.89
10	21	383	812	33.8	0.62
11	18	429	870	36.3	0.50
12	15	441	876	36.5	0.41
第三年 1	23	435	907	37.8	0.60
2	30	472	942	39.2	0.77
3	43	470	943	39.3	1.09
4	60	473	948	39.5	1.52

年月 (1)	收购量 （百斤）Y_t (2)	12 个月移 动总数 (3)	相邻两个移 动总数之和 (4)	12 个月移动 平均数 (5)=(4)÷24	季节比率 f_t (6)=(2)÷(5)
5	44	475	959	39.9	1.10
6	37	494	978	40.8	0.91
7	67	496	990	41.3	1.62
8	84	489	985	41.0	2.05
9	31	487	976	40.7	0.76
10	23	473	960	40.0	0.58
11	27	479	952	39.7	0.68
12	25	503	982	40.9	0.61
第四年 1	25	501	1 004	41.8	0.60
2	23	502	1 003	41.8	0.55
3	41	517	1 019	42.5	0.96
4	46	531	1 048	43.7	1.05
5	50	537	1 069	44.5	1.12
6	61	553	1 090	45.4	1.34
7	65	554	1 107	46.1	1.41
8	85	556	1 110	46.3	1.84
9	46	558	1 114	46.4	0.99
10	37	574	1 132	47.2	0.78
11	34	582	1 156	48.2	0.68
12	41	581	1 163	48.5	0.85
第五年 1	26	—	—	—	—
2	25	—	—	—	—
3	43	—	—	—	—
4	62	—	—	—	—
5	58	—	—	—	—
6	60	—	—	—	—

1. 计算移动平均值，反映趋势变动

表 11-24 中，主要是计算市场现象时间序列观察值的移动

平均值。首先，计算 12 个月的移动总数，并将其置于 12 个月的正中间。如第一年 7 月至第二年 6 月的收购总数量是 322，置于第一年 12 月与第二年 1 月之间；其他各 12 个月移动总数都按此处理，如表 11 – 24 第（3）栏所示。然后，再计算 12 个月移动总数的相邻两数值之和，并将其置于两个移动总数之间，如第一、第二个移动总数之和，322 + 328 = 650，置于这两个数之间，即与原时间序列资料中第二年 1 月实际观察值平行；其他各相邻两数值之和都按此处理，如表 11 – 24 第（4）栏所示。此步骤的目的是，将 12 个月移动总值与实际观察值不能平行的问题解决。最后，求出 12 个月移动平均值，即用两个相邻移动总数之和除以 24。如第二年 1 月的移动平均值为 650 ÷ 24 = 27.1；其他各移动平均值都是这样计算出来的，如表 11 – 24 中第（5）栏所示。这样所得到的移动平均值是各期的代表值，即是用来反映市场现象时间序列长期趋势变动规律的。

2. 计算季节比率反映季节变动

表 11 – 24 中，季节比率是用实际观察值除以移动平均值得到的。如第二年 1 月的季节比率 = $\dfrac{9}{27.1}$ = 0.33。由于某一年的季节比率会受不规则变动的影响，用它反映市场现象各月的季节变动规律不够可靠；因此还必须计算各年同月的季节比率平均数，并对季节比率平均数加以调整，以此来反映市场现象的季节变动规律。其计算见表 11 – 25。

表 11 – 25 中，计算了各月季节比率的平均值，并对平均季节比率按调整系数做了一点调整，得到用于预测模型的各月季节比率。其中：

表 11-25　　　　　　　　平均季节比率计算表

月份＼年份	第二年	第三年	第四年	合计	平均	调整后的季节比率 f_i
1	0.33	0.60	0.60	1.53	0.51	0.52
2	0.36	0.77	0.55	1.68	0.56	0.57
3	1.28	1.09	0.96	3.33	1.11	1.12
4	0.50	1.52	1.05	3.07	1.02	1.04
5	0.84	1.10	1.12	3.06	1.02	1.04
6	1.51	0.91	1.34	3.76	1.25	1.27
7	1.03	1.62	1.41	4.06	1.35	1.37
8	2.82	2.05	1.84	6.71	2.24	2.26
9	0.89	0.76	0.99	2.64	0.88	0.89
10	0.62	0.58	0.78	1.98	0.66	0.66
11	0.50	0.68	0.68	1.86	0.62	0.63
12	0.41	0.61	0.85	1.87	0.62	0.63
合计	—	—	—	—	11.84	12.00

（左侧纵向标注：各月季节比率）

$$调整系数 = \frac{12}{各月季节比率平均值之和}$$

$$= \frac{12}{11.84} = 1.0135$$

调整后季节比率 = 各月季节比率平均值 × 调整系数

则：1 月调整后季节比率 = 0.51 × 1.0135 = 0.52

……

6 月调整后季节比率 = 1.25 × 1.0135 = 1.27

……

12 月调整后季节比率 = 0.62 × 1.0135 = 0.63

3. 建立预测模型进行预测

建立移动平均季节预测模型为：

$$\hat{Y}_t = (a_t + b_t T) \times f_i$$

式中：$\hat{Y}_t$ 为预测值；

$a_t + b_t T$ 为市场现象趋势值；

f_i 为调整后季节比率。

预测模型中，趋势值部分的 a_t、b_t 值，是利用表 11－24 中最后两个 12 个移动平均值得到。第四年 12 月的移动平均值为 48.5（百斤），比 11 月份的 48.2（百斤）增加了 0.3（百斤）。

则：

$$a_t = 48.5$$

$$b_t = 0.3$$

则预测模型为：

$$\hat{Y}_t = (48.5 + 0.3T) \times f_i$$

根据预测模型对第五年各月的收购量进行预测，预测值见表 11－26。

表 11－26   **预测值计算表**   单位：百斤

月　份	1	2	3	4	5	6	7	8	9	10	11	12
预测值 $\hat{Y}_t$	25.38	27.99	55.33	51.69	52.00	63.88	69.32	115.03	45.57	33.99	32.63	32.82

表 11－26 中各月预测值计算过程为：

$$\hat{Y}_{43} = (48.5 + 0.3) \times 0.52 = 25.38 \text{（百斤）}$$

……

$$\hat{Y}_{48} = (48.5 + 0.3 \times 6) \times 1.27 = 63.88 \text{（百斤）}$$

……

$$\hat{Y}_{54} = (48.5 + 0.3 \times 12) \times 0.63 = 32.82 \text{（百斤）}$$

第十二章 相关回归分析市场预测法

第一节 相关回归分析预测法的种类和步骤

相关回归分析市场预测法，是在分析市场现象自变量和因变量之间相关关系的基础上，建立变量之间的回归方程，并将回归方程作为预测模型，根据自变量在预测期的数量变化预测因变量在预测期变化结果的方法。

市场的发展变化受到市场内部与外部多种因素的影响，市场现象变化与各种影响因素变化之间存在着一定的依存关系，如市场受社会生产总体状况发展的影响；市场受产业结构，就业结构及各种经济比例关系的影响；市场受积累和消费比例关系的影响；市场受人口发展的影响；市场受居民收入水平的影响；市场受商品价格的影响等。对这些客观存在的依存关系可以用数量分析方法加以描述和研究。

市场现象的这些依存关系，有各种具体表现。研究它们时，一般将被预测的市场现象称为因变量，其具体数量称为因变量值；将与市场现象有密切关系的各种影响因素称为自变量，其具体数量称为自变量值。如：将企业的零售额作为自变量，将流通费用水平作为因变量，研究零售额对流通费用水平的影响；将居民收入水平作为自变量，将市场商品需求量作为因变量，研究预测收入水平变动对需求量未来发展变化的影响；将人口、价格水平等等因素作为自变量，将市场需求量作为因变量，研究人口变动、价格变动对市场需求量的影响等。类似这些依存关系在分析和预测市场现象时是很常见的。

对市场现象之间的数量依存关系，根据其确定程度的不同，可以分为函数关系和相关关系两大类。所谓函数关系是指现象之间确定的数量依存关系，即自变量取一个数值，因变量必然有一个对应的确定数值；自变量发生某种变化，因变量必然会发生相应程度的变化；所谓相关关系则是指现象之间确定存在的不确定的数量依存关系，即自变量取一个数值时，因变量必然存在与它对应的数值，但这个对应值是不确定的；自变量发生某种变化时，因变量也必然发生变化，但变化的程度是不确定的。对于函数关系的依存关系，用某种函数表达式来描述。对于相关关系的数量依存关系，用相关关系分析和回归方程的方法加以研究，即用统计分析的方法来研究现象之间的数量相关关系，找出其发展变化规律的关系式。市场现象之间所存在的依存关系，大多是表现为相关关系。如市场需求量与居民收入之间，市场需求量与商品价格之间，市场需求量与人口数量之间等，都是表现为相关关系。根据市场现象所存在的相关关系，对它进行定量分析，从而达到对市场现象进行测预的目的，就是相关回归分析市场预测法。

相关回归分析市场预测法是一种重要的市场预测方法，在对市场现象的研究中起着重要的作用。在多数市场预测者在对市场现象进行预测时，如果能将影响市场测预对象的主要因素找到，并且能够取得其数量资料，当然就可以采用相关回归预测法进行预测。它是一种具体的、行之有效的、实用价值很高的常用市场预测方法。当应用相关回归市场预测法的条件不充分时，才考虑采用时间序列法等其他预测方法。

一、相关回归分析市场预测法的应用条件

相关回归分析市场预测法是一种实用价值很高的预测方法，但必须在一定条件下应用。应用相关回归分析市场预测法，要具备以下几方面的基本条件：

1. 市场现象的因变量与自变量之间存在相关关系

市场现象的自变量与因变量之间的依存关系，必须是相关关系，才适合用相关回归分析市场预测法，建立回归模型，以自变量的变化去预测因变量的变化。对于不相关的各种市场现象变量，对于市场现象之间的函数关系，不能应用相关回归分析预测法。而如何断定现象之间是否具有相关关系则是预测者必须掌握的。

市场现象之间是否存在相关关系，主要可以通过两种方法来判定。一种方法是根据经济理论知识和实践经验，结合我国市场的具体表现，从定性的角度判断市场现象之间是否存在相关关系。如根据马克思主义的政治经济学理论，根据市场学理论，根据我国市场长期以来的发展变化规律等，都可以断定两种或多种市场现象之间是否存在相关关系。这是判断现象相关关系的根本方法；另一方法是对市场现象之间的关系进行相关分析，从定量的角度来判断现象之间是否存在相关关系。如通过绘制相关散点图，通过计算相关系数指标等方法，都可以判定市场现象之间是否存在相关关系。需要注意的是，对相关关系的定量分析是建立在定性分析的基础上的，对客观存在的现象变量值进行相关分析，而不是进行抽象的分析。只有对市场现象从定性和定量两个方面充分进行分析，才能最后判定它是否存在相关关系，进而决定相关回归分析市场预测法能否被应用。

2. 市场现象的因变量与自变量之间必须是高度相关

应用相关回归分析市场预测法，不仅要求被研究的市场现象之间确实存在相关关系，而且还要求自变量与因变量之间的相关关系是密切相关，即高度相关。存在相关关系的市场现象之间并不一定都是高度相关，因此相关回归分析市场预测法只适用于预测一部分具有相关关系的现象，即预测存在高度相关的市场现象，对于相关程度不高的市场现象，一般认为进行回归分析无实际意义。因为只有高度相关的现象之间，才存在一定的变动规律，才有可能将这种规律用回归模型加以反映，并对市场未来进行预测。

相关回归分析市场预测法的这个要求，在实际预测中表现为，对与因变量具有高度相关关系的因素都必须选为自变量，对与因变量不具有或只有低度相关关系的因素都不选为自变量。要做到这一点，必须对市场现象各因素做深入细致的分析，要从多方面对影响因素进行分析，通过各种检验方法进行检验，在回归模型中，决不遗漏一个高度相关的影响因素，也决不误选一个低度相关或不相关的影响因素。

3. 市场现象自变量和因变量具备系统的数据资料

应用相关回归分析市场预测法，最终目的是预测因变量的数值。要求得因变量值就必须要具备自变量的值，不但要求具有确定回归模型方程所需的自变量和因变量的实际观察值，而且还要能够取得预测期内的自变量值，这是求得因变量预测值的基本条件之一。预测者在应用这种市场预测法时，必须要考虑到自变量各期的观察值，特别是自变量在预测期的值是否能够比较顺利地取得，是否能够取得比较准确的数值。如果不具备这种条件，就无法达到相关回归分析市场预测法的最终目的。相关回归分析预测法的几个应用条件，是相互联系，不能将它们割裂开理解。

二、相关回归分析市场预测法的种类

相关回归分析市场预测法的种类有多种，可以从不同方面对它进行分类。若仅根据相关关系中自变量多少和性质不同分类，它有以下几种主要类型：

1. 一元相关回归分析市场预测法

一元相关回归分析市场预测法，也称简单相关回归分析市场预测法。它是用相关回归分析法对一个自变量与一个因变量之间的相关关系进行分析，建立一元回归方程作为预测模型，对市场现象进行预测的方法。如根据某地区的居民收入水平预测该地区的商品需求量；根据企业的销售额预测流通费用水平等，都是分析一个自变量对一个因变量的相关关系。

2. 多元相关回归市场预测法

多元相关回归市场预测法，也称复相关回归分析市场预测法。它是用相关分析法对多个自变量与一个因变量之间的相关关系进行分析，建立多元回归方程作为预测模型，对市场现象进行预测的方法。这是一种根据多个自变量的变化数值预测一个因变量数值的方法。

3. 自相关回归分析市场预测法

自相关回归分析市场预测法，是对某一时间序列的因变量序列，与向过去推移若干观察期的一个或多个自变量时间序列进行相关分析，并建立回归方程作为预测模型，对市场现象进行预测。这是一种利用市场现象时间序列对它自身进行预测的方法，它是把同一时间序列不同观察期的值分别作为自变量和因变量，看某种市场现象自身过去发展变化的规律，对其未来发展变化的相关程度及其变化规律。

相关回归分析市场预测还可按回归方程的形式不同，分为直线相关回归和曲线相关回归；也可按相关的方向不同，分为正相关和负相关。由此形成相关回归分析预测法的不同种类。

三、相关回归分析市场预测的步骤

相关回归分析市场预测法，除按市场预测的一般步骤实施以外，在其预测步骤上还具有自身的特点。

1. 根据市场预测的目的，选择和确定自变量和因变量

相关回归分析市场预测法，是根据现象之间相关关系进行预测的方法。因此确定相关关系中的自变量和因变量就成为第一步的工作。一般来说，其因变量比较好确定，它只要根据市场预测的目的，将市场预测的对象作为因变量。因变量的发展变化受到一个或多个自变量的影响，自变量的数值直接决定因变量的值。因此，确定相关回归分析预测法中的自变量就是非常重要的，自变量的确定要比因变量的确定复杂得多。

选择确定自变量，首先必须根据有关资料分析各种因素与因变量之间的相关关系，观察相关关系的表现形式及其相关程度的高低，选用与因变量存在密切相关关系的因素作为自变量。在多元相关回归分析预测中，还必须保证被选为自变量的各因素之间，不存在明显的数量联系关系。分析自变量与因变量的相关关系，可以用绘制相关图和计算相关系数指标的方法。

相关图是用散点图的形式，将自变量与因变量的各对应值绘制为图形。在绘制相关散点图时，将自变量作为横坐标，因变量

作为纵坐标。变量之间客观存在的相关关系方向，形式等不同，绘制出的散点图就不同。通过散点图可以观察变量之间相关程度高低，还能够看出相关方向、相关形式。相关散点图一般有以下几种规律。

图 12 - 1 中所表现的是 x 与 y 不相关。y 的变化不受 x 变化的影响，即 x 的变化根本不使 y 发生某种规律性变化。

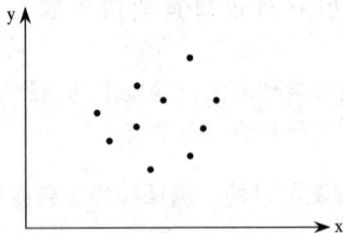

图 12 - 1

图 12 - 2 所表示的是 x 与 y 的正相关关系。x 的增加引起 y 的增加或 x 的减少引起 y 的减少，说明 x 与 y 是正相关关系；散点基本上呈现一条直线，说明 x 与 y 的相关程度很高，并表现为直线形式。

图 12 - 3 表示的是 x 与 y 的负相关关系。x 增加引起 y 的减少或 x 的减少引起 y 的增加，说明 x 与 y 是负相关关系；散点基本上集中在一条直线上，说明相关程度很高，并表现为直线形式。

图 12 - 4 所表示的是 x 与 y 的相关关系，且为正相关关系。但散点不很集中，说明相关程度稍低一些。相应地 x 与 y 的负相关关系也会有这种情况。

图 12 - 5 所表现是 x 与 y 的相关关系。散点图基本上呈现曲线形式，散点不很集中，说明 x 与 y 的相关程度不是很高。相应地 x 与 y 也会表现为其他形式的曲线。

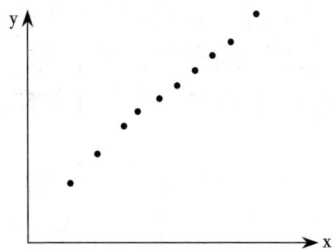

图 12 - 2

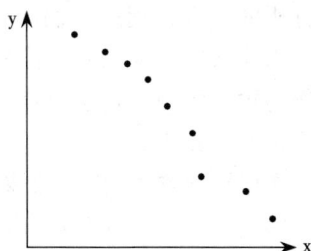

图 12 - 3

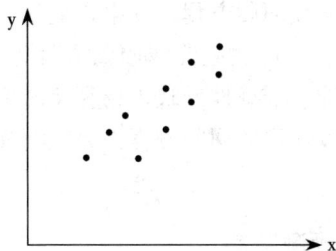

图 12 - 4

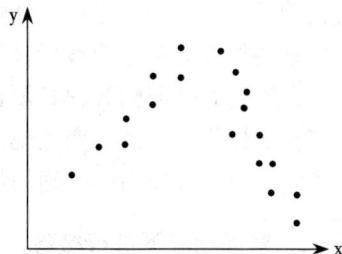

图 12 - 5

通过观察自变量与因变量的散点图，预测者可以判定市场现象 x 与 y 之间相关关系的方向，还可以观察到相关程度的高低和相关形式。在选择确定自变量时，必须选择与因变量高度相关的自变量，舍弃低度相关的自变量。由此所建立的回归方程，才能作为有效的市场预测模型。

2. 确定回归方程，建立预测模型

根据对市场现象之间依存关系的理论分析和相关分析，预测者可以确定和选择相关回归分析市场预测的自变量和因变量，并且可以观察到现象相关的方向和相关程度。根据对自变量和因变

量分析的结果，利用它们在观察期的资料，建立适当的回归方程，以此来描述现象之间相关关系的发展变化规律，并将回归方程作为预测模型。确定回归方程，建立预测模型，其关键是求得方程中的参数值。

在建立预测模型时，如果对于一个因变量有多个重要程度明显的影响因素，且各因素与因变量的相关程度都比较高，就应建立多元回归方程；如果对于一个因变量只有一个起决定性作用的影响因素，其他因素的影响作用很小，且这一个因素与因变量是高度相关，则需建立一元回归方程。同样如果自变量与因变量的相关关系是直线相关形式，就建立直线回归方程；如果自变量与因变量的相关关系是曲线相关形式，就应建立曲线回归方程等。总之，所建立的回归方程必须真实地、准确地反映市场现象因变量与自变量相关关系的变化规律，以这样的回归方程作为预测模型才能对市场现象做出准确的预测。

3. 对回归模型进行检验，测定预测误差

回归方程建立以后，将其作为预测模型是否可应用于实际预测，则取决于对回归模型的检验和对预测误差测定的结果。回归方程只有通过了各种检验，且预测误差在研究问题所允许的范围内，才能将回归方程作为预测模型进行实际预测。否则，用回归模型盲目地进行预测，其预测结果是不可靠的。对回归模型检验和测定其预测误差有特定的指标和方法。

4. 用预测模型计算预测值，并对预测值作区间估计

利用预测模型确定预测值，是预测者的最终目的。预测值可以用一个点值表示，但更多的情况下是根据需要求出预测值的区间估计值。区间预测值能更好地反映预测值的实际含义，在使用时有充分的余地。

以上所述，仅仅是相关回归预测模型建立和求预测值的基本步骤。在市场预测实际工作中，由于市场现象的复杂性，还必须结合预测者的经验和分析判断能力，对预测模型合理调整后再行应用，才能做出更为符合客观实际的预测值。这是因为，任何一种预测模型，仅仅是将市场现象比较明显的一般规律反映出来；而对一些无法量化的影响因素，对一些偶然因素影响等，都不能反映。这就必然要求预测者根据市场的千变万化，对预测模型或根据预测模型所做出的预测值加以适当调整。

第二节 一元线性相关回归分析预测法

一元相关回归分析市场预测法，是根据一个自变量预测因变量未来表现的市场预测方法。由于市场现象一般是受多种因素的影响的，而并不是仅仅受一个因素的影响。所以应用一元相关回归分析市场预测法，必须对影响市场现象的多种因素做全面分析。只有当诸多的影响因素中，确实存在一个对因变量数量影响作用明显高于其他因素的变量，才能将它作为自变量，应用一元相关回归分析市场预测法进行预测。决不能任意选一个因素就将其作为自变量，也不能从对因变量有影响的几个因素中，只任选一个作为自变量。此外，一元回归分析所研究的相关形式，并不限于直线形式，为说明问题方便，这一节仅对一元线性相关回归做介绍。

一元线性相关回归分析预测法，是根据自变量 x 和因变量 y 的相关关系，建立 x 与 y 的线性关系式，其关系式中求解参数的方法是统计回归分析法，所以 x 与 y 的关系式就称回归方程。一元线性相关回归方程的一般式为：

$$y_t = a + bx_t$$

式中：y_t 为第 t 期因变量值；

   x_t 为第 t 期自变量值；

   a 为回归参数，是 y 轴上的截距；

   b 为回归参数，是回归直线的斜率。

下面根据一个例子，来说明回归方程建立的过程。

[例] 根据某地区 10 年农民人均年纯收入的资料和该地区相应年份的销售额资料，预测该地区市场销售额。观察期资料见表 12 - 1。

表 12 - 1　　　　　　　某地区农民收入与销售额资料

年序号 t	人均年纯收入（十元）x_t	销售额（百万元）y_t
1	400	136
2	520	152
3	560	156
4	640	164
5	720	172
6	820	182
7	940	190
8	1 040	202
9	1 160	216
10	1 280	226

1. 根据表 12 - 1 中 x 与 y 观察期 10 年资料绘制散点图

图 12 - 6 表明，x 与 y 存在相关关系，且散点基本集中在一条直线上，说明相关程度较高，农民年人均纯收入（x）与销售额（y）表现较高程度的直线正相关。可以采用一元线性相关回归分析预测模型。

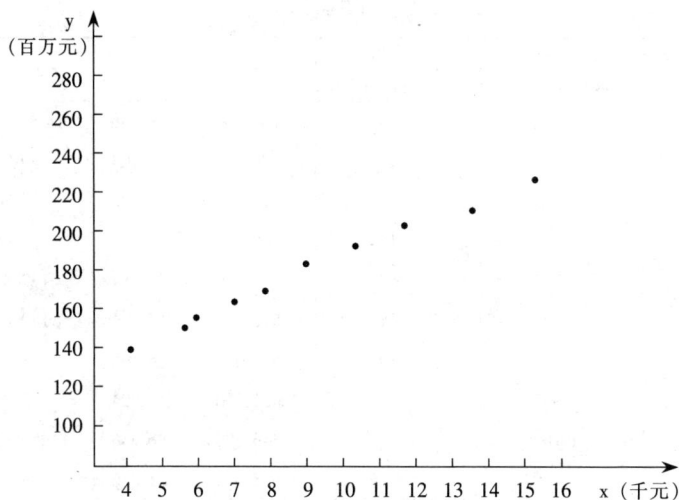

图 12 – 6

2. 应用最小平方法求回归方程中的参数，建立预测模型

求参数 a、b 的标准方程为：

$$\begin{cases} \sum y = na + b \sum x \\ \sum xy = a \sum x + b \sum x^2 \end{cases}$$

解得方程为：

$$b = \dfrac{\sum xy - \dfrac{1}{n} \sum x \sum y}{\sum x^2 - \dfrac{1}{n} \left(\sum x \right)^2}$$

$$a = \overline{y} - b \, \overline{x}$$

求解 a、b 所需数据见表 12 – 2。

表12-2　　　　　　　　一元回归方程计算表

年序号 t	人均年纯收入 x（十元）	销售额 y（百万元）	x^2	y^2	xy
1	400	136	160 000	18 496	54 400
2	520	152	270 400	23 104	79 040
3	560	156	313 600	24 336	87 360
4	640	164	409 600	26 896	104 960
5	720	172	518 400	29 584	123 840
6	820	182	672 400	33 124	149 240
7	940	190	883 600	36 100	178 600
8	1 040	202	1 081 600	40 804	210 080
9	1 160	216	1 345 600	46 656	250 560
10	1 280	226	1 638 400	51 076	289 280
合　计	8 080	1 796	7 293 600	330 176	1 527 360

将表12-2中数据代入：

$$b = \frac{\sum xy - \frac{1}{n}\sum x \sum y}{\sum x^2 - \frac{1}{n}(\sum x)^2} = \frac{1\ 527\ 360 - \frac{1}{10} \times 8\ 080 \times 1\ 796}{7\ 293\ 600 - \frac{1}{10} \times (8\ 080)^2}$$

$$= \frac{76\ 192}{764\ 960} = 0.0996$$

$$a = \bar{y} - b\bar{x} = \frac{1}{10} \times 1\ 796 - 0.0996 \times \frac{1}{10} \times 8\ 080$$

$$= 99.1232$$

则回归方程为：

$$\hat{y} = 99.1232 + 0.0996x$$

3. 对回归模型进行检验

（1）回归标准差检验。回归标准差 S_y 的计算公式为：

$$S_y = \sqrt{\frac{\sum (y_t - \hat{y}_t)^2}{n - k}}$$

式中：S_y 为回归标准差；

　　　y_t 为因变量第 t 期观察值；

　　　$\hat{y}_t$ 为因变量第 t 期的趋势值；

　　　n 为观察期个数；

　　　k 为回归方程参数个数。

计算回归标准差数据见表 12 – 3。

表 12 –3　　　　　　　　　回归标准差计算表

年序号 t	y	$\hat{y}$	$(y-\hat{y})^2$
1	136	138. 96	8. 7806
2	152	150. 92	1. 1768
3	156	154. 89	1. 2118
4	164	162. 88	1. 2832
5	172	170. 84	1. 3568
6	182	180. 79	1. 4515
7	190	192. 75	7. 5471
8	202	202. 71	0. 5001
9	216	214. 66	1. 7977
10	226	226. 61	0. 3736
合　计	—	—	25. 4791

表 12 –3 中 $\hat{y}_t$ 的值是根据回归方程计算得到的。

　　$\hat{y}_t = 99.1232 + 0.0996x$

则：$\hat{y}_1 = 99.1232 + 0.0996 \times 400 = 138.96$（百万元）

　　……

　　$\hat{y}_5 = 99.1232 + 0.0996 \times 720 = 170.84$（百万元）

　　……

$$\hat{y}_{10} = 99.1232 + 0.0996 \times 1\ 280 = 226.61 \quad (百万元)$$

根据表 12 – 3 中数据：

$$S_y = \sqrt{\frac{25.4791}{10 - 2}} = \sqrt{3.1849} = 1.785 \quad (百万元)$$

判断回归标准差是否通过检验，一般采用 $\dfrac{S_y}{\overline{y}_t}$，若其值小于 15%，则认为检验通过。

$$\overline{y}_t = \frac{\sum y_t}{n} = \frac{1\ 796}{10} = 179.6 (百万元)$$

$$\frac{S_y}{\overline{y}_t} = \frac{1.785}{179.6} = 0.0099 = 0.99\%$$

由于根据实际数据计算的 $\dfrac{S_y}{\overline{y}_t} < 15\%$，则该回归模型的标准差检验通过。

上面介绍的回归标准差 S_y 的计算公式，只有在已经计算各观察期 $\hat{y}$ 值的情况下可以采用。在需要时，也可按简化公式计算 S_y 值。公式为：

$$S_y = \sqrt{\frac{\sum y^2 - a \sum y - b \sum xy}{n - k}}$$

若将上例中有关数据代入简化公式，则：

$$S_y = \sqrt{\frac{330\ 176 - 99.1232 \times 1\ 796 - 0.0996 \times 1\ 527\ 360}{10 - 2}}$$

$$= \sqrt{\frac{25.6768}{8}}$$

$$= 1.792 \quad (百万元)$$

对 S_y 的计算结果是基本一致的。应用简化式计算 S_y，免去了不少计算工作量，可以直接利用了建立回归方程时的数据。

（2）回归方程显著性检验。回归方程显著性检验即 F 检验，它是检验回归方程中，被估计的参数同时为零的可能性大小，一般要求这种可能性小于5%。F值的计算公式为：

$$F = \frac{\sum (\hat{y}_t - \bar{y}_t)^2 / k - 1}{\sum (y_t - \hat{y}_t)^2 / n - k}$$

计算F值所需数据见表12-4。

表12-4　　　　　　　　F检验计算表

年序号	$\hat{y}$	$(\hat{y} - \bar{y})^2$
1	138.96	1 651.6096
2	150.92	822.5424
3	154.89	610.5841
4	162.88	279.5584
5	170.84	76.7376
6	180.79	1.4161
7	192.75	172.9225
8	202.71	534.0721
9	214.66	1 229.2036
10	226.61	2 209.9401
合　计		7 588.5865

根据表12-4和表12-3中数据，F值为：

$$F = \frac{7\,588.5865/2 - 1}{25.4791/10 - 2} = \frac{7\,588.5865}{3.1849} = 2\,382.68$$

判断回归方程是否通过F检验，必须将计算出的F值，与F分布表中的相应值比较。本例查F分布表，分母自由度为10 - 2 = 8，分子自由度为2 - 1 = 1，若以95%的可靠度估计，相应的F值为5.32。根据实际数得出的F值2 382.68大于5.32，则认为F检验通过，即可以认为回归方程估计参数不会同时为零。本书后附表 3 是 F 分配表。

（3）相关系数检验。对本例中农民人均年纯收入与销售额之间的相关关系，可以通过散点图观察，还可以通过计算相关系数指标来判断其相关方向和程度。这也是对回归方程的必要检验。

相关系数的计算公式为：

$$r = \frac{\sum x_t y_t - \frac{1}{n}(\sum x_t)(\sum y_t)}{\sqrt{\sum x_t^2 - \frac{1}{n}(\sum x_t)^2}\sqrt{\sum y_t^2 - \frac{1}{n}(\sum y_t)^2}}$$

根据表 12 - 2 中有关数据，本例的相关系数为：

$$r = \frac{1\ 527\ 360 - \frac{1}{10} \times 8\ 080 \times 1\ 796}{\sqrt{7\ 293\ 600 - \frac{1}{10} \times (8\ 080)^2}\sqrt{330\ 176 - \frac{1}{10} \times (1\ 796)^2}}$$

$$= \frac{76\ 192}{\sqrt{764\ 960}\sqrt{7\ 614.4}}$$

$$= \frac{76\ 192}{874.62 \times 87.62} = \frac{76\ 192}{76\ 319.341}$$

$$= 0.9983$$

在相关分析中，将不同相关系数值做出划分：$r = 0$，说明现象不相关；$r = 1$，说明现象完全相关；$0.8 \leqslant |r| < 1$，说明现象高度相关；$0.5 \leqslant |r| < 0.8$，说明现象中度相关；$0.3 \leqslant |r| < 0.5$，说明现象低度相关。

相关系数 $r = 0.9983$，说明 x 与 y 之间是高度相关，且为正相关。相关系数检验通过。

根据以上三项检验结果，说明用此回归方程做预测模型是合适的。

4. 利用回归方程作为预测模型进行预测

当回归模型通过了各种检验，就可以作为预测模型进行预测。相关回归分析市场预测法，在进行预测时必须具备自变量在预测期的值，x 的预测值是通过其他各种预测方法估计得到的，在此暂且将它作为求因变量时的已知条件。

应用回归方程进行预测，有点预测和区间预测两种。点预测即将预测期自变量 x 的值直接代入预测模型，得出因变量 y 的对应值，并将其作为 y 的点预测值。在学习预测方法时，做出点预测值就可以了。

点预测是区间预测的基础。

对因变量进行预测，在实践中通常是在预测点值的基础上求出各期预测值区间，即将预测值用一定范围内的值来表示，这种区间称为置信区间。在本例中将预测点值和预测区间都计算出来。

还应看到，预测期的自变量值是通过某种预测方法取得的估计值，而不是实际观察值，不同的预测方法会得到不同的自变量预测值，在用它进行因变量预测时要考虑到这些情况。

确定因变量的置信区间，是求出其预测区间的上下限，其公式为：

$$\hat{y}_t \pm ts$$

数理统计证明，在小样本条件下，即观察期数据个数 n < 30，预测值的置信区间必须引进一个校正系数，则预测值的置信区间应为：

$$\hat{y}_t \pm ts \sqrt{1 + \frac{1}{n} + \frac{(x_0 - \bar{x})^2}{\sum (x_t - \bar{x})^2}}$$

表 12 – 5 校正系数计算表

年序号 t	x	$x - \bar{x}$	$(x - \bar{x})^2$
1	400	−408	166 464
2	520	−288	82 944
3	560	−248	61 504
4	640	−168	28 224
5	720	−88	7 744
6	820	12	144
7	940	132	17 424
8	1 040	232	53 824
9	1 160	352	123 904
10	1 280	472	222 784
合 计	8 080	—	764 960

式中：$\hat{Y}$ 为第 t 期的因变量预测值；

t 为置信度的相应 t 值；

S 为回归标准差；

x_0 为预测期自变量值；

n 为观察期数据个数。

根据表 12 – 5 中有关数据，计算自变量观察期的平均值为：

$$\bar{X}_t = \frac{\sum x_t}{n} = \frac{8\ 080}{10} = 808(元)$$

表 12 – 6 一元回归方程区间估计计算表

年序号 t	x_0	$(x_0 - \bar{x})^2$	$\hat{y}_t$	预测值置信区间
11	1 400	350 464	238.56	244.76 ~ 232.36
12	1 500	478 864	248.52	255.39 ~ 241.65
13	1 610	643 204	259.48	267.21 ~ 251.76
14	1 720	831 744	270.44	279.15 ~ 261.73

表 12 – 6 中，$\hat{y}_t$ 是销售额的点预测值，根据回归方程计算。

$\hat{y}_t = 99.1232 + 0.0996x$

$\hat{y}_{11} = 99.1232 + 0.0996 \times 1\ 400 = 238.56$（百万元）

……

$\hat{y}_{14} = 99.1232 + 0.0996 \times 1\ 720 = 270.44$（百万元）

上述点预测值是区间预测值的基础。

预测值的置信区间：

$$\hat{y}_t \pm ts \sqrt{1 + \frac{1}{n} + \frac{(x_0 - \bar{x})^2}{\sum (x_t - \bar{x})^2}}$$

本例中预测区间置信度若定为 95%，那么 $\frac{\alpha}{2} = \frac{0.05}{2} = 0.025n = 10$，查 t 分布表，$t(0.025, 10) = 2.228$，它与回归标准差的乘积为 $ts = 2.228 \times 1.785 = 3.98$（百万元）置信区间调整系数在每个预测期由于 x_0 不同而不同。本书后附表 4 为 t 分布表，可根据实际问题查用。

第 11 期销售额的预测区间为：

$$238.56 \pm 3.98 \times \sqrt{1 + \frac{1}{10} + \frac{350\ 464}{764\ 960}}$$

$238.56 \pm 3.98 \times 1.558$

238.56 ± 6.20

即 $244.76 \sim 232.36$（百万元）

……

第 14 期销售额的预测区间为：

$$270.44 \pm 3.98 \times \sqrt{1 + \frac{1}{10} + \frac{831\ 744}{764\ 960}}$$

270.44 ± 8.71

即 $279.15 \sim 261.73$（百万元）

通过一元相关回归分析各预测步骤，对上例的预测结果是很满意的。但在实际预测工作中，问题还要复杂得多，必须综合分析。如果是大样本情况，即 n > 30，预测误差还会小一些，置信区间预测值的上下限之差也会小一些，即预测值的准确性还可提高。

第三节　多元线性相关回归分析预测法

市场现象会受到政治、经济、社会多种因素的影响，各种市场现象之间也存在着复杂的相互影响。单纯受一个因素影响的市场现象因变量并不多见，大多数因变量在其发展变化过程中受到多个因素的共同影响。在运用相关回归分析法进行市场预测时，如果对受多种因素影响的市场现象因变量，仅仅人为地确定一个自变量，而忽视其他因素的影响作用，对市场现象分析预测就会发生偏差，甚至做出错误的估计。

对于某种市场现象因变量，预测者可以根据有关经济理论判断分析，找到多个影响因素，进而确定出几个自变量。例如：一个地区蔬菜的需求量，会受到多种因素影响，如该地的消费人口数量，蔬菜的价格水平，可替代商品（如水果）的消费量，副食的消费量，居民收入水平，粮食消费量等，都会对蔬菜消费需求量发生影响。但是，在建立回归模型过程中，并不一定每个影响因素都足以成为一个在数量上对因变量起相当作用的自变量，有些因素的影响作用很小甚至可以忽略不计，在对因变量回归分析中可不考虑；另外，根据预测者判断分析所选出的影响因素，不一定每个因素都能有系统的量化资料，这也给自变量的选定带来一定的局限。总之，多元相关回归分析市场预测法，是在判断分析基础上，对影响因变量的各种因素进行分析，并从其中选择主要的、不可忽视的因素作为自变量，这些自变量必须是可量化的。多元相关回归分析中各自变量与因变量的关系，有直线形式的，也有曲线形式的，这节中为分析问题方便，采用直线形式问题进行分析。

多元相关线性回归分析预测法的步骤，与一元相关回归分析预测法大体相同，只是自变量有两个以上，求回归方程参数过程更复杂一些。多元相关线性回归方程的基本形式为：

$$y_t = a + b_1x_1 + b_2x_2 + \cdots b_mx_m$$

式中：y_t 为因变量第 t 期值；

x_1、x_2、$\cdots x_m$ 为自变量；

a 为回归方程参数，是 y 轴上截距；

b_1、b_2、$\cdots b_m$ 为回归方程参数。

对于多元线性回归方程，一般也是采用最小平方法标准方程求其参数。不过，当自变量个数超过 3 个时，用手工计算是非常困难的，必须用电子计算机完成运算过程，提高数据处理能力。

一、二元相关回归分析市场预测法

二元相关线性回归分析市场预测法，是根据两个自变量对一个因变量进行预测的方法。二元相关线性回归方程的一般式为：

$$y_t = a + b_1x_1 + b_2x_2$$

式中，y_t 是因变量，即预测对象；x_1、x_2 是自变量，即与因变量有紧密联系的影响因素；a、b_1、b_2 是回归方程参数。建立回归方程，是根据 x_1、x_2、y 的实际观察值求得参数 a、b_1、b_2。根据最小平方法建立的求参数的标准方程为：

$$\begin{cases} \sum y = na + b_1 \sum x_1 + b_2 \sum x_2 \\ \sum x_1y = a \sum x_1 + b_1 \sum x_1^2 + b_2 \sum x_1x_2 \\ \sum x_2y = a \sum x_2 + b_1 \sum x_1x_2 + b_2 \sum x_2^2 \end{cases}$$

［例］根据市场调查结果和分析判断，城镇地区商品销售额

与该地区居民年人均收入和新就业人口有着紧密联系。现有某城市 8 年居民年人均收入和新增就业人口资料。

设商品销售额为 y，居民年人均收入水平为 x_1，新增就业人数为 x_2。用二元相关回归分析法对销售额进行预测。其资料和计算见表 12 -7。

表 12 -7　　　　　　　　二元回归方程计算表

年序号	实际销售额 y（亿元）	居民年人均收入 x_1（千元）	新增就业人数 x_2（十万）	计　算　栏				
				$x_1 y$	$x_2 y$	$x_1 x_2$	x_1^2	x_2^2
1	70	3.0	2.0	210.0	140.0	6.00	9.00	4.00
2	75	3.6	2.9	270.0	217.5	10.44	12.96	8.41
3	78	4.5	1.8	351.0	140.4	8.10	20.25	3.24
4	82	5.8	2.0	475.6	164.0	11.60	33.64	4.00
5	88	6.6	2.5	580.8	220.0	16.50	43.56	6.25
6	96	8.5	2.3	816.0	220.8	19.55	72.25	5.29
7	110	10.5	2.0	1 155.0	220.0	21.00	110.25	4.00
8	130	15.5	2.5	2 015.0	325.0	38.75	240.25	6.25
合计	729	58.0	18.0	5 873.4	1 647.7	131.94	542.16	41.44

1. 建立回归方程

根据表 12 -7 中 x_1、x_2、y 的实际观察值，计算出求二元回归方程中参数 a、b_1、b_2 所需的有关数据，即 $x_1 y$，$x_2 y$，$x_1 x_2$，x_1^2，x_2^2，并将计算出的数据代入求参数的标准方程中，得：

$$\begin{cases} 729 = 8a + 58b_1 + 18b_2 \\ 5\ 873.4 = 58a + 542.16b_1 + 131.94b_2 \\ 1\ 647.7 = 18a + 131.94b_1 + 41.44b_2 \end{cases}$$

解方程组得：a = 53.886

$$b_1 = 4.822$$

$$b_2 = 1.013$$

即二元线性回归方程为：

$$\hat{y}_t = 53.886 + 4.822x_1 + 1.013x_2$$

这个回归方程必须经过检验才能作为预测模型。

2. 对二元回归方程进行检验

对二元线性回归模型的检验，一般从以下几方面进行。

（1）回归标准差检验。回归标准差检验的计算公式为：

$$S = \sqrt{\frac{\sum (y_t - \hat{y}_t)^2}{n - k}}$$

求 S 所需数据，计算见表 12 - 8。

表 12 - 8　　　　　　　二元回归方程回归标准差计算表

年序号	y_t	$\hat{y}_t$	$y_t - \hat{y}_t$	$(y_t - \hat{y}_t)^2$
1	70	70.3780	- 0.3780	0.1429
2	75	74.1829	0.8171	0.6677
3	78	77.4084	0.5916	0.3499
4	82	83.8796	- 1.8796	3.5329
5	88	88.2437	- 0.2437	0.0594
6	96	97.2029	- 1.2029	1.4470
7	110	106.5431	3.4569	11.9502
8	130	131.1595	- 1.1595	1.3444
合　计	729	—	—	19.4944

表 12 - 8 中，$\hat{y}_t$ 的值是根据二元回归方程计算出来的，是各年的理论值或称趋势值。

$$\hat{y}_t = 53.886 + 4.822x_1 + 1.013x_2$$

则：$\hat{y}_t = 53.886 + 4.822 \times 3.0 + 1.013 \times 2.0$

$$= 70.378 \text{（亿元）}$$

......

$$\hat{y}_5 = 53.886 + 4.822 \times 6.6 + 1.013 \times 2.5$$
$$= 88.2437 \text{ （亿元）}$$

$$\hat{y}_8 = 53.886 + 4.822 \times 15.5 + 1.013 \times 2.5$$
$$= 131.1595 \text{ （亿元）}$$

根据表 12 – 8 中有关数据，

$$S = \sqrt{\frac{\sum (y_t - \hat{y}_t)^2}{n - k}} = \sqrt{\frac{19.4944}{8 - 3}}$$

$$= \sqrt{3.89888} = 1.975 \text{（亿元）}$$

判断回归方程是否通过回归标准差检验，若 $\dfrac{S}{\bar{y}} < 15\%$ 就认为检验通过。

$$\bar{y}_t = \frac{\sum y_t}{n} = \frac{729}{8} = 91.125 \text{（亿元）}$$

$$\frac{S}{\bar{y}} = \frac{1.975}{91.125} = 0.022 \text{ （或 } 2.2\% \text{）}$$

S 相对于 $\bar{y}_t$ 只有 2.2%，明显小于 15%，则认为回归标准差检验通过。

表 12 – 9   F 检验计算表

年序号	$\hat{y}_t$	$\hat{y}_t - \bar{y}_t$	$(\hat{y}_t - \bar{y}_t)^2$
1	70.3780	– 20.7470	430.4380
2	74.1829	– 16.9421	287.0348
3	77.4084	– 13.7166	188.1451
4	83.8796	– 7.2454	52.4958
5	88.2437	– 2.8813	8.3019
6	97.2029	6.0779	36.9409
7	106.5431	15.4181	237.7178
8	131.1595	40.0345	1 602.7612
合 计	—	—	2 843.8355

（2）回归方程显著性检验。回归方程显著性检验即 F 检验。F 值的计算公式与一元回归预测法 F 值计算公式相同。

$$F = \frac{\sum (\hat{y}_t - \bar{y}_t)^2 / k - 1}{\sum (y_t - \hat{y}_t)^2 / n - k}$$

求 F 的有关数据见表 12 - 9 中计算。

根据表 12 - 9 中数据：

$$F = \frac{2\ 843.8355 / 3 - 1}{19.4944 / 8 - 3} = \frac{1\ 421.9178}{3.8989} = 364.69$$

把根据实际资料计算的 F = 364.69 与 F 分配表中的值比较，本例查 F 分配表中，分母自由度为 8 - 3 = 5，分子自由度为 3 - 1 = 2，以 95% 可靠度估计，F = 5.79。计算的 F 值大于查得的 F 值，认为 F 检验通过。F 检验的实际意义是，通过了 F 检验的回归方程参数不会同时为零。

（3）相关系数分析。对因变量商品销售额与居民人均年收入和新增就业人数这两个自变量之间的关系，必须进行相关分析检验。计算相关系数，可以观察变量之间的相关程度和方向。多元相关系数的计算公式为：

$$r = \sqrt{1 - \frac{\sum (y - \hat{y})^2 / n - k}{\sum (y - \bar{y})^2 / n - k}}$$

计算相关系数必须数据见表 12 - 10。

$$r = \sqrt{1 - \frac{19.4944 / 8 - 3}{2\ 862.878 / 8 - 3}} = \sqrt{1 - \frac{3.89888}{572.5756}}$$

$$= \sqrt{1 - 0.006809} = \sqrt{0.9932} = 0.9965$$

相关系数高达 0.9965，说明自变量与因变量之间存在高度相关关系，且表现为正相关，这说明用二元回归方程做预测模型是适合的。

表 12 – 10 相关系数计算表

年序号	y_t	$y_t - \bar{y}_t$	$(y_t - \hat{y}_t)^2$
1	70	– 21. 125	446. 266
2	75	– 16. 125	260. 016
3	78	– 13. 125	172. 266
4	82	– 9. 125	83. 266
5	88	– 3. 125	9. 766
6	96	4. 875	23. 766
7	110	18. 875	356. 266
8	130	38. 875	1 511. 266
合　计	729	—	2 862. 878

3. 确定预测值和预测区间

二元相关回归分析预测，通常是在确定点预测值的基础上，求出预测值置信区间。其公式为：

$$\hat{y}_t \pm ts$$

数理统计理论证明，在小样本（即观察值个数小于 30）情况下，预测值置信区间必须引入一个校正系数 $\sqrt{1 + \dfrac{1}{n}}$，其预测区间应为：

$$\hat{y}_t \pm ts \sqrt{1 + \frac{1}{n}}$$

本例中 n = 8，属于小样本问题，应用上式确定其预测区间。若第 9 年，该地居民人均年收入达到 17.5（千元），新增就业人数达 2.1（10 万），其预测值和预测区间可计算出来。若同期居民人均年收入达 17.9（千元），新增就业人数 2.5（10 万），其预测值和预测值区间会是另一种情况。见表 12 – 11。

表 12 –11　　　　　　　二元相关回归分析预测值表

预测期	x_1（千元）	x_2（十万）	预测值 y_t（亿元）	预测区间（亿元）
9	17. 5	2. 1	145. 3983	140. 5676 ~ 150. 229
9	17. 9	2. 5	147. 7323	142. 9016 ~ 152. 563

表 12 –11 中，$\hat{y}_t$ 是根据二元回归预测模型计算的，

$$\hat{y}_t = 53. 886 + 4. 822x_1 + 1. 013x_2$$

则：$\hat{y}_9 = 58. 886 + 4. 822 \times 17. 5 + 1. 013 \times 2. 1$

$\qquad = 145. 3983$（亿元）

$\hat{y}_9 = 58. 886 + 4. 822 \times 17. 9 + 1. 013 \times 2. 5$

$\qquad = 147. 7323$（亿元）

若在此问题中，以 95% 的置信度，$n = 8$，查 t 分布表，$t = 2. 306$；S 在前面已计算，$S = 1. 975$（亿元）。

则：$ts = 2. 306 \times 1. 975 = 4. 5544$（亿元）

$$ts \sqrt{1 + \frac{1}{n}} = 4. 5544 \times \sqrt{1 + \frac{1}{8}} = 4. 5544$$

$$\times 1. 061 = 4. 8307 \text{（亿元）}$$

预测值的置信区间为：

145. 3983 ± 4. 8307，即：140. 5676 ~ 150. 229（亿元）

147. 7323 ± 4. 8307，即 142. 9016 ~ 152. 563（亿元）

以上所完成的二元回归预测，其预测结果从理论上是满意的。但在实际预测中，还要综合分析市场一定时间、地点、条件下的具体情况，做出更符合客观实际的预测值或区间值。

二、三元相关线性回归市场预测

三元相关回归市场预测法，是根据三个自变量对因变量进行预测的方法。三元相关线性回归方程为：

$$y_t = a + b_1 x_1 + b_2 x_2 + b_3 x_3$$

式中，y 是因变量，即市场预测对象；x_1，x_2，x_3 是自变量，是已掌握其量化资料与因变量有密切联系的变量；a，b_1，b_2，b_3 是三元回归方程的参数。根据最小平方法的推断，求三元回归方程参数的标准方程为：

$$\begin{cases} \sum y = na + b_1 \sum x_1 + b_2 \sum x_2 + b_3 \sum x_3 \\ \sum x_1 y = a \sum x_1 + b_1 \sum x_1^2 + b_2 \sum x_1 x_2 + b_3 \sum x_1 x_3 \\ \sum x_2 y = a \sum x_2 + b_1 \sum x_1 x_2 + b_2 \sum x_2^2 + b_3 \sum x_2 x_3 \\ \sum x_3 y = a \sum x_3 + b_1 \sum x_1 x_3 + b_2 \sum x_2 x_3 + b_3 \sum x_3^2 \end{cases}$$

在进行预测时，仍然是根据自变量 x_1，x_2，x_3 和因变量 y 的实际观察值，代入标准方程，求出参数 a，b_1，b_2，b_3，建立三元回归方程。

［例］根据市场调查和判断分析，可知某地区的蔬菜消费量与许多因素有关，如与该地人口数，蔬菜价格，水果年人均消费量，副食年人均消费量，粮食人均年消费量，人均月生活费等。经计算机做进一步数量分析，决定保留人口数、价格和副食年人均消费量三个因素，对蔬菜消费量进行预测。

以蔬菜消费量为因变量 y，消费人口、价格、副食人均年消费量为自变量，分设为 x_1，x_2，x_3。分别搜集 y 和 x_1、x_2、x_3 的 10 年资料，采用三元回归预测模型进行预测。资料和求参数的数据见表 12–12。

表 12－12

三元回归方程计算表

观察期 t	销售量(亿公斤) y	消费人口(十万) x_1	年平均价格(角) x_2	副食年人均消费量(公斤) x_3	计算栏								
					$x_1 y$	$x_2 y$	$x_3 y$	$x_1 x_2$	$x_1 x_3$	$x_2 x_3$	x_1^2	x_2^2	x_3^2
1	8.7	40.7	8.8	28.6	354.09	76.56	248.82	358.16	1 164.02	251.68	1 656.49	77.44	817.96
2	9.1	41.1	9.3	30.1	374.01	84.63	273.91	382.23	1 237.11	279.93	1 689.21	86.49	906.01
3	10.1	44.7	8.6	32.8	451.47	86.86	331.28	384.42	1 466.16	282.08	1 998.09	73.96	1 075.84
4	10.2	45.3	8.8	33.0	462.06	87.76	336.60	398.64	1 494.90	290.40	2 052.09	77.44	1 089.00
5	10.5	46.7	9.2	33.6	490.35	96.60	352.80	429.64	1 569.12	309.12	2 180.89	84.64	1 128.96
6	10.6	49.5	9.9	34.9	524.70	104.94	369.94	490.05	1 727.55	345.51	2 450.25	98.01	1 218.01
7	10.9	50.0	11.3	36.6	545.00	123.17	398.94	565.05	1 830.00	413.58	2 500.00	127.69	1 339.56
8	11.0	52.5	12.3	40.4	577.50	135.30	444.40	645.75	2 121.00	496.92	2 756.25	151.29	1 632.16
9	11.8	55.0	12.9	45.0	649.00	152.22	531.00	709.50	2 475.00	580.50	3 025.00	166.41	2 025.00
10	12.4	56.1	14.0	49.9	695.64	173.60	618.76	785.40	2 799.39	698.60	3 147.21	196.00	2 490.01
合计	105.3	481.6	105.1	364.9	5 123.82	1 121.64	3 906.45	5 148.84	17 884.25	3 948.32	23 455.48	1 139.37	13 722.51

1. 建立回归方程

根据表 12 – 12 中自变量和因变量 10 年观察期的实际值，计算求三元回归方程中参数的有关数值，即 x_1y、x_2y、x_3y、x_1x_2、x_2x_3、x_1x_3、x_1^2、x_2^2、x_3^2，计算结果见表 12 – 12 中计算栏。把计算结果代入求参数的标准方程组：

$$\begin{cases} 105.3 = 10a + 481.6b_1 + 105.1b_2 + 364.9b_3 \\ 5\ 123.82 = 481.6a + 23\ 455.48b_1 + 5\ 148.84b_2 + 17\ 884.25b_3 \\ 1\ 121.64 = 105.1a + 5\ 148.84b_1 + 1\ 139.37b_2 + 3\ 948.32b_3 \\ 3\ 906.45 = 364.9a + 17\ 884.25b_1 + 3\ 948.32b_2 + 13\ 722.51b_3 \end{cases}$$

解方程组得：

$$a = 1.412$$
$$b_1 = 0.1829$$
$$b_2 = -0.917$$
$$b_3 = 0.2726$$

则三元回归方程为：

$$\hat{y}_t = 1.412 + 0.1829x_1 - 0.917x_2 + 0.2726x_3$$

2. 在预测之前对三元回归预测模型进行检验

（1）回归标准差检验。回归标准差的计算公式为：

$$S = \sqrt{\frac{\sum(y_t - \hat{y}_t)^2}{n - k}}$$

表 12 – 13 中，$\hat{y}_t$ 是根据三元回归模型算出的销售量趋势值。三元回归预测模型为：

$$\hat{y}_t = 1.412 + 0.1829x_1 - 0.917x_2 + 0.2726x_3$$

则：$\hat{y}_1 = 1.412 + 0.1829 \times 40.7 - 0.917 \times 8.8 + 0.2726$
$$\times 28.6 = 8.5828 （亿公斤）$$

……

表 12 - 13　　　　　　**三元回归模型回归标准差计算表**

观察期 t	y_t	$\hat{y}_t$	$y_t - \hat{y}_t$	$(y - \hat{y}_t)^2$
1	8.7	8.5828	0.1172	0.0137
2	9.1	8.6064	0.4936	0.2436
3	10.1	10.6427	-0.5427	0.2945
4	10.2	10.6236	-0.4236	0.1794
5	10.5	10.6764	-0.1764	0.0311
6	10.6	10.9009	-0.3009	0.0905
7	10.9	10.1721	0.7279	0.5298
8	11.0	10.7482	0.2518	0.0634
9	11.8	11.9092	-0.1092	0.0119
10	12.4	12.4374	-0.0374	0.0014
合　计	105.3	—	—	1.4593

$$\hat{y}_6 = 1.412 + 0.1829 \times 49.5 - 0.917 \times 9.9 + 0.2726 \times 34.9 = 10.9009 \text{（亿公斤）}$$

……

$$\hat{y}_{10} = 1.412 + 0.1829 \times 56.1 - 0.917 \times 14.0 + 0.2726 \times 49.9 = 12.4374 \text{（亿公斤）}$$

根据表 12 - 13 中计算出的有关数据，

$$S = \sqrt{\frac{\sum (y_t - \hat{y}_t)^2}{n - k}} = \sqrt{\frac{1.4593}{10 - 4}}$$

$$= \sqrt{0.2432} = 0.4932 \text{（亿公斤）}$$

判断回归方程是否通过回归标准差检验，一般认为 S 越小越好，若 $\frac{S_y}{\bar{y}} < 15\%$ 就可以认为通过检验。

此例中：$\bar{y} = \dfrac{\sum y_t}{n} = \dfrac{105.3}{10} = 10.53$（亿公斤）

则：$\dfrac{S_y}{\bar{y}} = \dfrac{0.4932}{10.53} = 0.047$（或 4.7%）

回归标准差只占因变量观察值平均数的 4.7%，明显低于检验通过标准 15%，则标准差检验通过。

（2）回归方程显著性检验（F 检验）。通过 F 检验，可以知道回归方程参数同时等于零的可能性是否小于 5%。F 的计算公式为：

$$F = \frac{\sum (\hat{y}_t - \bar{y}_t)^2 / k - 1}{\sum (y_t - \hat{y}_t)^2 / n - k}$$

计算 F 值所需数据见表 12 – 13、表 12 – 14。

$$F = \frac{\sum (\hat{y}_t - \bar{y}_t)^2 / k - 1}{\sum (y_t - \hat{y}_t)^2 / n - k} = \frac{13.3884/4 - 1}{1.4593/10 - 4}$$

$$= \frac{4.4628}{0.2432} = 18.35$$

将根据实际资料计算出的 F 值，与 F 分配表中查出的 F 值比较。本例查 F 分配表，分子自由度（第一自由度）为 3，分母自由度（第二自由度）为 6，若以 95% 的可靠程度进行估计，查得 F = 4.76。根据资料计算出的 F = 18.35 > 4.76，认为 F 检验通过，即认为回归方程参数同时等于零的可能性小于 5%。

（3）相关系数检验。对于蔬菜销售量与消费人口、年平均价格、年人均副食消费量之间的关系，必须进行相关系数分析，以确定是否可用回归方程表示它们之间的相关关系。通过测算相关系数可以判断自变量与因变量之间的相关程度是否达到了研究问题要求的程度。多元相关系数的计算公式为：

$$r = \sqrt{1 - \frac{\sum (y - \hat{y})^2 / n - k}{\sum (y - \bar{y})^2 / n - k}}$$

计算相关系数所需资料见表 12 – 13、表 12 – 14，将有关数字代入公式：

表 12 – 14　　　　　　　F 检验和相关系数计算表

t	y_t	$\hat{y}_t$	$\hat{y}_t - \bar{y}_t$	$(\hat{y}_t - \bar{y}_t)^2$	$y_t - \bar{y}_t$	$(y_t - \bar{y}_t)^2$
1	8.7	8.5828	– 1.9472	3.7916	– 1.83	3.3489
2	9.1	8.6064	– 1.9236	3.7002	– 1.43	2.0449
3	10.1	10.6427	0.1127	0.0127	– 0.43	0.1849
4	10.2	10.6236	0.0936	0.0088	– 0.33	0.1089
5	10.5	10.6764	0.1464	0.0214	– 0.03	0.0009
6	10.6	10.9009	0.3709	0.1376	0.07	0.0049
7	10.9	10.1721	– 0.3579	0.1281	0.37	0.1369
8	11.0	10.7482	0.2182	0.0476	0.47	0.2209
9	11.8	11.9092	1.3792	1.9022	1.27	1.6129
10	12.4	12.4374	1.9074	3.6382	1.87	3.4969
合　计	105.3	—	—	13.3884	—	11.1610

$$r = \sqrt{1 - \frac{1.4593/10 - 4}{11.1610/10 - 4}} = \sqrt{1 - \frac{0.2432}{1.8602}}$$

$$= \sqrt{0.8693} = 0.9323$$

相关系数达到 0.9323，表明自变量与因变量之间是高度正相关，用三元回归预测模型描述现象关系是适当的，可以用于预测。

3. 确定预测值和预测区间

在利用回归预测模型进行预测时，分别对预测值和预测区间进行计算。预测区间的计算公式为：

$$\hat{y}_t \pm ts$$

在小样本（n<30）的情况下，预测值置信区间还必须引入一个系数 $\sqrt{1 + \dfrac{1}{n}}$，则预测区间值应为：

$$\hat{y}_t \pm ts \sqrt{1 + \frac{1}{n}}$$

若根据其他预测方法测算，第 11 年时消费人口将达到 57（10 万），年平均价格为 14.5（角），副食年人均消费量为 52.5（公斤），那么该年的蔬菜消费量是可以预测出的。

$$\hat{y}_{11} = 1.412 + 0.1829 \times 57 - 0.917 \times 14.5 + 0.2726 \times 52.5$$
$$= 12.8523 （亿公斤）$$

本例中，S = 0.4932（亿公斤），若以 95% 的置信度，n = 10，查 t 分布表，t = 2.228

则：ts = 2.228 × 0.4932 = 1.0989（亿公斤）

$$ts \sqrt{1 + \frac{1}{n}} = 1.0989 \times \sqrt{1 + \frac{1}{n}}$$
$$= 1.1525 （亿公斤）$$

预测值的置信区间为：

12.8523 ± 1.1525，即 11.6998 ~ 14.0048（亿公斤）

以上三元回归预测结果的置信区间显得大了一点，这主要是因为此问题是一个小样本问题，若将样本数充分加大，误差可以小些，上下限之差就会小些。

第四节　非线性回归市场预测法

非线性回归又称曲线回归，是指用于市场预测的回归方程是曲线形式的。如多项式曲线、指数曲线、双曲线、龚伯兹曲线等。在市场预测中，常会遇到这种情况，自变量与因变量之间从散点图上观察，呈现曲线形状，相关回归市场预测法也有特定的方法对这类问题进行研究。

通常在处理这类问题时，为了利用最小平方法的标准方程式求方程参数，需要把曲线模型线性化。如，对于多项式曲线：

$$y = a + bx + cx^2 + dx^3 \cdots$$

可以令 $x = x_1$，$x^2 = x_2$，$x^3 = x_3 \cdots$ 则得到

$$y = a + bx_1 + cx_2 + dx_3$$

如果自变量与因变量之间的关系为对数函数关系，即

$$y = a + b\lg x$$

只要令 $\lg x = x'$，就可以化为线性方程：

$$y = a + bx'$$

如果自变量与因变量之间的关系是双曲线关系，对任何形式的双曲线，都可以采用对其中一个变量做某种变换的方法，使之线性化。如对于双曲线

$$y = a + b\frac{1}{x}$$

令：$\frac{1}{x} = x'$，则双曲线方程可以转化为线性方程

$$y = a + bx'$$

其他很多曲线形式，也都是可以变换为直线形式的。

现在以一个双曲线回归的问题，说明将非线性问题转化为线性方程进行预测的过程。

［例］现有某企业 10 个观察期商品流通费用水平和商品零售额的资料，见表 12 – 15。若以商品零售额为自变量 x，以流通费用水平为因变量 y，将观察期资料绘制成散点图，观察自变量与因变量之间的关系形式，见图 12 – 7。

表 12-15　　　　　　　　某企业流通费水平和零售额资料

观察期 t	商品零售额（万元） x	流通费水平（%） y
1	14.6	6.5
2	17.4	5.6
3	20.5	4.5
4	23.1	4.0
5	26.4	3.5
6	29.6	3.2
7	31.5	2.9
8	35.4	2.8
9	38.6	2.7
10	41.5	2.6

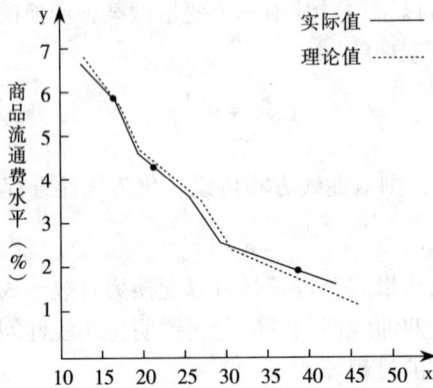

图 12-7　商品零售额（万元）

　　观察散点图可见，随着商品零售额的增加，商品流通费率逐渐下降，呈双曲线形式。决定采用双曲线模型预测。

1. 建立双曲线回归方程

双曲线方程：$y = a + b\dfrac{1}{x}$

令　$x' = \dfrac{1}{x}$，则得到：

$$y = a + bx'$$

表 12 – 16　　　　　　　　双曲线回归方程计算表

观察期 t	商品零售额 x（万元）	$x' = \dfrac{1}{x}$	商品流通费率（%）y	$(x')^2$	$x'y$
1	14. 6	0. 068	6. 5	0. 0046	0. 442
2	17. 4	0. 057	5. 6	0. 0032	0. 319
3	20. 5	0. 049	4. 5	0. 0024	0. 221
4	23. 1	0. 043	4. 0	0. 0018	0. 172
5	26. 4	0. 038	3. 5	0. 0014	0. 133
6	29. 6	0. 034	3. 2	0. 0012	0. 109
7	31. 5	0. 032	2. 9	0. 0010	0. 093
8	35. 4	0. 028	2. 8	0. 0008	0. 078
9	38. 6	0. 026	2. 7	0. 0007	0. 070
10	41. 5	0. 024	2. 6	0. 0006	0. 062
合　计	278. 6	0. 399	38. 3	0. 0177	1. 699

将表 12 – 16 中的有关数据代入最小平方法的标准方程：

$$\begin{cases} \sum y = na + b\sum x' \\ \sum yx' = a\sum x' + b\sum (x')^2 \end{cases}$$

$$\begin{cases} 38. 3 = 10a + 0. 399b \\ 1. 699 = 0. 399a + 0. 0177b \end{cases}$$

解方程组得：a = 0. 0013

　　　　　　　　b = 95. 96

$$y = 0.0013 + 95.96x'$$

将 $x' = \dfrac{1}{x}$ 代回，得到预测模型：

$$\hat{y}_t = 0.0013 + 95.96\frac{1}{x}$$

2. 对预测模型进行检验

对于预测模型，计算其回归标准差和相关系数，检验模型是否能用于实际预测。

表 12 – 17   回归标准差、相关系数计算表

x（万元）	y（%）	$\hat{y}$（%）	$(y - \hat{y})^2$	$(y - \bar{y})^2$
14.6	6.5	6.57	0.0049	7.13
17.4	5.6	5.52	0.0064	3.13
20.5	4.5	4.68	0.0324	0.45
23.1	4.0	4.16	0.0256	0.03
26.4	3.5	3.64	0.0196	0.11
29.6	3.2	3.24	0.0160	0.39
31.5	2.9	3.05	0.0225	0.87
35.4	2.8	2.71	0.0081	1.06
38.6	2.7	2.49	0.0441	1.28
41.5	2.6	2.31	0.0841	1.51
合　计	38.3	—	0.2637	15.96

表 12 – 17 中，$\hat{y}_t$ 是根据预测模型计算出来的，即：

$$\hat{y}_1 = 0.0013 + 95.96 \times \frac{1}{14.6} = 6.57 \ (\%)$$

……

$$\hat{y}_{10} = 0.0013 + 95.96 \times \frac{1}{41.5} = 2.31 \ (\%)$$

（1）回归标准差检验

回归标准差的计算公式为:

$$S_y = \sqrt{\frac{\sum (y - \hat{y})^2}{n - k}}$$

根据表 12 - 17 中的有关数据代入公式:

$$S_y = \sqrt{\frac{0.2637}{10 - 2}} = \sqrt{0.03296} = 0.18 \ (\%)$$

把回归标准差与因变量观察期平均数相对比,判断误差是否在研究问题允许的范围之内。

$$\bar{y} = \frac{\sum y}{n} = \frac{38.3}{10} = 3.83 \ (\%)$$

$\dfrac{S_y}{\bar{y}} = \dfrac{0.18}{3.83} = 0.047$（或 4.7%）$< 15\%$,认为误差不大,双曲线回归预测模型可用于实际预测。

（2）相关系数检验

相关系数的计算公式为:

$$r = \sqrt{1 - \frac{\sum (y - \hat{y})^2 / n - k}{\sum (y - \bar{y})^2 / n - k}}$$

将表 12 - 17 中有关数据代入:

$$r = \sqrt{1 - \frac{0.2637}{15.96}} = \sqrt{1 - 0.0165} = \sqrt{0.9835}$$

$$= 0.9917$$

相关系数为 0.9917,说明本问题中研究的商品流通费率与商品零售额之间存在高度相关关系,用双曲线回归方程来描述是恰当的。

3. 利用回归模型进行预测

若第 11、12 期的商品零售额 x 分别将达到 45（万元）和 49

（万元）则商品流通费率的测预值为：

$$\hat{y}_{11} = 0.0013 + 95.96 \times \frac{1}{45} = 2.134 \ (\%)$$

$$\hat{y}_{12} = 0.0013 + 95.96 \times \frac{1}{49} = 1.96 \ (\%)$$

此节仅举例说明了双曲线回归预测，其他曲线的回归预测也可采用线性化的方法，建立其预测模型进行预测。这里重要的是通过散点图观察现象的变动规律，以便确定现象之间相关关系的曲线形式。

第五节　自相关回归市场预测法

自相关回归分析市场预测法，是根据同一市场现象变量在不同周期中各个变量值之间的相关关系，建立一元或多元回归方程，以回归方程为预测模型进行市场预测。自相关回归预测法，是以某市场现象变量的时间序列作为因变量观察值，用同一变量向未来推移若干期的时间序列作为自变量观察值，分析因变量序列与一个或多个自变量序列之间的相关关系，建立回归方程，并用通过检验后的回归方程作为预测模型，对市场现象进行预测。

采用自相关回归分析法进行市场预测，首先必须决定将因变量序列向未来推移多少期作为自变量序列。在实践中对具体问题要做具体分析。一般地，若从生产企业出发对某种产品的市场供应量进行预测，应该考虑产品的生产周期；若营销企业对商品的销售量和需求量进行预测，则应考虑商品消费的周期。自变量序列与因变量序列的间隔期，与生产周期、消费周期等相吻合，才能使预测结果更接近实际情况。采用自相关回归分析预测法，要求预测者善于准确分析预测对象的变化规律，以便更得当地使用这种方法。

若以某种市场现象时间序列作为因变量，并将因变量向未来推移三期作为自变量序列，则自变量序列与因变量序列的关系如下：

因变量次列：y_4，y_5，y_6，y_7，y_8，y_9，y_{10}

自变量序列：y_1，y_2，y_3，y_4，y_5，y_6，y_7

根据以上自变量与因变量关系，则可以用 y_8 预测 y_{11}，用 y_9 预测 y_{12}，若用回归方程表示，则：

$$y_{8+3} = a + by_8$$

$$y_{9+3} = a + by_9$$

……

一般式为：

$$y_{t+T} = a + by_t$$

在应用自相关回归分析市场预测法中，一般用向未来推移一期或两期的一元线性自回归方法，以避免二元以上自回归的复杂运算过程，而其精确性并不会受到明显的影响。

［例］现有某企业对某种消费周期为一年的商品做需求量预测，决定采用向未来推移一年的时间序列为自变量，用一元线性回归法进行预测。其资料和计算见表 12 – 18。

1. 建立一元线性自相关回归方程

根据最小平方法求一元线性回归方程参数的标准方程，求自相关回归方程中的参数 a、b。其标准方程为：

$$\begin{cases} \sum y_t = na + b \sum y_{t-1} \\ \sum y_t y_{t-1} = a \sum y_{t-1} + b \sum (y_{t-1})^2 \end{cases}$$

将表 12 – 18 中的有关数据代入方程：

$$\begin{cases} 201 = 10a + 184b \\ 3\,930 = 184a + 3\,632b \end{cases}$$

表 12 – 18　　　　　　　　自回归模型计算表

年序号	需求量（万件）	向未来推一年	计　算　栏	
	y_t	y_{t-1}	$y_t \times y_{t-1}$	$(y_{t-1})^2$
1	10	—	—	—
2	12	10	120	100
3	15	12	180	144
4	16	15	240	225
5	18	16	288	256
6	19	18	342	324
7	21	19	399	361
8	23	21	483	441
9	24	23	552	529
10	26	24	624	576
11	27	26	702	676
$\sum_{t=2}^{11}$	201	184	3 930	3 632

解该方程组得：

$$a = 2.805$$

$$b = 0.9399$$

一元自相关线性回归方程为：

$$\hat{y}_{t+T} = 2.805 + 0.9399 y_t$$

2. 对一元自相关回归方程进行检验

对一元自相关线性回归方程，也需要进行检验，才能决定它是否可用于实际预测。其检验主要是应用回归标准差指标，看其误差大小是否在允许范围之内。其计算所需数据见表 12 – 19。

表 12 - 19　　　　　　　　自回归方程回归标准差计算表

y_t	y_{t-1}	$\hat{y}_{t+T}$	$y - \hat{y}_{t+T}$	$(y_t - \hat{y}_{t+T})^2$
10	—	—	—	—
12	10	12. 20	- 0. 2	0. 0400
15	12	14. 08	0. 92	0. 8464
16	15	16. 90	- 0. 9	0. 8100
18	16	17. 84	0. 16	0. 0256
19	18	19. 72	- 0. 72	0. 5184
21	19	20. 66	0. 34	0. 1156
23	21	22. 54	0. 46	0. 2116
24	23	24. 42	- 0. 42	0. 1764
26	24	25. 36	0. 64	0. 4096
27	26	27. 24	- 0. 24	0. 0576
合　计	184	—	—	3. 2112

表 12 - 19 中，$\hat{y}_{t+T}$ 的值是根据自相关预测模型计算出来的，即：

$$\hat{y}_{1+1} = 2.805 + 0.9399 \times 10 = 12.20 \ （万件）$$

……

$$\hat{y}_{5+1} = 2.805 + 0.9399 \times 18 = 19.72 \ （万件）$$

……

$$\hat{y}_{10+1} = 2.805 + 0.9399 \times 26 = 27.24 \ （万件）$$

回归标准差的计算公式为：

$$S = \sqrt{\frac{\sum (y_t - \hat{y}_t)^2}{n - k}}$$

根据表 12 - 19 中的有关数据，S 值应为：

$$S = \sqrt{\frac{3.2112}{10 - 2}} = \sqrt{0.4014} = 0.634 \ （万件）$$

在此例中，因变量平均值为：

$$\overline{y}_t = \frac{\sum y_t}{n} = \frac{201}{10} = 20.1 \text{（万件）}$$

$$\frac{S}{\overline{y}_t} = \frac{0.634}{20.1} = 0.0315 \text{（或 3.15\%）}$$

$\frac{S}{\overline{y}_t} < 15\%$，说明预测误差不大，回归模型可以用于实际预测。

3. 进行预测

$$\hat{y}_{11+1} = 2.805 + 0.9399 \times 27 = 28.18 \text{（万件）}$$

应用自相关回归分析法，同样也需要进行相关分析检验等，在此不再详述。

附表1

随 机 数 表

	1 (1 2 3 4 5 6 7 8 9 10)	2 (1 2 3 4 5 6 7 8 9 10)	3 (1 2 3 4 5 6 7 8 9 10)	4 (1 2 3 4 5 6 7 8 9 10)	5 (1 2 3 4 5 6 7 8 9 10)
1	6119690446	2645747774	5192433729	6539459593	4258260527
2	1547445266	9527079953	5936783848	8239610118	3321159466
3	9455728573	6789754387	5462244431	9119045292	9745973
4	4248116213	9734408721	1686848767	0307112059	2570146670
5	2352378317	7320889837	6893591416	2625229663	0552282562
6	0449352494	7524633824	4586251025	6196279335	6533712472
7	0054997654	6405188159	9611963896	5469282391	2328729529
8	3596315307	2689809354	3335135462	7797450024	9010339333
9	5980808391	4542726842	8360949700	1302124892	7856520106
10	4605885236	0139092286	7728144077	9391083647	7061742941
11	3217900597	8737925241	0556707007	8674317157	8539411838
12	6923461406	2011745204	1595660000	1874392423	9711896338
13	1955451430	0175875379	4041921585	6667436806	8496285207
14	4515514938	1947607246	4366794543	5904790033	2082669541
15	9486431994	3616810851	3488881553	0154035456	0501451176
16	9808624826	4524028404	4499908896	3909473407	3544131880
17	3318516232	4194150949	8943548581	8869541904	3754873043
18	8095100406	9638270774	2015123387	2501625298	9462461171
19	7975249140	7196128296	6981025091	7485220539	0038759579
20	1863332537	9814506571	3101024674	0545561427	7793891936
21	7402943902	7755732270	9779017119	5252758021	8081451748
22	5478456611	8099337143	0535112969	5612719255	3604090324
23	1166449883	5207984827	5938171539	0997333440	8846123356
24	4832477928	3124964710	0229536870	3230757546	1502009994
25	6907494138	8763791976	3558404401	1051821615	0184876938

续表

	1	2	3	4	5
	1 2 3 4 5 6 7 8 9 10	1 2 3 4 5 6 7 8 9 10	1 2 3 4 5 6 7 8 9 10	1 2 3 4 5 6 7 8 9 10	1 2 3 4 5 6 7 8 9 10
26	0918820097	3282530527	0422086304	8338987374	6427858044
27	9004585497	5198150654	9493881997	9187076150	6847664659
28	7318950207	4767725269	6229064464	2712467018	4136182760
29	5576876490	2097181749	9042912272	9537550871	9382343178
30	5401644056	6628131003	0068227398	2071453295	0770617813
31	0835869910	7854242785	1366158873	0461897553	3122308420
32	2830603264	8133310591	4051007893	3260460475	9411901840
33	5380406233	8159413628	5121590290	2846687955	7776220791
34	9175753741	6161362269	5026390212	5578176514	8348347055
35	8941592694	0039758391	1260717646	5894972306	9451137408
36	7751303820	8683429901	6841482774	5190813980	7289355507
37	1950237174	6997920288	5521029773	7428775251	8534467415
38	2181859313	9327881757	0568673156	0708285046	3185338452
39	5147466499	6810723621	4049991345	4283609191	0800745449
40	9955968331	6253524170	6977712830	7481978142	4386072834
41	3371348007	9358472869	5192664721	5830329822	9317493972
42	8527486893	1130329270	2883434137	7351590400	7114843643
43	8413389640	4403552166	7385270091	6122260561	6232718423
44	5673216234	1739596131	1012391622	8549657560	8160418880
45	6513856806	8764885261	3431365861	4587521069	8564447277
46	3800102176	8171911711	7160292937	7421964049	6558449698
47	3740296397	0130477586	5627110086	4732462605	4003037438
48	9712540348	8708331417	2181539250	7523762047	1550129578
49	2182641134	4714334072	6463885902	4913906441	0385654552
50	7313542742	9571909035	8579474296	0878988156	6469119202

摘自：The RAND Corporation, A Million Random Digits, Free Press, Glencoe Ill, 1955

附表 2 正态分布概率表

t	F (t)	t	F (t)	t	F (t)	t	F (t)
0.00	0.0000	0.32	0.2510	0.64	0.4778	0.96	0.6629
0.01	0.0080	0.33	0.2586	0.65	0.4843	0.97	0.6680
0.02	0.0160	0.34	0.2661	0.66	0.4907	0.98	0.6729
0.03	0.0239	0.35	0.2737	0.67	0.4971	0.99	0.6778
0.04	0.0319	0.36	0.2812	0.68	0.5035	1.00	0.6827
0.05	0.0399	0.37	0.2886	0.69	0.5098	1.01	0.6875
0.06	0.0478	0.38	0.2961	0.70	0.5161	1.02	0.6923
0.07	0.0558	0.39	0.3035	0.71	0.5223	1.03	0.6970
0.08	0.0638	0.40	0.3108	0.72	0.5285	1.04	0.7017
0.09	0.0717	0.41	0.3182	0.73	0.5346	1.05	0.7063
0.10	0.0797	0.42	0.3255	0.74	0.5407	1.06	0.7109
0.11	0.0876	0.43	0.3328	0.75	0.5467	1.07	0.7154
0.12	0.0955	0.44	0.3401	0.76	0.5527	1.08	0.7199
0.13	0.1034	0.45	0.3473	0.77	0.5587	1.09	0.7243
0.14	0.1113	0.46	0.3545	0.78	0.5646	1.10	0.7287
0.15	0.1192	0.47	0.3616	0.79	0.5705	1.11	0.7330
0.16	0.1271	0.48	0.3688	0.80	0.5763	1.12	0.7373
0.17	0.1350	0.49	0.3759	0.81	0.5821	1.13	0.7415
0.18	0.1428	0.50	0.3829	0.82	0.5878	1.14	0.7457
0.19	0.1507	0.51	0.3899	0.83	0.5935	1.15	0.7499
0.20	0.1585	0.52	0.3969	0.84	0.5991	1.16	0.7540
0.21	0.1663	0.53	0.4039	0.85	0.6047	1.17	0.7580
0.22	0.1741	0.54	0.4108	0.86	0.6102	1.18	0.7620
0.23	0.1819	0.55	0.4177	0.87	0.6157	1.19	0.7660
0.24	0.1897	0.56	0.4245	0.88	0.6211	1.20	0.7699
0.25	0.1974	0.57	0.4313	0.89	0.6265	1.21	0.7737
0.26	0.2051	0.58	0.4381	0.90	0.6319	1.22	0.7775
0.27	0.2128	0.59	0.4448	0.91	0.6372	1.23	0.7813
0.28	0.2205	0.60	0.4515	0.92	0.6424	1.24	0.7850
0.29	0.2282	0.61	0.4581	0.93	0.6476	1.25	0.7887
0.30	0.2358	0.62	0.4647	0.94	0.6528	1.26	0.7923
0.31	0.2434	0.63	0.4713	0.95	0.6679	1.27	0.7959

续表

t	F (t)	t	F (t)	t	F (t)	t	F (t)
1.28	0.7995	1.61	0.8926	1.94	0.9476	2.54	0.9889
1.29	0.8030	1.62	0.8948	1.95	0.9488	2.56	0.9895
1.30	0.8064	1.63	0.8969	1.96	0.9500	2.58	0.9901
1.31	0.8098	1.64	0.8990	1.97	0.9512	2.60	0.9907
1.32	0.8132	1.65	0.9011	1.98	0.9523	2.62	0.9912
1.33	0.8165	1.66	0.9031	1.99	0.9534	2.64	0.9917
1.34	0.8198	1.67	0.9051	2.00	0.9545	2.66	0.9922
1.35	0.8230	1.68	0.9070	2.02	0.9566	2.68	0.9926
1.36	0.8262	1.69	0.9090	2.04	0.9587	2.70	0.9931
1.37	0.8293	1.70	0.9109	2.06	0.9606	2.72	0.9935
1.38	0.8324	1.71	0.9127	2.08	0.9625	2.74	0.9939
1.39	0.8355	1.72	0.9146	2.10	0.9643	2.76	0.9942
1.40	0.8385	1.73	0.9164	2.12	0.9660	2.78	0.9946
1.41	0.8415	1.74	0.9181	2.14	0.9676	2.80	0.9949
1.42	0.8444	1.75	0.9199	2.16	0.9692	2.82	0.9952
1.43	0.8473	1.76	0.9216	2.18	0.9707	2.84	0.9955
1.44	0.8501	1.77	0.9233	2.20	0.9722	2.86	0.9958
1.45	0.8529	1.78	0.9249	2.22	0.9736	2.88	0.9960
1.46	0.8557	1.79	0.9265	2.24	0.9749	2.90	0.9963
1.47	0.8584	1.80	0.9281	2.26	0.9762	2.92	0.9965
1.48	0.8611	1.81	0.9297	2.28	0.9774	2.94	0.9967
1.49	0.8638	1.82	0.9312	2.30	0.9786	2.96	0.9969
1.50	0.8664	1.83	0.9328	2.32	0.9797	2.98	0.9971
1.51	0.8690	1.84	0.9342	2.34	0.9807	3.00	0.9973
1.52	0.8715	1.85	0.9357	2.36	0.9817	3.20	0.9986
1.53	0.8740	1.86	0.9371	2.38	0.9827	3.40	0.9993
1.54	0.8764	1.87	0.9385	2.40	0.9836	3.60	0.99968
1.55	0.8789	1.88	0.9399	2.42	0.9845	3.80	0.99986
1.56	0.8812	1.89	0.9412	2.44	0.9853	4.00	0.99994
1.57	0.8836	1.90	0.9426	2.46	0.9861	4.50	0.999993
1.58	0.8859	1.91	0.9439	2.48	0.9869	5.00	0.999999
1.59	0.8882	1.92	0.9451	2.50	0.9876		
1.60	0.8904	1.93	0.9464	2.52	0.9883		

F 分 布 表

附表3

分母自由度	1−a	分子自由度 1	2	3	4	5	6	7	8	9	10	11	12
1	.75	5.83	7.50	8.20	8.58	8.82	8.98	9.10	9.19	9.26	9.32	9.36	9.41
	.90	39.9	49.5	53.6	55.8	57.2	58.2	58.9	59.4	59.9	60.2	60.5	60.7
	.95	161	200	216	225	230	234	237	239	241	242	243	244
	.99	4 052	4 999.5	5 403	5 625	5 764	5 859	5 928	5 982	6 022	6 056	6 096	6 106
2	.75	2.57	3.00	3.15	3.23	3.28	3.31	3.34	3.35	3.37	3.38	3.39	3.39
	.90	8.53	9.00	9.16	9.24	9.29	9.33	9.35	9.37	9.38	9.39	9.40	9.41
	.95	18.5	19.0	91.2	19.2	19.3	19.3	19.4	19.4	19.4	19.4	19.4	19.4
	.99	98.5	99.0	99.2	99.2	99.3	99.3	99.4	99.4	99.4	99.4	99.4	99.4
3	.75	2.02	2.28	2.36	2.39	2.41	2.42	2.43	2.44	2.44	2.44	2.45	2.45
	.90	5.54	5.46	5.39	5.34	5.31	5.28	5.27	5.25	5.24	5.23	5.22	5.22
	.95	10.1	9.55	9.28	9.12	9.10	8.94	8.89	8.85	8.81	8.79	8.76	8.74
	.99	34.1	30.8	29.5	28.7	28.2	27.9	27.7	27.5	27.3	27.2	27.1	27.1
4	.75	1.81	2.00	2.05	2.07	2.06	2.08	2.08	2.08	2.08	2.08	2.08	2.08
	.90	4.54	4.32	4.19	4.11	4.05	4.01	3.98	3.95	3.94	3.92	3.91	3.90
	.95	7.71	6.94	6.59	6.39	6.26	6.16	6.09	6.04	6.0	5.96	5.94	5.91
	.99	21.2	18.0	16.7	16.0	15.5	15.2	15.0	14.8	14.7	14.5	14.4	14.4

续表

分母自由度	1 − a	分子自由度 1	2	3	4	5	6	7	8	9	10	11	12
5	.75	1.69	1.85	1.88	1.89	1.89	1.89	1.89	1.89	1.89	1.89	1.89	1.89
	.90	4.06	3.78	3.62	3.52	3.45	3.40	3.37	3.34	3.32	3.30	3.28	3.27
	.95	6.61	5.79	5.41	5.19	5.05	4.95	4.88	4.82	4.77	4.74	4.71	4.68
	.99	16.3	13.3	12.1	11.4	11.0	10.7	10.5	10.3	10.2	10.1	9.96	9.89
6	.75	1.62	1.76	1.78	1.79	1.79	1.78	1.78	1.77	1.77	1.77	1.77	1.77
	.90	3.78	3.46	3.29	3.18	3.11	3.05	3.01	2.98	2.96	2.94	2.92	2.90
	.95	5.99	5.14	4.76	4.53	4.39	4.28	2.41	4.15	4.10	4.06	4.03	4.00
	.99	13.7	10.9	9.78	9.15	8.75	8.47	8.26	8.10	7.98	7.87	7.79	7.22
7	.75	1.57	1.0	1.72	1.72	1.71	1.71	1.70	1.70	1.69	1.69	1.69	1.68
	.90	3.59	3.26	3.07	2.96	2.88	2.83	2.78	2.75	2.72	2.70	2.68	2.67
	.95	5.59	4.74	4.35	4.12	3.97	3.87	3.79	3.73	3.68	3.64	3.60	3.57
	.99	12.2	9.55	8.45	7.85	7.46	7.19	6.99	6.84	6.72	6.62	6.54	6.47
8	.75	1.54	1.66	1.67	1.66	1.66	1.65	1.64	1.64	1.64	1.63	1.63	1.62
	.90	3.46	3.11	2.92	2.81	2.73	2.67	2.62	2.59	2.56	2.54	2.52	2.50
	.95	5.32	4.46	4.07	3.84	3.69	3.58	3.50	3.44	3.39	3.35	3.31	3.28
	.99	11.3	8.65	7.59	7.01	6.63	6.37	6.18	6.03	5.91	5.81	5.73	5.67

续表

分母自由度	1 − a	分 子 自 由 度											
		1	2	3	4	5	6	7	8	9	10	11	12
9	.75	1.51	1.62	1.63	1.93	1.62	1.61	1.60	1.60	1.59	1.59	1.58	1.58
	.90	1.36	3.01	2.81	2.69	2.61	2.55	2.51	2.47	2.44	2.42	2.40	2.38
	.95	5.12	4.26	3.86	3.63	3.48	3.37	3.29	3.23	3.18	3.14	3.10	3.07
	.99	10.6	8.02	6.99	6.42	6.06	5.80	5.61	5.47	5.35	5.26	5.18	5.11
10	.75	1.49	1.60	1.60	1.59	1.59	1.58	1.57	1.56	1.56	1.55	1.55	1.54
	.90	3.28	2.92	2.73	2.61	2.52	2.46	2.41	2.38	2.35	2.32	2.30	2.28
	.95	4.69	4.10	3.71	3.48	3.33	3.22	3.14	3.07	3.02	2.98	2.94	2.91
	.99	10.0	7.56	6.55	5.99	5.64	5.39	5.20	5.06	4.94	4.85	4.77	4.71
11	.75	1.47	1.58	1.58	1.57	1.56	1.55	1.54	1.53	1.53	1.52	1.52	1.51
	.90	3.23	2.86	2.66	2.54	2.45	2.39	2.34	2.30	2.27	2.25	2.23	2.21
	.95	4.84	3.98	3.59	3.36	3.20	3.09	3.01	2.95	2.90	2.85	2.82	2.79
	.99	9.65	7.21	6.22	5.67	5.32	5.07	4.89	4.74	4.63	4.54	4.46	4.40
12	.75	1.46	1.56	1.56	1.55	1.54	1.53	1.52	1.51	1.51	1.50	1.50	1.49
	.90	3.18	2.81	2.61	2.48	2.39	2.33	2.28	2.24	2.21	2.19	2.17	2.15
	.95	4.75	3.89	3.49	3.26	3.11	3.00	2.91	2.85	2.80	2.75	2.72	2.69
	.99	9.33	6.93	5.95	5.41	5.06	4.82	4.64	4.50	4.39	4.30	4.22	4.16

续表

分母自由度	1−a	分子自由度 1	2	3	4	5	6	7	8	9	10	11	12
13	.75	1.45	1.54	1.54	1.53	1.52	1.51	1.50	1.49	1.49	1.48	1.47	1.47
	.90	3.14	2.76	2.56	2.43	2.35	2.28	2.23	2.20	2.16	2.14	2.12	2.10
	.95	4.67	3.81	3.41	3.18	3.03	2.92	2.83	2.77	2.71	2.67	2.63	2.60
	.99	9.07	6.70	5.74	5.21	4.86	4.62	4.44	4.30	4.19	4.10	4.02	3.96
14	.75	1.44	1.53	1.53	1.52	1.51	1.50	1.48	1.48	1.47	1.46	1.46	1.45
	.90	3.10	2.73	2.52	2.39	2.31	2.24	2.19	2.15	2.12	2.10	2.08	2.05
	.95	4.60	3.74	3.34	3.11	2.96	2.85	2.76	2.70	2.65	2.60	2.57	2.53
	.99	8.86	6.51	5.56	5.04	4.69	4.46	4.28	4.14	4.03	3.94	3.86	3.80
15	.75	1.43	1.52	1.52	1.51	1.49	1.48	1.47	1.46	1.46	1.45	1.44	1.44
	.90	3.07	2.70	2.49	2.36	2.27	2.21	2.16	2.12	2.09	2.06	2.04	2.02
	.95	4.54	3.68	3.29	3.06	2.90	2.79	2.71	2.64	2.59	2.54	2.51	2.48
	.99	8.68	6.36	5.42	4.89	4.56	4.32	4.14	4.00	3.89	3.80	3.73	3.67
16	.75	1.42	1.51	1.51	1.50	1.48	1.48	1.47	1.46	1.45	1.45	1.44	1.44
	.90	3.05	2.67	2.46	2.33	2.24	2.18	2.13	2.09	2.06	2.03	2.01	1.99
	.95	4.49	3.63	3.24	3.01	2.85	2.74	2.66	2.59	2.54	2.49	2.46	2.42
	.99	8.53	6.23	5.29	4.77	4.44	4.20	4.03	3.89	3.78	3.69	3.62	3.55

续表

分母自由度	$1-a$	1	2	3	4	5	6	7	8	9	10	11	12
17	.75	1.42	1.51	1.50	1.49	1.47	1.46	1.45	1.44	1.43	1.43	1.42	1.41
	.90	3.03	2.64	2.44	2.31	2.22	2.15	2.10	2.06	2.03	2.00	1.98	1.96
	.95	4.45	3.59	3.20	2.96	2.81	2.70	2.61	2.55	2.49	2.45	2.41	2.38
	.99	8.40	6.11	5.18	4.67	4.34	4.10	3.93	3.79	3.68	3.59	3.52	3.46
18	.75	1.41	1.50	1.49	1.48	1.46	1.45	1.44	1.43	1.42	1.42	1.41	1.40
	.90	3.01	2.62	2.42	2.29	2.20	2.13	2.08	2.04	2.00	1.98	1.96	1.93
	.95	4.41	3.55	3.16	2.93	2.77	2.66	2.58	2.51	2.46	2.41	2.37	2.34
	.99	8.29	6.01	5.09	4.58	4.25	4.01	3.84	3.71	3.60	3.51	3.43	3.37
19	.75	1.41	1.49	1.49	1.47	1.46	1.44	1.43	1.42	1.41	1.41	1.40	1.40
	.90	2.99	2.61	2.40	2.27	2.18	2.11	2.06	2.02	1.98	1.96	1.94	1.91
	.95	4.38	3.52	3.13	2.90	2.74	2.63	2.54	2.48	2.42	2.38	2.34	2.31
	.99	8.18	5.93	5.01	4.50	4.17	3.94	3.77	3.63	3.52	3.43	3.36	3.30
20	.75	1.40	1.49	1.48	1.46	1.45	1.44	1.42	1.42	1.41	1.40	1.39	1.39
	.90	2.97	2.59	2.38	2.25	2.16	2.09	2.04	2.00	1.96	1.94	1.92	1.89
	.95	4.35	3.49	3.10	2.87	2.71	2.60	2.51	2.45	2.39	2.35	2.31	2.28
	.99	8.10	5.85	4.94	4.43	4.10	3.87	3.70	3.56	3.46	3.37	3.29	3.23

分　子　自　由　度

续表

分母自由度	$1-a$	分子自由度											
		1	2	3	4	5	6	7	8	9	10	11	12
22	.75	1.40	1.48	1.47	1.45	1.44	1.42	1.41	1.40	1.39	1.39	1.38	1.37
	.90	2.95	2.56	2.35	2.22	2.13	2.06	2.01	1.97	1.93	1.90	1.88	1.86
	.95	4.30	3.44	3.05	2.82	2.66	2.55	2.46	2.40	2.34	2.30	2.26	2.23
	.99	7.95	5.72	4.82	4.31	3.99	3.76	3.59	3.45	3.35	3.26	3.18	3.12
24	.75	1.39	1.47	1.46	1.44	1.43	1.41	1.40	1.39	1.38	1.38	1.37	1.36
	.90	2.93	2.54	2.33	2.19	2.10	2.04	1.98	1.94	1.91	1.88	1.85	1.83
	.95	4.26	3.40	3.01	2.78	2.62	2.51	2.42	2.36	2.30	2.25	2.21	2.18
	.99	7.82	5.61	4.72	4.22	3.90	3.67	3.50	3.36	3.26	3.17	3.09	3.03
26	.75	1.38	1.46	1.45	1.44	1.42	1.41	1.40	1.39	1.37	1.37	1.36	1.35
	.90	2.91	2.52	2.31	2.17	2.08	2.01	1.96	1.92	1.88	1.86	1.84	1.81
	.95	4.23	3.37	2.98	2.74	2.59	2.47	2.39	2.32	2.27	2.22	2.18	2.15
	.99	7.72	5.53	4.64	4.14	3.82	3.59	3.42	3.29	3.18	3.09	3.02	2.96
28	.75	1.38	1.46	1.45	1.43	1.41	1.40	1.39	1.38	1.37	1.36	1.35	1.34
	.90	2.89	2.50	2.29	2.16	2.06	2.00	1.94	1.90	1.87	1.84	1.81	1.79
	.95	4.20	3.34	2.95	2.71	2.56	2.45	2.36	2.29	2.24	2.19	2.15	2.12
	.99	7.64	5.45	4.57	4.07	3.75	3.53	3.36	3.23	3.12	3.03	2.96	2.90

续表

分母自由度	$1-a$	1	2	3	4	5	6	7	8	9	10	11	12
30	.75	1.38	1.45	1.44	1.42	1.41	1.39	1.38	1.37	1.36	1.35	1.35	1.34
	.90	2.88	2.49	2.28	2.14	2.05	1.98	1.93	1.88	1.85	1.82	1.79	1.77
	.95	4.17	3.32	2.92	2.69	2.53	2.42	2.33	2.27	2.21	2.16	2.13	2.09
	.99	7.56	5.39	4.51	4.02	3.70	3.47	3.30	3.17	3.07	2.98	2.91	2.84
40	.75	1.36	1.44	1.42	1.40	1.39	1.37	1.36	1.35	1.34	1.33	1.32	1.31
	.90	2.84	2.44	2.23	2.09	2.00	1.93	1.87	1.83	1.79	1.76	1.73	1.71
	.95	4.08	3.23	2.84	2.61	2.45	2.34	2.25	2.18	2.12	2.08	2.04	2.00
	.99	7.31	5.18	4.31	3.83	3.51	3.29	3.12	2.99	2.89	2.80	2.73	2.66
60	.75	1.35	1.42	1.41	1.38	1.37	1.35	1.33	1.32	1.31	1.30	1.29	1.29
	.90	2.79	2.39	2.18	2.04	1.95	1.87	1.82	1.77	1.74	1.71	1.68	1.66
	.95	4.00	3.15	2.76	2.53	2.37	2.25	2.17	2.10	2.04	1.99	1.95	1.92
	.99	7.08	4.98	4.13	3.65	3.34	3.12	2.95	2.82	2.72	2.63	2.56	2.50
120	.75	1.34	1.40	1.39	1.37	1.35	1.33	1.31	1.30	1.29	1.28	1.27	1.26
	.90	2.75	2.35	2.13	1.99	1.90	1.82	1.77	1.72	1.68	1.65	1.62	1.60
	.95	3.92	3.07	2.68	2.45	2.29	2.17	2.09	2.02	1.96	1.91	1.87	1.83
	.99	6.85	4.79	3.95	3.48	3.17	2.96	2.79	2.66	2.56	2.47	2.40	2.34

分　子　自　由　度

续表

分母自由度	1−a	分子自由度											
		1	2	3	4	5	6	7	8	9	10	11	12
200	.75	1.33	1.39	1.38	1.36	1.34	1.32	1.31	1.29	1.28	1.27	1.26	1.25
	.90	2.73	2.33	2.11	1.97	1.88	1.80	1.75	1.70	1.66	1.63	1.60	1.57
	.95	3.89	3.04	2.65	2.42	2.26	2.14	2.06	1.98	1.93	1.88	1.84	1.80
	.99	6.76	4.71	3.88	3.41	3.11	2.89	2.73	2.60	2.50	2.41	2.34	2.27
∞	.75	1.32	1.39	1.37	1.35	1.33	1.31	1.29	1.28	1.27	1.25	1.24	1.24
	.90	2.71	2.30	2.08	1.94	1.85	1.77	1.72	1.67	1.63	1.60	1.57	1.55
	.95	3.84	3.00	2.60	2.37	2.21	2.10	2.01	1.94	1.88	1.83	1.79	1.75
	.99	6.63	4.61	3.78	3.32	3.02	2.80	2.64	2.51	2.41	2.32	2.25	2.18

附表4

t 分 布 表

n \ n/2	.25	.20	.15	.10	.05	.025	.01	.005	.0005
1	1.000	1.376	1.963	3.078	6.314	12.706	31.821	63.657	636.619
2	0.816	1.061	1.386	1.886	2.920	4.303	6.965	9.965	31.598
3	0.765	0.978	1.250	1.638	2.535	3.182	4.541	5.841	12.941
4	0.741	0.0941	1.390	1.533	2.132	2.776	3.747	4.604	8.610
5	0.727	0.920	1.156	1.476	2.015	2.571	3.365	4.023	6.859
6	0.718	0.906	1.134	1.440	1.943	2.447	3.143	3.707	5.959
7	0.711	0.896	1.119	1.415	1.895	2.365	2.998	3.499	5.405
8	0.706	0.889	1.108	1.397	1.860	2.306	2.896	3.355	5.041
9	0.703	0.883	1.100	1.383	1.833	2.262	2.821	3.250	4.781
10	0.700	0.879	1.093	1.372	1.812	2.228	2.764	3.169	4.587
11	0.697	0.876	1.088	1.363	1.796	2.201	2.718	3.106	4.437
12	0.695	0.873	1.083	1.356	1.782	2.179	2.681	3.055	4.318
13	0.694	0.870	1.079	1.350	1.771	2.160	2.650	3.012	4.221
14	0.692	0.868	1.076	1.345	1.761	2.145	2.624	2.977	4.140
15	0.691	0.866	1.074	1.341	1.753	2.131	2.602	2.947	4.073
16	0.690	0.865	1.071	1.337	1.746	2.120	2.583	2.921	4.015
17	0.689	0.863	1.069	1.333	1.740	2.110	2.567	2.898	3.965
18	0.688	0.862	1.067	1.330	1.734	2.101	2.552	2.878	3.922
19	0.688	0.861	1.066	1.328	1.729	2.093	2.539	2.861	3.883
20	0.687	0.860	1.064	1.325	1.725	2.086	2.528	2.845	3.850

续表

$\dfrac{n}{2}$ \ n	.25	.20	.15	.10	.05	.025	.01	.005	.0005
21	0.686	0.859	1.063	1.323	1.721	2.080	2.518	2.831	3.819
22	0.686	0.858	1.061	1.321	1.717	2.074	2.508	2.819	3.792
23	0.685	0.858	1.060	1.319	1.714	2.069	2.500	2.807	3.767
24	0.685	0.857	1.059	1.318	1.711	2.064	2.492	2.797	3.745
25	0.684	0.856	1.058	1.316	1.708	2.060	2.485	2.787	3.725
26	0.684	0.856	1.058	1.315	1.706	2.056	2.479	2.779	3.707
27	0.684	0.855	1.057	1.314	1.703	2.052	2.473	2.771	3.690
28	0.683	0.555	1.056	1.313	1.701	2.048	2.467	2.763	3.674
29	0.683	0.554	1.055	1.311	1.699	2.045	2.462	2.756	3.659
30	0.683	0.554	1.055	1.310	1.697	2.042	2.457	2.750	3.646
40	0.681	0.551	1.050	1.303	1.684	2.021	2.423	2.704	3.551
60	0.679	0.448	1.046	1.296	1.671	2.000	2.390	2.660	3.460
120	0.677	0.445	1.041	1.289	1.658	1.980	2.358	2.617	3.373
∞	0.674	0.442	1.036	1.282	1.645	1.960	2.326	2.576	3.291